博学而笃志,切问而近思。
(《论语·子张》)

博晓古今,可立一家之说;
学贯中西,或成经国之才。

博学·社会工作系列　　　"国家级一流本科课程"教学用书

顾东辉　总主编

禁毒社会工作

SOCIAL WORK
ON NARCOTICS CONTROL

主　编　李　霞　杨黎华
副主编　王曙文　刘志宏

復旦大學出版社

本书编委会

主　编：李　霞　杨黎华
副主编：王曙文　刘志宏
编　委：(按姓氏笔画为序)
　　　　　刘　昕　刘笑岚　余　佳
　　　　　徐海涛　彭　驰

编 者 的 话

禁毒工作需要广泛发动社会力量参与才能发挥最大能力，尽可能控制毒品蔓延，取得禁毒工作的最后胜利。社会工作是社会治理、社区建设的重要组成部分，它坚持利他主义、助人自助的价值理念，运用其专业知识、技能、方法，帮助有需要的个人、家庭、群体、社区、组织协调资源，解决问题，促进发展。目前，社会工作在儿童、老人、妇女、青少年、农村、学校、医务等领域发挥着重要作用。同样，在禁毒领域，社会工作也发挥着不可替代的作用。2017年1月，国家禁毒委等十二部门颁布的《关于加强禁毒社会工作者队伍建设的意见》指出，禁毒社会工作是禁毒工作的重要组成部分，是坚持助人自助价值理念，运用社会工作专业知识、方法和技能预防和减轻毒品危害，促进吸毒人员社会康复，保护公民身心健康的专门化社会服务活动。

因此，为禁毒工作之需要，增强禁毒社会工作的作用力，特编写此书。

本教材在借鉴社会工作基本的学科知识，并结合我国禁毒工作、禁毒社会工作的实践经验以及作者团队工作中开展禁毒社会工作教学和实训心得体会的基础上编写而成，为第二批国家级一流本科课程"禁毒社会工作"教学主要用书。主要内容包括：导言、禁毒社会工作概述、禁毒社会工作的价值观与伦理、禁毒社会工作的理论、禁毒社会工作专业助人关系、禁毒社会工作通用过程、禁毒社会工作的方法、禁毒社会工作督导、禁毒社会工作评估等。

本教材各章节编写分工如下：李霞编写导言、第一章；杨黎华编写第六章；王曙文编写第三章；刘志宏编写第四章、第五章；彭驰编写二章；刘笑岚编写

第七章；刘昕编写第八章。刘志宏、王曙文、余佳、徐海涛负责全书校稿工作，李霞、杨黎华负责全书审稿、统稿、定稿工作。

  尤其要提出的是，本书编写期间得到了昆明市公安局禁毒支队的大力支持，特别是昆明市公安局盘龙分局禁毒大队余佳警官、原昆明市公安局官渡分局禁毒大队徐海涛警官的支持和指导，感谢他们为"云南警官学院 昆明市公安局同城一体化"工作所作的贡献，感谢他们为本教材提供的知识、智力支持。

  由于编者水平有限，对禁毒社会工作的理解和认识尚不够全面，不足之处在所难免，敬请读者批评指正。

《禁毒社会工作》编写组

2024 年 7 月

目 录

导　言　为什么要学习禁毒社会工作	001
第一章　禁毒社会工作概述	011
第一节　我国禁毒社会工作的发展脉络	013
一、社会工作与禁毒社会工作	013
二、我国禁毒社会工作发展历史脉络	014
三、我国禁毒社会工作实践的特点	016
第二节　禁毒社会工作的概念与内涵	016
一、禁毒社会工作的概念	016
二、禁毒社会工作的服务内容	020
三、禁毒社会工作的服务对象	024
四、禁毒社会工作的功能	026
第三节　禁毒社会工作者	029
一、禁毒社会工作者的概念	029
二、禁毒社会工作者的素养要求	030
三、禁毒社会工作者的角色	042

　　　　本章小结　　　　　　　　　　　　　　　　　　　　　046
　　　　推荐阅读　　　　　　　　　　　　　　　　　　　　　047

第二章　禁毒社会工作的价值观与伦理　　　　　　　　　　049
第一节　禁毒社会工作的价值观的内涵及构成　　　　　　　　051
　　　　一、禁毒社会工作价值观的内涵　　　　　　　　　　051
　　　　二、禁毒社会工作的价值观构成　　　　　　　　　　052
第二节　禁毒社会工作价值观的作用与原则　　　　　　　　　056
　　　　一、禁毒社会工作价值观的作用　　　　　　　　　　056
　　　　二、禁毒社会工作价值观的实践原则　　　　　　　　057
第三节　禁毒社会工作的伦理困境及解决策略　　　　　　　　064
　　　　一、禁毒社会工作的伦理困境　　　　　　　　　　　064
　　　　二、禁毒社会工作的伦理困境解决策略　　　　　　　073
　　　　三、禁毒社会工作常见伦理困境及应对　　　　　　　079
　　　　本章小结　　　　　　　　　　　　　　　　　　　　　082
　　　　推荐阅读　　　　　　　　　　　　　　　　　　　　　083

第三章　禁毒社会工作的理论　　　　　　　　　　　　　　085
第一节　社会生态系统理论　　　　　　　　　　　　　　　　087
　　　　一、社会生态系统理论概述　　　　　　　　　　　　087
　　　　二、社会生态系统理论的概念框架　　　　　　　　　090
　　　　三、社会生态系统理论的实践框架　　　　　　　　　091
第二节　认知行为理论　　　　　　　　　　　　　　　　　　094
　　　　一、认知行为理论概述　　　　　　　　　　　　　　094
　　　　二、认知行为理论的概念框架　　　　　　　　　　　094
　　　　三、认知行为理论实践框架　　　　　　　　　　　　096
　　　　四、认知行为理论视角下的禁毒社会工作　　　　　　098

第三节　动机改变理论　　　　　　　　　　　　　　102
　　一、动机改变理论概述　　　　　　　　　　　102
　　二、动机改变理论的概念框架　　　　　　　　104
　　三、动机改变理论的实践框架　　　　　　　　105
第四节　优势视角　　　　　　　　　　　　　　　109
　　一、优势视角理论概述　　　　　　　　　　　109
　　二、优势视角的概念框架　　　　　　　　　　110
　　本章小结　　　　　　　　　　　　　　　　　112
　　推荐阅读　　　　　　　　　　　　　　　　　113

第四章　禁毒社会工作专业助人关系　　　　　　115
第一节　专业助人关系的概念　　　　　　　　　　117
　　一、专业助人关系的含义　　　　　　　　　　118
　　二、专业助人关系的特征　　　　　　　　　　120
　　三、专业助人关系的意义　　　　　　　　　　124
第二节　专业助人关系的建立　　　　　　　　　　126
　　一、建立专业助人关系的核心条件　　　　　　126
　　二、建立专业助人关系的基本技巧　　　　　　136
　　三、专业助人关系建立的判断　　　　　　　　142
　　四、专业助人关系中的伦理问题　　　　　　　145
　　本章小结　　　　　　　　　　　　　　　　　148
　　推荐阅读　　　　　　　　　　　　　　　　　149

第五章　禁毒社会工作通用过程　　　　　　　　151
第一节　禁毒社会工作通用过程模式　　　　　　　153
　　一、禁毒社会工作通用过程模式的含义　　　　153
　　二、禁毒社会工作通用过程模式的理论依据　　155
　　三、禁毒社会工作通用过程模式的特点　　　　160

		四、运用通用过程模式应考虑的因素	162
第二节		禁毒社会工作通用过程模式中的四大系统	164
		一、改变媒介系统	165
		二、服务对象系统	166
		三、目标系统	167
		四、行动系统	168
第三节		禁毒社会工作通用过程及其应用	169
		一、订立关系阶段	169
		二、预估问题阶段	177
		三、计划和签订服务协议阶段	184
		四、工作介入阶段	191
		五、评估与结束阶段	195
		本章小结	200
		推荐阅读	201

第六章 禁毒社会工作的方法　　203

第一节	禁毒个案工作	205
	一、禁毒个案工作概念	205
	二、服务对象的确定及开立个案的条件	206
	三、个案工作的主要模式	207
	四、禁毒个案工作的基本技巧	220
第二节	禁毒小组工作	225
	一、禁毒小组工作概述	225
	二、小组工作的价值观和实践原则	232
	三、小组工作模式	236
	四、小组工作的技巧	245
第三节	禁毒社区工作	250
	一、禁毒社区工作的概念	251

二、禁毒社区工作的特征　　252
　　三、社区工作关系建立与维系的原则　　253
　　四、社区工作模式　　255
　　五、社区工作关系的建立　　266
　　六、禁毒社区工作的介入策略　　268
　　七、禁毒社区工作的组织方法　　270
第四节　禁毒社会工作行政　　275
　　一、禁毒社会工作行政概述　　275
　　二、服务项目管理　　278
　　三、人才与团队管理　　283
　　四、志愿者管理　　287
　　本章小结　　294
　　推荐阅读　　295

第七章　禁毒社会工作督导　　297
第一节　禁毒社会工作督导含义与对象　　299
　　一、督导工作在禁毒社会工作中的重要意义　　299
　　二、禁毒社会工作督导的含义　　300
　　三、禁毒社会工作督导的对象　　301
第二节　禁毒社会工作督导的功能与内容　　302
　　一、禁毒社会工作督导的功能　　302
　　二、禁毒社会工作督导的内容　　304
第三节　禁毒社会工作督导的形式、类型　　309
　　一、禁毒社会工作督导的形式　　309
　　二、禁毒社会工作督导的类型　　312
　　三、禁毒社会工作督导的技巧　　313
　　本章小结　　315
　　推荐阅读　　316

第八章　禁毒社会工作评估　317

第一节　禁毒社会工作评估概述　319
  一、禁毒社会工作评估的基本概念　319
  二、禁毒社会工作评估的目的　320
  三、禁毒社会工作评估的作用　320

第二节　禁毒社会工作评估的类型和原则　321
  一、禁毒社会工作评估的类型　321
  二、禁毒社会工作评估的原则　323

第三节　禁毒社会工作评估体系　325
  一、禁毒社会工作评估的方法　325
  二、禁毒社会工作评估的工具　328
  三、禁毒社会工作成效评估的指标　329
  四、禁毒社会工作评估的过程　330
  本章小结　334
  推荐阅读　335

导言

为什么要学习禁毒社会工作

【概览】

在实现中国式现代化的伟大历程中，社会工作可以在化解社会风险、缓解社会矛盾、解决社会问题等方面发挥重要作用，实现维护正常秩序、促进社会安定、实现公平与正义的社会功能，为和谐社会的构建保驾护航。禁毒社会工作是社会工作的价值观、方法、技能在禁毒领域的运用。在本书导言部分，主要解读相关专业的学生学习"禁毒社会工作"课程以及禁毒社会工作实务开展的必要性和重要性。

一、"禁毒社会工作"是禁毒学学科发展过程中课程体系的重要组成部分

我国禁毒学学科的发展与毒情形势密切相关。从20世纪80年代开始，我国的毒品问题死灰复燃，至今仍没有得到彻底解决。在开展禁毒工作的同时，对禁毒问题的研究也成为学界的热点之一。学者们开始从理论和应用两方面研究禁毒问题的特点、规律、应对策略等，禁毒学专业乃至禁毒学学科随之诞生。

建立一门新兴学科需要具备诸多基本要素，主要有内在基本要素和外部条件要素。内在基本要素主要有自身的研究对象、理论体系、研究方法、人才队伍和学术成果。外部条件要素主要有自身的价值作用、学科阵地、顶层设计和法律法规。禁毒学学科初步具备了建立的基本要素，它有自己特定的研究对象、独立的理论体系、专门的研究方法、稳定的人才队伍、丰硕的学术成果、突出的价值作用、广阔的学术平台和可靠的法律保障，并且以发展的格局在完善着禁毒学学科。

禁毒学的研究对象主要有涉毒行为及禁毒活动。按照学科建设的需求和现实应用性要求，目前禁毒学专业的课程有"禁毒学导论""缉毒战术""毒品案件侦查""禁毒法律法规""禁毒情报""毒品检验与鉴定""制毒物品管控""戒毒学""毒品预防教育""禁毒社会工作""禁毒史"等。"禁毒社会工作"课程从2015年开始率先在云南警官学院禁毒学专业学生中开设，后续全国一些高校也相继开设"禁毒社会工作"及类似课程，比如云南师范大学、广东应用科技学院等，也是应合了禁毒学学科建设和现实的需求。这里的应合是指适应、应该、合适的意思，它和"禁毒学导论""戒毒学"

"毒品预防教育""禁毒法律法规""禁毒史"等课程一样，属于禁毒学科体系必不可少的一部分，构筑着禁毒学学科建设的底层逻辑和研究逻辑。

二、毒情形势变迁的需要①

1950年2月，中央人民政府政务院发布《关于严禁鸦片烟毒的通令》，开展了声势浩大的禁烟运动。禁种罂粟、封闭烟馆、收缴毒品、严厉惩治制贩毒品活动，短短三年时间，就禁绝了为患百余年的鸦片烟毒，从20世纪50年代到70年代末，我国以"无毒国"享誉世界近30年。改革开放后，毒品问题死灰复燃。1982年，云南省临沧地区和西双版纳州缉毒侦察大队正式成立，是改革开放后首批成立的禁毒队伍，时至今日，已有40多年的历程。这段时期，在我国禁毒政策的引导下，伴随着我国社会、经济的发展，毒情形势也在不断发生变化。

在我国，虽然海洛因、冰毒仍然是滥用较多的毒品，但是大麻吸食人数也逐年上升，新精神活性物质滥用时有发现，花样不断翻新，包装形态不断变化，极具伪装性、隐蔽性、诱惑性。疫情防控下，常见毒品难以获取，但是很多吸毒人员并未因此停止吸毒，而是转而寻求其他替代物质。这需要我们思考吸毒的深层次原因。

毒品滥用的场所更加隐蔽，利用网络平台在线吸毒现象增多。滥用毒品的社会危害、影响公共安全的风险依然存在，且毒品来源呈现多头入境趋势。尤其是在新冠疫情影响下，金三角毒品大量囤积在边境地区，价格极低，毒贩为回本牟利，加紧通过多种渠道向中国和其他东南亚国家大宗贩运，伺机脱手。随着经济社会发展和交通物流基础设施不断完善，利用互联网新技术、新模式、新业态的贩毒活动明显增多。我国禁毒工作仍然任重而道远。

---

① 中国国家禁毒委员会办公室：《2020年中国毒情形势报告》。

综观全球，毒品形势并未得到有效遏制，各国也都在不断探索适合自己的治理毒品问题的路径。但是，各国都有一个共识：毒品问题是社会问题，不是一个部门、一个单位能够解决的，必须要把毒品问题置于社会的背景之下，全员参与，才有可能将毒品问题彻底根除。

"禁毒社会工作是禁毒工作中的重要组成部分"，这是我国禁毒工作历程中一个非常重要的经验总结，也是我国打赢禁毒人民战争的一个必要的战略措施。

三、对吸毒人员身份认知的变化引发多维视角禁毒

【课堂活动 1】
阅读上海"英子的戒毒故事"案例，撰写对吸毒人员立体化认知的研究报告。

【案例】英子的戒毒故事

扫描二维码阅读

【课堂活动 2】
基于我国戒毒康复工作中的现实难题，讨论：现行的戒毒康复模式如何兼顾社会、社区、政府、戒毒康复人员等各方的利益和公平？

吸毒者身份的认定，不仅关系禁毒法律法规如何响应以及戒毒措施如何执行等实践命题，也涉及吸毒者在社会中的身份和大众的观念判断。从法律规范来定位吸毒者的身份，是国家或立法者对于吸毒行为在法律上的判断，而从社会大众的观念来定位吸毒者的身份，则是由民众以及社会群体对吸毒行为的容忍程度来决定的。

基于价值观的差异，对问题研究背景、现状的认知差异，以及对戒毒康复最终目标的不同认知，人们对吸毒问题的分析和吸毒者的身份定位也会有所不同。目前，国际上对吸毒者的定位主要有四类：心灵上的犯罪者、法律上的违法者、医学上的病人和社会工作意义上的有需要者。① 由此形成了多维视角下立场不同的禁毒模式。

心灵上的犯罪者——道德模式。宗教视角下对问题的解决逻辑一般是从个体开始寻求的。国外的宗教界人士认为吸毒问题是严重的心灵犯罪。吸毒人员应对吸毒行为的成因和后果负责。吸毒人员只有改过自新、重新做人，才可能解决吸毒问题。

法律上的违法者——补偿模式。支持这种模式的人大多数为执

---

① 参见莫关耀、曲晓光主编：《禁毒社会工作》，中国人民公安大学出版社2017年版。

法人员，他们认为吸毒人员无须为吸毒行为的成因负责，但是吸毒人员需要为其造成的后果负责。所以，补偿模式认为吸毒人员需要为其错误的行为付出代价，为社会的损失作出补偿，补偿的代价就是利用法律对其进行惩处。

医学上的病人——医疗模式。医学界从科学角度界定毒瘾是慢性复发性脑部疾病，需要加以治疗，也因此将吸毒人员视为病人，认为吸毒行为就像疾病一样，染上以后只要针对相应的毒品成瘾症状，助其断瘾，治好病症，问题便可迎刃而解。

社会工作意义上的有需要者——社会工作模式。在对吸毒者与吸毒行为的认识上，社会工作者认为吸毒者的吸毒原因是复杂的，不仅仅有个体的原因，也有家庭甚或社区、社会等原因。比如，可能源于未成年时期未获满足的心理需求和未能调适的精神压力，也可能是个体与社会环境互动失调的结果。这里面有微观的个体，中观的家庭、社区、学校、单位，也有宏观的社会制度、政策、文化等方面的原因，当然也有个体互动系统的原因。社会工作模式认为吸毒者不仅是身心受损的病人，更是社会功能的失调者。社会工作强调以专业化的服务提高吸毒者生活技能方面的能力，改善吸毒者与环境之间的关系，通过跨专业和跨团队的合作满足他们的合理需求，提高吸毒者的社会适应能力，倡导相关政策的制订和完善，促进吸毒者社会功能的全面恢复。

这四种对吸毒行为以及吸毒人员身份的认知分析，影响着人们对吸毒者的看法，也影响着各国禁毒政策的制定。例如，神职人员将吸毒人员看成是宗教意义上的罪人，具有明显的道德意味；执法人员将吸毒人员视为违法者，具有明显的法律意味；医生将吸毒人员视为病人属于医学视角；社会工作者将吸毒人员视为有需要者具有明显的社会工作意味。对吸毒人员的不同定位也影响到相应的治疗康复策略。例如，道德模式的支持者认为，通过心灵的洗礼，宗教禁毒可以让吸毒者戒除毒瘾，重新做人；补偿模式的支持者将吸毒者定位为违法者，就会赞成用强制方式来进行治疗和康复；医护人员则倾向于采用医疗模式，运用药物和精神治疗使吸毒者戒除毒瘾，消除病症；而社会工作者主张的社会工作模式侧重找出吸毒者的社交和心理等需要，通过个体辅导、家人支持、环境改善等途径，让吸毒人员戒除毒瘾。

在我国禁毒工作中，对吸毒人员的态度有一个转变的过程。当前，对吸毒人员的身份定位是，吸毒者具有病人、违法者、受害者三重属性。首先，吸毒者是病人。我国诸多的法律措施都是围绕"教育和矫正"来展开的，充分说明了国家设立对待吸毒者的法律制度，首要的目标是希望通过戒毒措施和行政处罚等手段，让吸毒者戒断毒瘾回归社会，而不是为了处罚。其次，吸毒者是违法者。但违法的程度仅仅限于行政法，吸毒行为并不构成犯罪，说明了立法者将吸毒的违法程度确定在了危害社会秩序的行政处罚层级。最后，吸毒者是受害者。在法律中，立法者希望社会公众不要歧视吸毒者，而是以平权的态度对待他们。也正因为如此，《中华人民共和国禁毒法》第五十二条规定："戒毒人员在入学、就业、享受社会保障等方面不受歧视。有关部门、组织和人员应当在入学、就业、享受社会保障等方面对戒毒人员给予必要的指导和帮助。"由此可见，当下对吸毒者身份的认定是在对吸毒行为以及吸毒成瘾科学认知的基础上得出的。当然，随着对吸毒人员身份的定性，我国对吸毒人员的处置方式也经历了变迁。

在《中华人民共和国禁毒法》于2008年6月1日实施之前，我国长期以来实行的是公安机关主管的强制戒毒、司法机关主导的劳教戒毒和卫生医疗机构开设的自愿戒毒的模式。这三种戒毒模式各有所长，但是又存在明显的误区。强制戒毒的院舍化管理方式将吸毒人员关在封闭的强制戒毒所，不能过上正常化的生活，涉及司法合理性和人权等问题。同时，要么注重司法强制，要么强调医学介入这种简单的思路，很大程度上忽视了吸毒问题的内在复杂性，影响了戒毒的效果。当他们戒断毒瘾回归社会后，就会因为缺乏管控教育导致屡戒屡吸、屡吸屡戒的恶性循环。由于吸毒人员不仅面临着生理、心理等问题，还面临诸如社会认知、家庭接纳、社会支持等复杂而多元化的问题，因此，仅通过严厉性处罚、补救性管理、经验性帮教或者只靠心理辅导、心理治疗,并不能彻底解决问题。

2008年以来,结合国外经验和国内的实际情形,采用多模式、多层次、多方法、多渠道的戒毒模式是我国目前戒毒康复工作的现实选择。2008年6月1日起实施的《中华人民共和国禁毒法》对我国的戒毒工作体制进行了重大调整,规定了社区戒毒、强制隔离戒毒、社区康复、自愿戒毒并存的多种戒毒模式,标志着我国的戒毒康复策略开始由以强制机构为主导的司法惩戒模式向以社区为主导的生理-心理-社会全面康复模式转变,并形成由"戒毒治疗-身心康复-回归社会"等阶段组成一个完整的戒毒过程。《中华人民共和国禁毒法》《戒毒条例》将社区戒毒、社区康复、戒毒药物治疗等列入条款,补充、增设戒毒康复场所等内容,同时还对吸毒者接受药物治疗、心理治疗以及法治教育、道德教育等作出了具体的规定,体现了人道主义精神和对公民权利的维护。由吸毒人员身份引致戒毒康复模式改革的诸多内容及需求,与禁毒社会工作的价值观、方法、技能都有较强的相关性。

【延伸阅读】中国戒毒模式

扫描二维码阅读

《中华人民共和国禁毒法》颁布后,特别是2014年中共中央、国务院发布了《关于加强禁毒工作的意见》和2015年国家禁毒办开展的"831"工程,以及2017年《关于加强禁毒社会工作者队伍建设的意见》的颁布实施,标志着禁毒社会工作成为禁毒工作的重要组成部分。

四、禁毒社会工作是推进毒品问题治理现代化的重要路径①

多年来,我国毒品问题治理具有重打击轻教化、重事后救治轻预防教育、重户籍人员轻流动人口、重单位轻社会、重监所轻家庭和社区等特点,毒品问题治理效果差强人意。近年来,我国提出创新社会治理,强调多元主体合作共治、主体间多向度互动,更加重视法治、专业化服务等。在此背景下,禁毒工作社会化,把禁毒工

【课堂活动3】
讨论:禁毒是全社会的责任还是公安部门的责任?

---

① 刘静林:《社会治理视域下的禁毒社会工作》,《中国社会工作》2018年第25期。

作提至"禁毒人民战争"的高度，也成为营造共建共治共享社会治理格局的重要内容。

2008年以来，《中华人民共和国禁毒法》《戒毒条例》《全国青少年毒品预防教育规划（2016—2018）》《全国社区戒毒社区康复工作的规划（2016—2020年）》先后出台，为禁毒工作社会化及禁毒社会工作的开展提供了法律、政策依据。2014年，中共中央、国务院印发《关于加强禁毒工作的意见》，首次将禁毒工作纳入国家安全战略和平安中国、法治中国建设的重要内容；2016年，国家禁毒委员会全体会议特别指出，将禁毒工作作为城乡社区建设的重要内容，发挥基层群众性自治组织协助政府开展工作的职能作用，积极做好禁毒宣传教育和社区戒毒与社区康复等工作。2017年出台的《关于加强禁毒社会工作者队伍建设的意见》更是对禁毒社会工作提出了明确要求。党的十八大特别是十九大以来，党和国家不断加强顶层设计，搭建起禁毒工作的"四梁八柱"。"6·27"工程、"8·31"工程、创建全国禁毒工作示范城市等一系列举措，推动了禁毒工作的社会化、专业化、规范化、信息化甚至智能化；禁毒工作责任制和领导体制、工作机制、保障机制逐步建立和完善，各级党委政府、有关部门齐抓共管，社会各界和人民群众广泛参与的综合治理毒品问题工作格局逐步形成，禁毒社会工作的土壤和条件日益改善。

与此同时，我国开始在社会工作发展基础较好的地区启动禁毒社会工作实践探索，如2003年，上海市在街道层面全面启动禁毒社会工作服务，随后广东省、浙江省、湖南省等地也逐渐引入社会工作专业力量提供禁毒戒毒服务，有的在戒毒所进行，更多的是在社区进行。综观全局，禁毒社会工作服务的开展主要有以下两种模式：一是政府购买禁毒服务。这其中又分为政府定向购买特定社会组织的禁毒社会工作服务（如上海市）和通过公开招标方式向社会工作服务机构购买禁毒社会工作服务（如广州市、深圳市等）。政府购买禁毒社会工作服务又有岗位制、项目制等多种形式。二是政府直接招聘社会工作者，依托街道综合治理办公室开展禁毒社会工作服务,如浙江省以及广东省珠海市、广州市荔湾区等地。可以说,我国初步形成了禁毒社会工作服务的多元化模式。

禁毒社会工作的兴起,是社会治理创新,是禁毒工作创新,也是社会工作创新。禁毒社会工作是坚持"助人自助"价值理念,运用社会工作专业知识、方法和技能预防和减轻毒品危害,促进吸毒人员社会康复,保护公民身心健康的专门化社会服务活动。其服务对象包括正在进行社区戒毒、强制隔离戒毒、社区康复、自愿戒毒的人员及其家庭和居民群众,主要阵地在社区和监所,主要内容包括毒品预防教育、促进美沙酮维持治疗、对戒毒(康复)人员的心理辅导、家庭关系改善、困难帮扶、就业支持、生活方式及社会网络重构等。禁毒社会工作具有高难度和特殊性,要求禁毒社会工作者兼具医学、法学、心理学、社会工作等方面的知识,勇敢与智慧并举,具有安全防范和风险管理意识,同时要注重多方面专业队伍的配合,广泛调动政府与社会的资源,在工作中贯穿减害、治理、系统等服务理念。

在各级禁毒委、禁毒办、公安、司法和民政等部门及基层单位支持下,我国建立起禁毒服务的组织体系和工作平台,加大财政投入,制定了一系列禁毒服务规范与标准,创新了政府购买服务机制,产生了一批禁毒社会工作服务机构,如上海的自强社会服务总社、中致社区服务社,广东的大同社会工作服务中心、联众戒毒社会工作服务中心,浙江的乐清市仁和社会工作师事务所,四川的成都市清醒人生社会工作服务中心,北京的厚德社会工作事务所等,孕育了一批优秀的禁毒社会工作者,探索了一系列服务模式,开展了切实有效的禁毒社会工作服务,显著提升了戒毒人员的执行率、操守率、就业率。

正如《关于加强禁毒社会工作者队伍建设》文件中指出的:"发展禁毒社会工作、加强禁毒社会工作者队伍建设,是增强禁毒工作专业力量、完善禁毒工作队伍结构、推进禁毒工作社会化的重要途径,是健全禁毒社会服务体系、创新禁毒社会服务方式、提升禁毒社会服务水平的有力手段，是推进毒品问题治理体系和治理能力现代化的必然要求。"

总之，禁毒社会工作者和禁毒战线上的民警要各负其责，合力推动构建中国特色毒品问题治理之路，打赢新时代禁毒人民战争。

第一章

禁毒社会工作概述

【概览】

本章旨在让大家对禁毒社会工作的背景、发展脉络有一个初步了解,并引发对禁毒社会工作的必要性和历史必然性的讨论,进而掌握禁毒社会工作的概念、服务内容、服务对象,以及禁毒社会工作者需要具备什么样的素养、在服务过程中承担的角色有哪些等内容。可以说,本章的内容是学习禁毒社会工作的基础,学好本章将为进一步的学习打下良好基础。

【目标】

1. 知识目标
   (1) 掌握禁毒社会工作、禁毒社会工作者的概念。
   (2) 掌握禁毒社会工作服务的具体内容。
   (3) 了解禁毒社会工作者的素养和角色。
2. 能力目标：能够运用禁毒社会工作的视角去思考禁毒学科、社会工作学科的问题。
3. 价值目标：具有社会工作的敏感性、认同禁毒社会工作的作用。

第一节 我国禁毒社会工作的发展脉络

一、社会工作与禁毒社会工作

19世纪末20世纪初，社会工作发源于人道主义和民主的理念，它的价值观基于对所有人的平等、价值与尊严的尊重。现代意义上的社会工作最早出现在英美发达国家，本质上是一种职业化的助人活动，其特征是向有需要的人特别是困难群体提供科学有效的服务。作为一种职业，为困境人士和弱势群体服务，进而在促进社会秩序和社会进步等方面发挥重要作用。在我国，社会工作始于清末民初；20世纪50年代，社会工作随着院系调整被撤销；20世纪70年代，社会工作逐步得到恢复和重建；目前，社会工作正沿着专业化、职业化、行业化的方向全面发展，在社会福利、社区矫正、司法、卫生、教育、心理辅导等领域发挥着不可替代的作用。

20世纪60年代，随着世界毒情形势的变化，国际禁毒斗争取得了巨大的成就，各国携手阻止了全球毒品的快速发展和蔓延。但是，世界毒情总体形势不容乐观，禁毒任务依然非常艰巨。在我国，随着世界毒情的变化，20世纪80年代，国内毒品问题死灰复燃，毒品滥用人群居高不下，毒品制造贩运非常活跃，禁毒力量捉襟见肘。在此背景下，社会工作方法逐渐介入禁毒领域，并发展成社会工作的重要分支——禁毒社会工作。禁毒社会工作也成为禁毒工作的重要组成部分。

二、我国禁毒社会工作发展历史脉络

新中国的禁毒历史始于 1950 年 2 月中央人民政府政务院发布的《关于严禁鸦片烟毒的通令》，而禁毒社会工作始于 20 世纪末，之后禁毒工作社会化过程逐步发展壮大。

我国禁毒社会工作的起源以美国戴托普国际公司与云南省的合作为标志，即 1991 年，我国卫生部和美国戴托普公司签署协议，拟在云南省昆明市成立药物依赖治疗康复中心。该中心于 1998 年正式成立。[①] 2001 年，戴托普药物依赖治疗康复中心与云南大学社会工作学系合作，后者对前者的工作人员进行理念、知识、技能培训，前者为后者提供学生的实习场地和实习督导。这表明，尽管"禁毒社会工作者"的名词在我国还没有出现，但自 2001 年起，社会工作已经介入禁毒工作体系之中。[②]

2003 年，上海市成立禁毒社会组织，招聘和培训禁毒社会工作者，运作方式是政府购买服务、禁毒社会组织承接服务，从而率先在全国进行禁毒社会工作制度创新。[③] 按照"政府主导推动，社团自主运作，社会多方参与"的总体思路，[④] 2003 年 11 月，上海市禁毒办与上海市自强社会服务总社（民办非企业单位）签订了《政府服务采购合同》，以每个社会工作者 4 万元的标准，购买了社会工作者的社区服务。[⑤] 上海市开展的禁毒社会工作是中国第一代专业禁毒社会工作，走的是禁毒工作社会化、专业化、职业化的道路，取得了明显成效，开启了全国禁毒社会工作发展先河。

[①] 李晓凤、马瑞民：《我国戒毒社会工作的发展历史及实务运作模式初探》，《社会工作与管理》2014 年第 6 期。
[②] 参见赵敏、张锐敏主编：《戒毒社会工作基础》，军事医学科学出版社 2011 年版。
[③] 陈晶羽：《我国社区戒毒研究文献综述》，《法制与社会》2014 年第 5 期。
[④] 费梅苹：《本土化视野下社区戒毒康复社会工作服务研究——以上海同伴教育为例》，《华东理工大学学报（社会科学版）》2017 年第 1 期。
[⑤] 范志海、吕伟、余金喜：《社区戒毒康复模式的初步探索——以上海禁毒社会工作为例》，《中国药物依赖型杂志》2009 年第 2 期。

继上海市之后，珠三角地区也开始了禁毒社会工作实践探索。2007年10月，深圳市委、市政府颁布了《关于加强社会工作人才队伍建设推进社会工作发展的意见》等"1+7"系列文件，在全国开展有深圳特色的以社会工作制度体系为内容的试点工作。至此，中国珠三角地区专业社会工作应运而生。2008年10月，深圳市禁毒办将福田区作为禁毒社会工作进驻社区的试点单位，采取"政府购买，民间合作"的方式，委托"升阳升"和"春雨"两家社会工作民间机构运作，正式成立深圳市第一个社区禁毒社会工作站。2009年10月，广州市民政局与广州市荔湾区禁毒委员会合作，在荔湾区东漖街率先展开社区戒毒与康复试点工作；2010年5月，东莞市禁毒办分别在7个镇街综合治理办公室开展禁毒社会工作试点。[①]

综上所述，我国的专业禁毒社会工作于21世纪初始于上海市，近年来发展迅速，其研究的理论成果与实务经验已有一定积累。

2008年，《中华人民共和国禁毒法》实施后，正式以立法形式明确将社会工作专业方法应用到禁毒领域。2011年，《戒毒条例》明确规定县级以上人民政府应当建立政府统一领导，禁毒委员会组织、协调、指导，有关部门各负其责，社会力量广泛参与的戒毒工作体制。2014年，《关于加强禁毒工作的意见》指出积极引导全社会力量参与禁毒工作，鼓励社会资金参与禁毒公益事业。2015年，《全国社区戒毒社区康复工作的规划（2016—2020年）》明确提出发展社会工作队伍，同年，《全国青少年毒品预防教育规划（2016—2018）》提出重点加强对青少年实施毒品预防教育工作。2017年1月，国家禁毒委联合民政部和人社部等12部门共同印发的《关于加强禁毒社会工作者队伍建设的意见》，从总体规划、人才培养、职责任务、组织领导、制度建设等方面对禁毒社会工作者队伍建设作了规定。至此，禁毒社会工作在社会化、专业化、规范化、信息化以及智能化等方面不断向前发展。

---

① 参见潘泽泉主编：《禁毒社会工作基础知识》，中国社会出版社2016年版。

三、我国禁毒社会工作实践的特点

关于我国禁毒社会工作实践的研究,范志海认为,禁毒社会工作的实务领域不是固定的范畴,有院舍化、社区化、公共卫生化等照顾模式。吕伟对上海禁毒社会工作模式调研后,认为上海社区照顾模式的基本特征是照顾与管理的统一。依据我国地大物博、区域广泛的特点,自然就形成了禁毒社会工作机制多样、结构多样、模式多样,具体操作措施不统一的特点。①

通过分析我国禁毒社会工作模式,我国禁毒社会工作实践特点可以概括为:

一是区域特色及多样化特点显著。我国因为疆土面积广阔,且每个地区经济发展、文化传统、社会治理模式均不相同,禁毒社会工作的模式也各有不同。

二是以"借鉴"为开端,结合区域自身特点形成了具有可操作性的工作模式。所谓"借鉴",就是以大城市为代表的地区借鉴国外的成功模式,不发达地区借鉴大城市发展起来的模式,同时结合自身的地域、文化、经济特点,形成各具特色的禁毒社会工作模式。

三是以大城市(一线城市、沿海城市、经济发达的城市)为布局先锋,其他地区紧跟的禁毒社会工作发展格局。

【延伸阅读】禁毒社会工作实践模式案例

扫描二维码阅读

第二节 禁毒社会工作的概念与内涵

一、禁毒社会工作的概念

(一)禁毒社会工作的定义

什么是禁毒社会工作?最早、最普遍、最简化的观点是:社会

---

① 范志海、吕伟:《上海禁毒社会工作经验及其反思》,《中国药物依赖性杂志》2005年第5期。

工作在禁毒领域的运用就是禁毒社会工作。至于怎么运用、有些什么途径、工作内容有哪些、功能和目标是什么，却没有具体写实。2011年，范志海等提出，"所谓禁毒社会工作，即将社会工作的理论和方法应用于禁毒工作领域，由具有一定禁毒和社会工作科学知识、方法和技能的社会工作者，对服务对象提供社会关心、戒毒康复帮助、就业指导、法律咨询服务和行为监督的一种工作过程"[1]。吴金凤（2021）等提出，"狭义的禁毒社会工作是指具有禁毒和社会工作专业知识与方法的社工为吸毒人员提供生理脱毒、心理康复及社会回归等各方面服务的过程"。同时，她也提出广义的社会工作涵盖社会工作者提供的毒品预防教育、禁毒管理实务。[2]

可以看出，随着禁毒社会工作的开展，大家对其内涵和外延理解得越来越立体，对其定义也越来越全面和准确。莫关耀、曲晓光在其编著的《禁毒社会工作》一书中曾沿用社会工作定义的方法，指出"禁毒社会工作是一种助人免受或减少毒品危害的活动，是一种社会工作实务，是一项职业，是一种工作制度"[3]。

综上所述，禁毒社会工作是社会工作方法在禁毒领域的具体体现，是禁毒工作的重要组成部分。2017年，由国家禁毒办等十二部门颁发的《关于加强禁毒社会工作者队伍建设的意见》中指出，禁毒社会工作是禁毒工作的重要组成部分，是坚持"助人自助"价值理念，遵循专业伦理规范，运用社会工作专业知识、方法和技能预防和减轻毒品危害，促进吸毒人员社会康复，保护公民身心健康的专门化社会服务活动。相对来讲，这个概念比较全面、具体，兼有价值观、路径、方法、技能、功能和目标。

禁毒社会工作的价值观和社会工作的价值观是一致的，都是助人自助；禁毒社会工作的方法和技能有个案工作、小组工作、社区

---

[1] 范志海、吕伟：《上海禁毒社会工作经验及其反思》，《中国药物依赖性杂志》2005年第5期。
[2] 吴金凤主编：《禁毒社会工作实务》，武汉大学出版社2021年版，第12页。
[3] 莫关耀、曲晓光主编：《禁毒社会工作》，中国人民公安大学出版社2017年版，第8—9页。

工作、社会行政等；禁毒社会工作的路径是通过社会工作知识的运用在禁毒工作的领域开展帮扶服务；禁毒社会工作的目标是帮助戒毒康复人员预防和减轻毒品危害，促进吸毒人员社会康复，保护公民身心健康，进而有利于创造无毒家庭、无毒单位、无毒社区、无毒社会。

需要注意的是，禁毒社会工作不是专指戒毒社会工作。戒毒社会工作的服务对象是戒毒人员，工作的主要内容是帮助戒毒康复人员戒断毒瘾、回归社会。禁毒社会工作和戒毒社会工作的关系是包含与被包含的关系。

（二）禁毒社会工作与心理咨询的联系和区别

1. 禁毒社会工作与心理咨询的联系

首先，在价值理念上，心理咨询与禁毒社会工作在哲学源头、历史发展、价值理念上基本是一致的；其次，在理论方法上，尤其在禁毒个案工作中，大部分应用的理论和方法都是心理咨询的理论和方法；再次，在工作内容上，禁毒社会工作者无论为服务对象提供什么样的帮助，心理疏导都是必不可少的一部分；最后，在从业者的综合素养上，心理咨询师的职业素养与禁毒社会工作者的职业素养要求几乎一致。所以，心理咨询不仅是禁毒社会工作的一部分，更是禁毒社会工作中不可缺少的重要部分。另外，从近几年的国家政策来看，心理咨询与禁毒社会工作相结合也是戒毒康复领域必然要走的发展之路。

2. 禁毒社会工作与心理咨询的区别

首先，工作理念和方法不同。心理咨询师重点关注人的心理现象，用心理学的方法来解决心理方面的问题；禁毒社会工作者则重点关注人与环境的互动及环境对人的影响，除了使用心理学的方法，还可以动员服务对象的众多资源，去解决生理、心理、社会等多方面的困难和问题，其工作方法更多，工作领域更全面，工作效率也更高。可以说，社会工作的方法更多，可利用的资源更广，能解决的问题更全。也就是说，心理因素只是问题原因和解决方法之一，但不是全部。

其次，主管部门不同，政府重视程度不同。心理咨询师的职业资格认证在国家层面已经取消，目前对于这个行业，没有明确的职业资格认证方法，也没有固定的主管部门；而社会工作师，由中华人民共和国民政部和人力资源社会保障部共同管理，有非常严格的全国统一职业水平认证考试，同时还有众多国家和地方的配套政策支持。

（三）禁毒社会工作与志愿服务的联系和区别

禁毒社会工作和志愿服务的联系主要是，两者都是助人服务活动，都有相关守则和约束。区别可以从定义要素、专业素养和职业性质、伦理价值观念、处理问题的难易程度、社会认知度和社会参与度等几个方面进行分析。

一是定义要素不同。禁毒社会工作是坚持助人自助价值理念，遵循专业伦理规范，运用社会工作专业知识、方法和技能预防和减轻毒品危害，促进吸毒人员社会康复，保护公民身心健康的专门化社会服务活动。禁毒志愿活动是志愿者基于社会责任和义务，自愿贡献自己的时间和精力，为我国禁毒工作提供无偿服务。

二是专业素养和职业性质不同。禁毒社会工作是一门职业，拥有理论体系、专业权威、社会认可（职业资格）、伦理守则、组织文化、大学训练、产生收入七个特性；禁毒志愿活动专业性不强，具有非职业性，不严格要求有专业技能方法，志愿者在服务活动中大多时候承担辅助角色，为需要帮助的人开展力所能及的活动。

三是伦理价值观念不同。禁毒社会工作遵循严格的专业伦理和价值，其价值观念是助人自助，强调发挥服务对象的潜能和资源；专业伦理包括社会工作者对案主、同事、社会、实务机构、专业、作为专业人员六个方面。禁毒志愿活动也有相应的志愿精神，如公平奉献等，也要遵循社会的伦理和价值，但是不如社会工作严格和专业。

四是处理问题的难易程度不同。禁毒社会工作一般涉及政策、社区、家庭、个人的心理、能力等方面，复杂而深入，问题较难；禁毒志愿服务大多是一般性服务及辅助性服务，问题相对简单。

五是社会认知度和社会参与度不同。在我国，禁毒社会工作社会认知度较弱，作为职业和行业生长发育的环境不够成熟，其价值和意义未被充分认知，社会参与度较弱，禁毒社会工作者数量不够多、专业性也不够强；禁毒志愿活动社会认知度较强，民众参与热情不断高涨，因门槛较低、我国禁毒文化中强烈的"斥毒"背景等原因，社会参与度很高。

二、禁毒社会工作的服务内容

禁毒社会工作的服务内容包括：提供戒毒康复服务、开展帮扶教育服务、参与禁毒宣传教育、协助开展有关禁毒管理事务等。

（一）提供戒毒康复服务

调查了解戒毒康复人员行动趋向、生活状况、社会关系、现实表现等情况，开展戒毒康复人员心理社会需求评估；为戒毒康复人员提供心理咨询和心理疏导、认知行为治疗、家庭关系辅导、自我管理能力和社会交往能力提升等专业服务；帮助戒毒康复人员调适社区及社会关系，营造有利于戒毒康复的社会环境；开展有利于戒毒康复人员社会功能修复的其他专业服务。

1. 早期干预

（1）对毒品问题严重的社区和高危人群进行针对性的宣传、咨询服务及早期评估服务。

（2）对已尝试过毒品但未成瘾的人员进行早期介入，通过帮教访谈、个案管理等手法，防止其进一步滥用毒品，发展为成瘾者。

2. 替代治疗

当前，我国针对阿片类药物成瘾的替代治疗主要是通过美沙酮维持治疗、纳曲酮维持治疗来防止复吸乃至戒断毒瘾。禁毒社会工作在替代治疗中可做的工作有：

（1）为选择替代治疗的吸毒者、戒毒者提供辅导，坚定其服用替代药物的信心、耐心与恒心。

（2）协助选择替代治疗的吸毒者、戒毒者制订替代治疗计划，鼓励其稳定后戒断替代药物，使其最终摆脱毒品困扰。

（3）协助选择替代治疗的吸毒者、戒毒者正确处理易复吸的高危行为或高危情绪，使其掌握防复吸的方法及技巧。

（4）向选择替代治疗的吸毒者、戒毒者家属普及替代药物知识，引导、支持吸毒者和戒毒者长期服用替代药物。

3. 在所服务

（1）为初入所的强制隔离戒毒人员进行情绪疏导，协助其适应戒毒场所生活。

（2）掌握强制隔离戒毒人员的需求，协助其从生理、心理上戒除毒瘾或进行康复训练。

（3）协助强制隔离戒毒人员巩固戒毒成果，养成健康生活方式。

（4）协助强制隔离戒毒人员掌握改善家庭关系及处理家庭问题的技巧。

（5）开展技能类、兴趣类、文艺类等活动，协助强制隔离戒毒人员培养健康的兴趣爱好，提升其能力。

（6）引导强制隔离戒毒人员发挥自身优势，提升自尊与自信，增强自我接纳。

（7）链接社会资源，为强制隔离戒毒人员提供协助或帮扶，包括所外专业的或志愿的服务、社会资源捐款或捐物等。

（8）制定无缝接轨方案，做好出所衔接，与所外禁毒社会工作者合作，为强制隔离戒毒人员出所后的工作、生活做好准备，以降低其复吸率。

4. 社戒社康

（1）协助执行社区戒毒（康复）。包括：协助被责令社区戒毒（康复）的戒毒人员到社区戒毒（康复）执行地报到，签订社区戒毒（康复）协议并了解协议相关内容；协助被责令社区戒毒（康复）的戒毒人员定期不定时尿检，完善其档案；协助符合条件的被责令社区戒毒（康复）的人员解除社区戒毒（康复）管控。

（2）防止复吸。包括：为社区层面吸/戒毒人员提供心理辅导，增强戒毒动机与信心；协助社区层面吸/戒毒人员提高毒品拒绝技巧、问题解决技能及情绪和压力管理等能力；协助社区层面吸/戒毒人员巩固戒毒成果，养成健康生活方式，防止复吸。

（二）开展帮扶救助服务

为戒毒康复人员链接生活、就学、就业、医疗和戒毒药物维持治疗等方面的政府资源与社会资源。组织其他专业力量和志愿者为戒毒康复人员及其家庭提供服务，协助解决生活困难，提升生计发展能力，改善社会支持网络，促进社会融入。

1. 链接资源

链接资源包括：熟悉相关法律法规，为戒毒康复人员链接生活、就学、就业、医疗和戒毒药物维持治疗等方面的政府资源与社会资源，保障生活水平，改善就学就业环境，获得医疗帮助。

2. 就业支持

就业支持包括：引导社区层面吸/戒毒人员确定个人的生涯发展方向、目标及路径，并采取有效行动达成目标；为社区层面吸/戒毒人员提供就业信息咨询、职业技能培训，促进其就业；协助已就业的社区层面吸/戒毒人员减轻就业压力，增强其职业稳定性。

3. 家庭支持

家庭支持包括：协助社区层面吸/戒毒人员处理其与父母、配偶、子女及其他重要相关人员的关系；为社区层面吸/戒毒人员提供婚恋咨询和辅导；为社区层面吸/戒毒人员提供子女教育咨询和辅导；为社区层面吸/戒毒人员家属提供支援服务。

4. 社会支持网络构建

社会支持网络构建包括：从社区层面吸/戒毒人员自身及其与家庭、朋辈群体、社区、学校、社会服务机构等的互动关系中分析其可利用的资源，构建支持网络；强化社区层面吸/戒毒人员社会支持网络，包括个人增能与自助、家庭照顾者支持、邻里互助、志愿者链接、社区权能增强等；巩固社会支持网络成效，建立长效机制。

5. 社会倡导

社会倡导包括：开展社会倡导活动，倡导社区居民对社区层面吸/戒毒人员的接纳，降低社会歧视；研究、分析与社区层面吸/戒毒人员相关的法律法规及政策中有待完善的内容，向有关职能部门提出完善建议，保证吸／戒毒人员获得平等的法律权利和其他公民权利；对社区层面吸／戒毒人员的社会地位和社会身份给予肯定性的评价，链接媒体资源，加大对戒毒者的正面报道力度。

6. 生涯计划

生涯计划包括：协助自愿戒毒人员、强制隔离戒毒人员、社区层面吸／戒毒人员明确个人的发展方向及目标；协助服务对象制定个人的发展规划，形成具有可操作性的行动计划；整合资源、链接资讯，协助其执行计划。

7. 社会融入

社会融入包括：开展适合社区层面吸／戒毒人员的文化、体育、娱乐等各项活动，培养其兴趣爱好，提升其社会活跃度，丰富其社会生活；组织社区层面吸／戒毒人员参与各项禁毒志愿服务；支持社区层面吸／戒毒人员参与社区协商，为社区发展出谋划策；鼓励、培养社区层面戒毒成功人员成为朋辈辅导员，宣传禁毒，支援其他吸／戒毒人员；支持社区层面吸／戒毒人员参加社区组织的各类公益倡导活动。

（三）组织禁毒宣传教育

参与组织禁毒宣传活动，普及毒品预防和艾滋病防治等相关知识，宣传禁毒政策和工作成效，增强公民禁毒意识，提高公民自觉抵制毒品的能力。倡导禁毒社会工作理念，降低并消除社会歧视与排斥。

1. 组织禁毒宣传活动

教育方法主要采用参与式教学，教育形式可以利用新媒体、互联网、人工智能等，也可为有需要的自愿戒毒人员、强制隔离戒毒人员、社区层面吸／戒毒人员及其家属开展讲座、培训等，使其了解毒品有关知识及吸毒相关传染疾病的危害、传播途径、预防及治疗方法等。

2. 把握禁毒宣传教育维度

禁毒宣传教育活动，主要分为以下三个维度开展：知识层面，宣传识毒、防毒、拒毒的知识和技巧，具体包括毒品种类、毒品危害、吸毒原因、拒毒技巧、禁毒法律法规等；意识层面，通过签名、宣誓等仪式类的活动，提升宣传对象远离毒品的意识，提高公民自觉抵制毒品的能力；行为层面，协助宣传对象做出远离毒品的行为，包括动员符合条件的宣传对象加入禁毒志愿者队伍并协助禁毒社会工作者开展或独立开展禁毒宣传活动，为有需要的人提供戒毒咨询服务等。

3. 发展禁毒志愿者队伍

一是招募禁毒志愿者，明确并制定禁毒志愿者招募要求、招募方式、申请流程，做好禁毒志愿者登记；二是培育禁毒志愿者，可通过"培训＋实战＋分享"的模式进行培育；三是推动禁毒志愿者参与禁毒服务，并做好志愿者服务时数的记录；四是激励禁毒志愿者，通过总结会、团建、答谢会等形式，强化志愿者参与禁毒服务的动机，建立稳定的禁毒志愿者队伍。

（四）协助开展有关禁毒管理事务

一是协助开展吸毒人员排查摸底工作，在当地公安、司法等机关的统一指导下主动摸底排查，不漏一人，不漏一家。

二是协助建立相关档案资料，做好工作台账，对工作对象的戒毒康复情况进行定期评估、科学评估，对于没有达到要求的坚决收治。

三是协助做好强制隔离戒毒人员出所衔接，督促、帮助社区戒毒康复人员和戒毒药物维持治疗人员履行协议，努力减少现实危害。发现社区戒毒康复人员拒绝报到或严重违反协议的、参加戒毒药物维持治疗人员严重违反治疗规定的，向乡镇（街道）禁毒工作机构报告，协助收集提供有关材料。

三、禁毒社会工作的服务对象

服务对象是社会工作服务的直接受益人，也称为案主。在成为服务对象/案主之前，假如需要社会工作者提供帮助，即称为"求助者"。

【延伸阅读】禁毒社会工作者如何协助学校开展预防教育？

扫描二维码阅读

假如求助者主动前来社会工作服务机构求助，并已经使用社会工作服务时，即成为"现有案主"。当案主并没有要求帮助，但可能需要社会工作者的协助，或者是虽然还没有求助但妨碍他人或社会系统功能的正常发挥时，即成为"潜在案主"。社会工作者的任务不仅要跟进"现有案主"，同时还要与"潜在案主"建立联系，使其了解接受社会工作服务对他的意义，使"潜在案主"成为"现有案主"。

禁毒社会工作的服务对象有戒毒康复者、潜在吸毒者、吸毒人员家属、禁毒社会工作者等[①]。

1. 戒毒康复人员

戒毒康复人员是禁毒社会工作的主要服务对象，指正在或曾经吸食毒品或滥用药物的人士，不分性别、年龄、宗教信仰、籍贯及学历等。应该注意的是，无论服务对象现在是否吸毒，但因他们曾经吸毒且目前还被其他问题困扰，所以仍然是禁毒社会工作的服务对象。

2. 潜在吸毒者

潜在吸毒者是禁毒宣传教育的主要服务对象。从年龄来分，主要是青少年；从职业来分，主要是以失业人员、无业人员、外出打工者、个体户和流动人口为主；从文化结构来看，以文化素质较低者为主。任何人都可能成为吸毒者，因此在禁毒社会工作领域的毒品预防教育应该面向普通大众进行宣传，以上述容易沾染上毒品的人群为主。

3. 吸毒人员家属

家庭成员中出现吸毒者，除了导致家庭经济拮据甚至破产外，还会让吸毒人员家属产生很多心理问题，比如羞耻、自卑、愤怒、无能为力、自责等。如果不及时处理还会出现偏差行为，比如过于迁就吸毒者，无限制满足吸毒者的需求，疏远吸毒者，甚至放弃吸毒者。因此，在戒毒康复治疗中，也需要对吸毒者家人进行心理行

[①] 参见潘泽泉主编：《禁毒社会工作基础知识》，中国社会出版社2016年版。

【延伸阅读】禁毒社会工作者也是普通人，同样需要面对各类负面情绪和心理问题。

扫描二维码阅读

为干预，争取家庭成员的支持，帮助戒毒者走向康复。

4. 禁毒社会工作者

禁毒社会工作者与帮教服务对象一样，也是普通人，在遇到突发性事件和超出自身能力范围的问题时，同样会产生各类负面情绪，受困于各类心理问题。一旦不能妥善处理这些问题，势必会影响后续正常的工作和生活。因此，禁毒社会工作者也是禁毒社会工作的服务对象。

四、禁毒社会工作的功能

（一）预防功能

禁毒是我国的一项基本国策，是事关国家兴衰、民族兴旺的大事。治理毒品问题应重在预防，防患于未然。我国禁毒工作实行预防为主，综合治理，"四禁"（禁种、禁制、禁贩、禁吸）并举的方针。禁毒社会工作者通过参与组织禁毒宣传活动、普及毒品预防和艾滋病防治等相关知识、宣传禁毒政策和工作成效，增强全社会公民禁毒意识，提高公民自觉抵制毒品的能力。

（二）治疗功能

毒品的危害巨大，不仅损害吸毒者身体健康，容易引起艾滋病等血液传播疾病，而且也容易引起家庭问题、社会问题，增加违法犯罪的概率。吸毒者是社会中的一类特殊群体，他们既是违法者，又是受害者。从医学角度看，吸毒者也是病人，需要对其采取积极的治疗措施，不仅从生理上积极帮助他们进行治疗，更应在心理上、人格上进行关注和呵护，帮助他们树立战胜毒魔的勇气和信心，让他们重新站立起来。禁毒社会工作就是为戒毒康复人员提供心理咨询和心理疏导、认知行为治疗、家庭关系辅导、自我管理能力和社会交往能力提升等专业服务，帮助其戒除毒瘾，通过治疗，激发服务对象的潜能，恢复他们的生活自信，帮助他们回归社会。

（三）恢复功能

毒品问题是社会问题之一，是社会运行过程中出现的不和谐音符。禁毒社会工作是对毒品问题的回应，禁毒社会工作通过为服务对象提供专业服务，帮助服务对象恢复失去的生活功能，达到正常的生活状态，进而促进人与社会环境的相互适应功能。同时，通过帮助服务对象调适社区及社会关系，营造有利于戒毒康复的社会环境，开展有利于戒毒康复人员社会功能修复的其他专业服务。

（四）发展功能

发展分为人的发展和社会的发展。禁毒社会工作以禁绝毒品为目标。禁毒社会工作者通过充分挖掘社会资源，发挥个人与制度的潜能，以促使服务对象的发展及社会的稳定进步，最终实现社会的繁荣与公平。从微观层面看，禁毒社会工作通过资源链接等工作，为服务对象提供机会，帮助其实现发展目标。从宏观层面看，禁毒社会工作通过修复社会关系，预防和解决社会问题，恢复和发展社会功能，推动社会良性运行和发展。

【学习研讨】

告别黑暗，迎接阳光

导读：从此案例中分析禁毒社会工作在帮扶服务对象的过程中发挥的作用。

某街道社区康复人员余欣，女，1968年11月生人。余欣于2001年开始吸食毒品，2005年8月23日因吸食毒品海洛因被送到省女子劳动教养管理所劳教。于2007年11月8日劳动教养出所。自2009年8月27日至2010年11月7日被市公安局××分局责令进行社区康复。

余欣在社区康复期间，某街道禁毒社会工作者多次以一种平等、尊重、接纳的方式与其面谈。刚开始，余欣出现抗拒、抵触等不良情绪，禁毒社会工作者没有放弃，对其耐心疏导和反复沟通。后来，余欣逐渐向禁毒社会工作者敞开了心扉，能够正确认识自己的思想和行为，对过去所走的弯路有深刻的悔悟，能自觉履行社区戒毒（康复）协议，接受社区戒毒工作小组监督，自觉配合定期接受尿检，按时到街道汇报戒毒（康复）情况，服从工作人员的管理、教育，积极进行思想汇报。

2010年11月8日，余欣社区康复期满，写了一份深刻的思想汇报，她写道："我第一次接触毒品是因为好奇心，听从了朋友的诱惑，现在在禁毒社会工作者的帮助下，我慢慢地克服了自卑的心理，心态也开始变好。生活是这样美好，我曾经走了很多弯路，差点毁掉我的一生。我懂得了吸毒对自己的伤害，我的年龄也不小了，如果再不珍惜自己的生命，这一生就将断送，因此，我要永远杜绝和远离毒品，做一个正常人，做一个守法的公民。我身边有那么多关心我、支持我的人，我绝对不能让他们失望。"余欣在康复期间表现良好，现戒毒（康复）期满，至今未出现复吸情况。

社区康复结束后，禁毒社会工作者和余欣的联系从未间断，经常打电话或者入户了解她的生活情况和思想动态。为了让余欣在回归社会后能过上正常人的生活，禁毒社会工作者积极协调街道民政、城管、社保等部门帮助其在居住小区申请了廉租房和低保，解决了她的实际困难。余欣开始了新的生活，结婚生子，有了一个幸福完整的家庭。

2017年，余欣身患重病，行动不便，需要大笔医疗费，对于余欣来说，这笔费用实在负担不起。禁毒社会工作者了解情况后，协调了民政部门，帮助余欣申请了特困补助，还联系了社会上的爱心人士帮助她。同年，禁毒社会工作者还了解到余欣的女儿已到学龄阶段，因户口问题不能就近入学，禁毒社会工作者协调了辖区派出所并出具了相关证明，帮助其解决了女儿上幼儿园的问题。街道、社区工作人员到余欣家进行走访慰问，她的家让人眼前一亮，十分干净整洁、舒适温馨，一家人其乐融融。

余欣本人有理发的一技之长，她在其居住小区租了一块空地，搭了一个理发的摊位，帮小区居民理发贴补家用，她收费低，对人热情，深受小区居民欢迎。同时她还积极主动到行动不便的老人家里去理发，为孤寡老人和临终老人免费理发。她说，在自己最困难、最需要帮助的时候，街道综治科以及禁毒社会工作者对她不遗余力地关心和帮助，把她当作亲人和朋友一样对待，才让她有了现在的幸福生活，她也想做一些力所能及的事回馈社会，也让自己活得更有价值。余欣还经常积极参与到禁毒宣传工作中来，她现身说法，用自己的亲身经历告诫大家要远离毒品、珍爱生命。

第三节 禁毒社会工作者

一、禁毒社会工作者的概念

《关于加强禁毒社会工作者队伍建设的意见》指出，禁毒社会工作者是从事禁毒社会工作的专职人员，是指具有禁毒和社会工作的科学知识、方法和技能，在一定时期内，对服务对象提供戒毒康复帮助、生活关心、就业指导、法律咨询服务和行为督促的非政府机关专业化人员。[1]

可以看出，禁毒社会工作者的概念和禁毒社会工作的概念密切相关，需要指出的是禁毒社会工作者的身份性质。理论上讲，禁毒社会工作者属于非政府机关专业化人员。也就是说，禁毒社会工作者不是公务员，也不是事业单位人员，而是受雇于社会服务机构或者社会福利组织的专业技术人员。在我国社会工作整体发展背景和现实条件下，需要特别指出的是，上述概念是理论层面的，或者说理想状态下的禁毒社会工作者都是专业的职业化人员。但是，目前在禁毒社会工作实务层面，由于我国各地域的经济发展、文化背景不同，社会发展状况不一致，社会工作的发展、社会认同等均存在不一致性，因此，在我国很多省份从事禁毒社会工作的人员都不是理论意义上的专业的禁毒社会工作者，部分人员属于半专业或者欠专业的禁毒社会工作者。

专业的禁毒社会工作者是指从事禁毒社会工作，受过系统的相关专业训练或获得社会工作者资格认证的工作人员，相关专业包括

---

[1] 国家禁毒办等十二部门：《关于加强禁毒社会工作者队伍建设的意见》。

社会工作学、禁毒学、社会学、心理学、教育学等专业。而半专业/前专业的禁毒社会工作者是指从事禁毒社会工作，但是非社会工作相关专业毕业或者没有经过社会工作者资格认定的人员。就我国目前的禁毒社会工作实践来看，半专业/前专业的禁毒社会工作者包括禁毒专干、社区戒毒康复专职工作人员、禁毒公益岗位人员、禁毒网格员等，他们虽然专业性不强，但是实践经验丰富，在我国禁毒社会工作岗位上作出了力所能及的奉献，充实了我国禁毒社会工作者队伍力量。

需要强调的是，无论是专业的禁毒社会工作者还是半专业/前专业的禁毒社会工作者，均属于禁毒社会工作从业人员。所以，目前我国禁毒社会工作者构成是多元化的，也符合当前我国禁毒社会工作的现状。但是不可否认的是，在国家重视发展社会工作的背景下，由于我国体制特点、社会发展趋势、民众就业兴趣等因素及作用，未来我国禁毒社会工作的就业渠道和途径必然是多元的。

【学习研讨】

××社区的禁毒社会工作从业人员李姐，大专学历，会计学专业，在社区戒毒康复工作岗位上工作了五年多，两年前开始参加助理社会工作师考试，没通过。请问，李姐属于专业的禁毒社会工作者吗？为什么？

【延伸阅读】什么是社会工作者？社会工作者的工作是怎样的？

扫描二维码阅读

二、禁毒社会工作者的素养要求[①]

一般来讲，禁毒社会工作者应具备如下素质：坚持助人自助价值理念，遵循专业伦理规范；运用社会工作专业知识、方法和技能；预防和减轻毒品危害，促进吸毒人员社会康复，保护公民身心健康，进行专门化社会服务活动；掌握医学、心理学、社会学、社会保障和社会福利学、社会工作学、公共管理学等多学科知识，能有效回应吸毒戒毒人员社会康复及实现社会安全的需求。

【课堂活动 1.1】

分组讨论：禁毒社会工作者的素养有哪些？

组织：1. 学生分小组，针对案例中禁毒社会工作者的角色开展讨论；

2. 讨论完毕，学

---

① 参见潘泽泉主编：《禁毒社会工作基础知识》，中国社会出版社 2016 年版。

具体来分，又分为道德素质、心理素质、职能素质、知识素质、能力要求等。

（一）道德素质

社会工作以助人自助为宗旨，它体现了社会工作者道德方面的人生信念、专业态度和价值观等。禁毒社会工作者应把利他主义价值观当作核心价值取向。这就要求禁毒社会工作者必须具备较强的服务意识和奉献精神、高度的责任感和高尚的道德情操，努力从物质和精神层面改变服务对象处境，改善其生活状况，以便顺利回归正常生活。禁毒社会工作者必须认同并遵循社会工作专业的伦理准则。这是社会工作者基本的角色要求之一，也是衡量一个社会工作人才是否合格的重要因素。禁毒社会工作者要体现对服务对象的尊重与关怀。禁毒社会工作的服务对象大多是与毒品有关人员，禁毒社会工作者要对服务对象表示接纳、尊重与关怀，持非歧视的态度，让他们感受到自身的价值，重新树立对生活的信心。

（二）心理素质

禁毒社会工作者特别需要具有良好的心理素质，除了需要有效处理自己的心理压力外，更要求以健康积极的心态、良好的精神风貌、正向乐观的人生观面对和感染服务对象，以促进其走出困境。这种良好的心理素质具体体现在以下几方面：首先，要树立乐观的人生态度。对于服务对象来说，只有社会工作者自身拥有看待困难和处理困难的乐观心态，才能起到榜样示范作用，带领服务对象鼓起面对和战胜困难的勇气。其次，要保持自信的心理状态。社会工作者在对待和处理问题时，要从心理上接纳自己，相信自己的价值，认为自己有能力面对困境，帮助别人解决问题。最后，要具备坚忍的意志品质。禁毒社会工作者在工作中会面临许多困难，只有具备坚忍的意志品质才能坚守在社会工作这个神圣的岗位上。

（三）智能素质

1. 洞察意识

社会工作者日常面对的社会现象看似平常，实则纷繁复杂。因此，社会工作者需要透过现象看本质，抓住问题的要害，从而对问

生分享讨论结果；

3. 学生补充，教师点评并进行讲解。

题的解决起到事半功倍的效果。

2. 调查研究意识

要掌握真实情况就必须作调查，让事实说话，通过调查深入了解服务对象的困难与问题，提出对策和方法；同时，调查有助于社会工作者及时总结和提炼关于社会问题和社会工作的看法，为相关部门制定和实施解决社会问题、推动社会工作的政策法规，提供有价值的参考和依据。

3. 沟通协调意识

社会工作是一种服务有需求人群的工作，需要进行大量的沟通、协调。服务对象的问题往往错综复杂，需要多方面的力量共同努力才能解决好。因此，禁毒社会工作者需要具备良好的沟通意识和协调意识，要从根本上关注服务对象的生存状态，协调自身与服务对象、服务对象与环境及相关力量之间的关系。

4. 学习意识

随着社会的发展，新情况、新问题层出不穷，毒情形势也在发展变化，戒毒康复人员的需求更多元，禁毒社会工作者需要不断加强学习和创新，才能了解社会和服务对象，找到有效的解决办法。因此，禁毒社会工作者要不断学习新知识、新方法、新技术，不断提升自己应对问题和挑战的能力。

5. 风险意识

禁毒社会工作者在提供服务时需要思考各种可能性，特别是具有破坏作用的因素，识别风险意识信号，懂得自我保护等。禁毒社会工作中常见的风险事故有：

（1）对服务对象的风险事故

① 复吸。复吸在狭义上是指药物滥用者在完成戒毒治疗以后，由于种种原因重新开始滥用毒品的行为。由于强烈的生理依赖性、心理依赖性及戒毒后的稽延性戒断反应、亲情的离弃、社会群体的鄙视、毒友的再次诱惑，导致复吸在吸毒人群中成为一个普遍存在的问题，也是禁毒工作一直希望解决的难题。复吸不仅是戒毒康复者简单的个人问题，更有复杂的社会原因。要降低复吸率不仅要戒

毒者自己有顽强的毅力，更需要家庭、社会等各方的关怀与政府的大力支持。

② 脱管、失管、漏管。药物滥用者在完成所内强制隔离戒毒后，从出所到与专业社会工作者取得联系、构成帮扶关系之前，通常会出现平均 30 天的"帮教服务真空期"，在这段时间内，部分戒毒人员会出现脱管、失管、漏管现象。2008 年，张昱曾根据上海市的经验，认为戒毒人员呈现"三个一"的状态，即 1/3 是找不到的，1/3 是人户分离的，1/3 是能够找到的。[①] 时至今日，这个判断在我国大多数地区还是适用的。

③ 死亡。药物滥用者在戒毒康复期间，因为不如意的生活境遇、环境压力或者他人诱惑，可能会想不开导致自杀或者因吸毒过量而死。

（2）对禁毒社会工作者的风险事故

① 职业防护风险。由于国际国内毒情形势的复杂变化，我国毒品滥用种类早已不仅仅局限于传统毒品和新型合成类毒品，新精神活性物质已经在全球范围内扩散蔓延，戒毒康复治疗也远远不能停留于针对传统阿片类戒毒康复的美沙酮替代治疗、丁丙诺啡替代治疗等。传统毒品大多是中枢神经抑制剂类，在吸食、注射毒品后尚且可以控制，生理依赖和稽延性症状尚且有药可医，而新型合成类毒品大多是中枢神经兴奋剂类和致幻剂类，尤其是以各类新精神活性物质组成的第三代毒品，对中枢神经造成的损伤是不可逆的，在服用药物后行为不可控，暴力性行为大大增加，从某种意义上讲更加剧了禁毒社会工作者的工作风险，容易引发工作中的各种风险事故和恶性伤害。

② 社会认同风险。目前我国公众对社会工作的认知出现偏差，在社会资源有限的情况下，在社会对药物滥用人群仍存有偏见的情况下，对禁毒社会工作更是不甚理解。因此，禁毒社会工作者难以

---

① 张昱：《构建吸毒人员的社区康复社会工作体系——对上海市禁毒工作经验的思考》，《青少年犯罪问题》2008 年第 1 期。

获得公众对其职业的认同，也难以获得职业的荣誉感和成就感，容易出现职业倦怠。

（四）禁毒社会工作者的知识要求[①]

禁毒社会工作专业性很强，系统性也很强，涉及面比较广，要求禁毒社会工作人才具备比较完备的知识体系。禁毒社会工作者应具备的知识包括生物医学、法学、社会学、心理学、社会工作等学科领域。

1. 生物医学知识体系

禁毒社会工作者在开展专业服务过程中需要了解相关生物医学知识。吸毒成瘾者具有违法者、受害者和病人三重身份属性。其中，把吸毒成瘾者看作病人主要是因为吸毒成瘾的机制以及吸毒可能对身体产生的危害，这涉及生物医学体系的知识。因此，禁毒社会工作者要真正从心里认同吸毒成瘾者的病人属性，对相关的生物医学知识有一定的认识。下面主要从神经生物学、流行病学、基础医学和临床医学来简述禁毒社会工作者应该在这些学科中学习哪些相关的知识。

（1）神经生物学

从神经生物学的角度分析，吸毒者的成瘾行为是一种脑部疾病，涉及中枢神经系统的、复杂的、伴发的成瘾行为，是脑组织功能失调的结果。首先，成瘾行为与人体大脑中的奖赏系统有关。简单来说，大脑中的奖赏系统能够让机体辨别哪些刺激是有利于人类生存、发展与种族繁衍的，并通过奖励这些刺激，使人产生愉悦的心境体验。使用毒品会产生欣快感、恬静感，就是让奖赏系统误以为毒品有利于个体生存和种族延续，而生物天然的趋利避害功能使得机体对毒品产生渴求，甚至出现强迫性觅药行为。其次，机体的学习记忆功能使得个体在感受到与药物或者服药有关的感官刺激（视觉刺激或声音）后，能够重新产生对毒品的渴求，这也是为何当成瘾者暴露在以往吸毒的环境之中时会增加复吸的风险。同时，

[①] 参见王高喜主编：《禁毒社会工作者知识技能手册》，中国社会出版社2021年版。

吸毒成瘾也与生物的遗传因素和环境因素有关。禁毒社会工作者应该从神经生物学的角度出发，科学认识成瘾行为的发生，而不能单纯认为成瘾行为是个体的自愿性选择。

（2）流行病学

流行病学是研究特定人群中疾病、健康状况的分布及其决定因素，并研究防治疾病及促进健康的策略和措施的科学。成瘾流行病学是流行病学基本理论和方法在成瘾医学实践中的具体应用，在掌握人群中药物成瘾基本现状及动态变化，了解药物成瘾流行特征，探讨成瘾行为发生的病因和流行规律、成瘾行为的预防及其政策制度等方面发挥着重要作用。药物滥用流行病学调查在了解毒情动态、毒品滥用形势、毒品滥用发展规律等方面，起到了为药物滥用防治选择对策、为禁毒决策科学化提供保障的作用，是禁毒工作中的基础性工作。因此，禁毒社会工作者也应对流行病学研究方法，特别是成瘾流行病学的研究方法有一定的了解。

（3）基础医学

基础医学是研究人的生命和疾病现象的本质及其规律的自然科学。基础医学包含的内容较多，主要有人体解剖学、生理学、病理学、免疫学、药理学等。其中，从解剖学的角度而言，吸毒成瘾最常提及的是与大脑系统中的边缘系统、侧下丘脑、基底节和前额皮质紧密相关的结构。同时，吸毒成瘾有可能对吸毒者的身体系统（如呼吸系统、消化系统、神经系统、心血管系统等）造成一定的损害。因此，在了解吸毒成瘾的生理原因以及吸毒是如何危害身体健康之前，需要对人体解剖学有一定的认识与了解。同时，也需要对基础医学中的生理学和病理学有一定的了解。生理学的任务主要是阐明机体及其各组成部分所表现的各种正常的生命现象、活动规律及其产生机制，以及机体内、外环境变化对这些功能性活动的影响和机体所进行的相应调节，并揭示各种生理功能在整体生命活动中的意义。病理学是研究人体疾病发生的原因、发生机制、发展规律以及疾病过程中机体的形态结构、功能代谢变化和病变转归的一门基础医学科学。通过了解生理学和病理学的知识，可以让禁毒社会工作者更加清楚毒品作用于机体的生理、病理发展过程，从而知其因，晓其果。

（4）临床医学

临床医学根据病人的临床表现进行确诊，并通过预防和治疗最大限度地减轻病人痛苦、帮助病人恢复健康，主要包括内科学、外科学、妇产科学、神经病学、精神病与精神卫生学、传染病学和急诊医学等。吸食毒品的种类不同、吸食毒品的方式不同等都可能会引发不同的疾病，如心血管疾病、呼吸系统疾病、消化系统疾病等。同时，长期滥用毒品易导致精神性疾病（如抑郁症、躁狂症和焦虑症等）和传染性疾病（如结核病、艾滋病、丙肝和梅毒等）。禁毒社会工作者需要面对服务对象开展服务，了解常见疾病的诊断和治疗方法，既有利于禁毒社会工作者判断服务对象何时需要医学帮助，还有利于禁毒社会工作者在提供服务的同时保护自己，预防职业暴露。

2. 法学知识体系

禁毒社会工作者在开展专业服务的过程中需要了解相关法律法规。通过熟悉相关法律法规，有利于对戒毒康复人员的法律问题进行帮助或转介，从而避免戒毒康复人员的合法权益受到侵害。

（1）《中华人民共和国宪法》（以下简称宪法）

宪法是国家的根本大法，具有最高的法律效力。宪法规定了国家生活中的根本问题：国家的性质、国家的根本制度、国家的根本任务和国家生活中的其他根本问题。国家生活中的其他根本问题包括我国的人民代表大会制度、国家的基本经济制度、公民的基本权利和义务、国家机关的组织与职权、国家标志。无论是作为中国公民还是禁毒社会工作者，都要清楚宪法的内容。

（2）《中华人民共和国民法典》（以下简称民法典）

民法典是新中国第一部以法典命名的法律，在法律体系中居于基础性地位，也是市场经济的基本法。民法典共7编，依次为总则编、物权编、合同编、人格权编、婚姻家庭编、继承编、侵权责任编，以及附则。戒毒康复人员虽是违法者，但也是公民，也需要履行民法典所规定的义务,也能享受民法典所规定的合法权益。作为服务特殊群体的工作人员,禁毒社会工作者必须了解相关民法典的规定,运用民法典维护戒毒康复人员在日常生活中的合法权益。

(3)《中华人民共和国刑法》(以下简称刑法)

刑法是规定犯罪和刑罚的法律,是掌握政权的统治阶级为了维护本阶级的利益以国家的名义根据自己的意志,规定哪些行为是犯罪并给予何种刑事处罚的法律规范的总称。刑法对走私、贩卖、运输、制造毒品罪的适用情形及处置措施进行了明确的规定。同时贩毒、吸毒也有可能诱发盗窃、抢劫、诈骗、卖淫和各种恶行暴力犯罪。因此,禁毒社会工作者需要了解刑法的相关规定并在开展服务的过程中向戒毒康复人员普及,从而预防戒毒康复人员违法犯罪。

(4)《中华人民共和国行政法》(以下简称行政法)

行政法是行政主体在行使行政职权和接受行政法制监督过程中,行政相对人、行政法制监督主体之间发生的各种关系,以及行政主体内部发生的各种关系的法律规范的总称。行政法包括《中华人民共和国治安管理处罚法》《中华人民共和国行政复议法》《中华人民共和国行政诉讼法》等。其中,《中华人民共和国治安管理处罚法》对与毒品有关的违反治安管理的行为与处罚进行规定,而当戒毒康复人员对相关行政行为有异议时(如对尿检结果以及相对应的处置措施有异议),都可以通过《中华人民共和国行政复议法》《中华人民共和国行政诉讼法》的规定程序进行复议或诉讼。因此,禁毒社会工作者了解行政法的相关规定,既有利于为戒毒康复人员解释相关法律规定,又有利于协助戒毒康复人员维护合法权益,从而提供更专业的服务。

(5)与禁毒相关的法规条例

禁毒社会工作者除了要了解宪法、刑法、民法典、行政法等基本法律,解决戒毒康复人员的一般法律事件,还需要了解禁毒相关法规条例。我国先后出台了《中华人民共和国禁毒法》《戒毒条例》等,通过法律手段对毒品违法犯罪行为进行打击和制裁,以规范和调整吸毒者的行为,维护社会秩序的安定,维护国家的政治经济利益，维护广大人民群众的合法权益，其中也包括戒毒康复人员本人的利益。同时，戒毒康复工作是一项执法工作。《公安机关强制隔离戒毒所管理办法》《全国社区戒毒社区康复工作的规划（2016—2020年）》《关于加强禁毒社会工作者队伍建设的意见》《关于加强戒毒康复人员就业扶持和救助服务工作的意见》等相关文件规定了戒毒康复人员的法律处遇以及其应履行的义务和享有的权利。因此，禁毒社会工作者需要熟练掌握相关法律政策文件，在为戒毒康复人员提供服务时必须以相关法律政策文件为依据，依法执行，从而使戒毒康复工作顺利进行，并维护戒毒康复人员的合法权益。

3. 社会学知识体系

社会学是一门研究社会现象、分析和解决社会问题的学科，对社会问题的解决有着独特的见解和视角。毒品问题是当今世界范围内的一个严重的社会问题。社会学的相关理论、常用的研究方法和社会治理原则对禁毒社会工作者分析毒品问题、开展禁毒相关工作有一定的指导作用。

（1）社会学相关理论

禁毒社会工作服务的开展离不开理论的指导。社会学对吸毒原因的解释更多集中在宏观的层面上，即认为影响人们滥用毒品的决定因素在于个体所处的外界环境、社会关系和社会结构。其中比较常用的理论包括标签理论、社会病理理论、越轨理论、社会化理论、社会场域理论、价值冲突理论等。

标签理论强调"标签人"对"被标签人"的影响。当前，人们对吸毒人员往往产生刻板印象，采取躲避、歧视甚至妖魔化态度，既不利于戒毒康复人员回归社会，又有可能导致戒毒康复人员复吸。社会病理理论认为社会学家的任务是诊断并治疗社会这一有机体在运行过程中产生的各种疾病，主张建立新的社会运行机制和社会结构来消除不适应的、任性的、有缺陷的社会关系、社会结构和社会设置，并对戒毒康复人员进行新的道德和价值观灌输。越轨理论能帮助解释毒品行为产生、毒品问题泛滥的原因。社会化理论认为人在社会中习得的行为都是符合法律和道德规范的行为，吸毒行为是不符合法律规定和道德规范的越轨行为，因此戒除毒瘾、纠正习得偏差需要再社会化。社会场域理论认为场域制约着个人心理、个人行为及个人的地位和作用等，有利于禁毒社会工作者分析戒毒康复人员成瘾行为、复吸行为产生的原因，能够为禁毒社会工作者营造适合戒毒康复人员康复的社会氛围提供指导。价值冲突理论认为使用权力进行压制、打击是解决社会问题的方法和手段，从而解释了国际社会为何对毒品集团主要采用打击、压制、瓦解等强制性措施。

社会学将个体行为上升为社会现象，从宏观的视角来解读吸毒行为与吸毒现象，和立足于人与环境关系调适的社会工作具有较强的契合性。

（2）社会学研究方法

分析毒品问题与毒品形势离不开研究方法的指导。无论是定性研究中的访谈法、参与式观察法、个案研究法、文献法，还是定量研究中的问卷法，都是社会工作者在开展实务过程中需要常用的方法。其中，访谈法是指通过与受访者进行面对面的交流以了解受访者心理状态和行为方式的基本研方法；参与式观察法是指研究者不暴露研究身份，深入研究对象的生活背景对研究对象进行隐蔽性观察，从而获得相关信息的研究方法；个案研究法是指对某个体、某群体、某组织在较长时间里进行调查，从而研究其行为发展变化全过程的方法；文献法是指通过阅读、分析、整理有关文献材料来研究某一问题的方法；问卷法是指调查者通过提供统一设计的问卷向被调查对象了解情况或征询意见的调查方法。通过系统地学习并熟练操作这些研究方法，可以让禁毒社会工作者更好地认识戒毒康复人员的背景环境、了解其吸毒成瘾的原因、分析其需求，并为禁毒社会工作者制订服务计划提供科学、合理的依据，同时，也有利于禁毒社会工作者总结服务经验，为禁毒社会工作者服务反思与经验推广提供清晰的逻辑思路。

（3）社会治理

毒品问题危害社会秩序，我国政府一直将毒品问题的解决摆在重要位置。社会治理是指政府、社会组织、企事业单位、社区及个人等主体通过平等协商与沟通的方式，依法解决社会问题的过程，是一种合作性、动态性、协调性的社会行动。治理毒品问题不能单纯依靠国家行政的强制力量，而是需要政府、民众以及社会组织的共同参与。从社会治理的角度而言，禁毒社会工作者是解决毒品问题的一支重要力量，在对戒毒康复人员的管控与服务中发挥着重要作用。禁毒社会工作者需要在社区内对社区居民进行有效的动员，呼吁公众广泛参与、支持禁毒工作；在开展服务的过程中不断创新服务理念、优化工作手法，并通过倡导的方式不断提高禁毒工作的服务质量与服务水平。

4. 心理学知识体系

心理学是一门试图描述、解释、预测和控制心理与行为过程的学科，有助于人们对个体以及群体中个体的心理和行为的理解。社会工作在发展过程中离不开对心理学的理论知识、技术和方法的吸收，因此心理学知识是社会工作专业教育的必修课之一。开展禁毒社会工作服务同样离不开对心理学理论、知识、技术和方法的应用。

（1）心理学的相关理论

心理学的相关理论对禁毒工作的开展具有重要的指导作用。在禁毒工作中，常用的心理学理论包括精神分析理论、行为主义理论、群体动力学、认知心理学和人本主义理论等。精神分析理论有助于挖掘戒毒康复人员被压抑在潜意识里的心理矛盾；行为主义理论能够对偏差行为的修正提供很好的帮助；群体动力学有助于禁毒社会工作者理解家人、同伴等群体积极或消极的行为对戒毒康复人员的影响；认知心理学有助于帮助戒毒康复人员纠正非理性信念，从而使其行为得到理性的指引；人本主义理论有助于禁毒社会工作者帮助戒毒康复人员形成正确的自我概念，发挥戒毒康复人员戒除毒瘾、保持操守、回归社会的主观能动性。心理学的一些治疗模式和方法是以心理学的相关理论为前提的，学习这些理论有利于禁毒社会工作者更好地理解相关治疗方法并有效地为戒毒康复人员服务。

（2）心理学的技术和方法

心理学技术和方法的应用在禁毒工作中具有重要意义。常用的方法包括动机式访谈法、动机强化干预、行为强化干预、家庭治疗、认知行为治疗、任务中心模式以及沙盘游戏治疗等。这些方法的应用能够协助戒毒康复人员认识到现有的或潜在的问题，提升改变的动机，纠正非理性信念，调适家庭关系，并最终达到戒除毒瘾、保持操守、回归社会的积极的治疗作用。禁毒社会工作者应该熟练地掌握相关方法并应用，从而为戒毒康复人员提供更加专业的服务。

（3）心理学的相关量表

心理学的相关量表为服务的开展与指导提供了科学的依据。在禁毒社会工作中，常用的心理量表有焦虑自评量表（SAS）、抑郁自评量表（SDS）、自杀态度问卷（SAQ）、社会支持评定量表（SSRS）、社交回避及苦恼量表（SAD）、长处和困难问卷（SDQ）、创伤后应激障碍检查表（PCL）、安全感量表（SQ）、人际信任量表（IS）、父母教养方式评价量表（EMBU）、家庭亲密度和适应性量表中文版（FACES Ⅱ-CV）、舒适状况量表（GCQ）、核心自我评价量表（CSES）、Rosenberg自尊量表（RSES）、思维风格量表（TSI）、归因方式问卷（ASQ）等。通过专业心理量表的测量，结合戒毒康复人员的行为表现，可以更加科学地评估服务对象的心理状态，为禁毒社会工作者制订服务方案提供科学依据。

（五）禁毒社会工作者的能力要求

禁毒社会工作者应具备以下几项能力素质：理解并运用国家相关重大方针、政策、法律和法规的能力；运用社会工作相关理论和理念的能力；熟练掌握社会工作的个案工作、小组工作、社区工作等方法和技巧应对禁毒领域问题的能力；文献检索、资料查询和社会调查研究（需求评估）的能力；善于了解国情，善于分析社会现象，能透过现象认识事物本质的能力；良好的语言表达和沟通交流能力；建立关系与组织协调能力；调动和整合利用社会资源的能力；以及文字表达和文书写作能力、预防和处理风险及紧急情况的能力等。

三、禁毒社会工作者的角色

【课堂活动 1.2】

案例讨论有关"禁毒社会工作者的角色"

组织：1. 学生分小组，针对案例中禁毒社会工作者的角色开展讨论；

2. 讨论完毕，学生分享讨论结果；

3. 学生补充，教师点评并进行讲解。

可用于分组讨论的案例

2021年6月17日，××街道社区戒毒（康复）办专职工作人员与莲华派出所民警一行前往云南省女子强制隔离戒毒所接辖区内强戒期满的王女士出所，并办理王女士社区康复相关工作内容。

1. 耐心协调，帮助服务对象解决住房问题

当日下午，王女士因住房问题前往盘龙区住房和城乡建设局申请居住于其强戒前的廉租房内。但因该廉租房已拖欠房租及物业管理费多年，水、电费也有拖欠，不能给予王女士居住。

莲华街道办事处社区戒毒（康复）办专职人员得知消息，与王女士家人、收容站、房管局、廉租房物业管理公司等进行多次电话沟通，克服服务对象家人拒接电话、沟通不畅甚至政策不许等种种困难，协调王女士的住所问题。在工作人员努力下，帮助王女士缴纳了该廉租房3年物业管理费，终于在6月17日晚上9时许，将王女士妥善安置在廉租房内。

2. 诚心感动服务对象家人，解决服务对象生活难题

服务对象王女士与前夫1989年育有一儿子，目前已成家立业，但其儿子不愿与王女士有任何瓜葛，后经专职人员从血浓于水的血脉亲情、给予王女士重生希望等角度对王女士儿子进行诚心劝导，王女士儿子同意帮扶其母亲，并给予王女士5 000元的帮助。

3. 持续帮扶，真心助服务对象回归社会

2021年6月17日解决王女士的住处问题后，6月18日，莲华街道办事处社区戒毒（康复）专职工作人员陪伴王女士到苏家塘社区在"困难家庭申请"上加盖公章，以确保未来一段时间内可以继续住在廉租房内，并一同前往南方电网及自来水公司缴纳所欠的水、电费，申请恢复供水、供电。为了保障王女士基本生活，专职人员买了大米和油，并给予其489元人民币以维持过渡期的生活开销。

2021年6月19日早，专职人员再次来到王女士家中，发现

水、电已恢复供应。专职人员还查看了厨房及卫生间漏水情况，教会王女士处理漏水的措施。

2021年6月22日，王女士主动联系专职人员告知现在已工作了2天，每天工作13小时，较为辛苦，上班地点也比较远，但还是愿意继续坚持。专职人员鼓励王女士积极迈出第一步，待有更好工作机会时再做选择。

2021年7月22日，莲华街道社区戒毒（康复）专职工作人员一行三人与王女士约定进行家访。王女士在一家餐馆工作，主要负责择菜、洗碗等工作，月薪2 200元+200元全勤奖。王女士状态稳定，并向专职工作人员请教了网络就业的问题，专职人员对王女士的就业情况及网络信息安全等问题进行了一一解答，并真诚表示有什么需要可以及时联系。

王女士对戒毒康复专职工作人员感激涕零，表示一定好好做人，不再陷入毒品沼泽。莲华街道戒毒康复专职工作人员也表示，会一如既往地以耐心、真心、诚心陪伴其前行，共同构建和融入和谐美丽社区。

一般来说，禁毒社会工作者需要扮演11种角色：

1. 危机评估者

对戒毒、康复人员及其家庭作出危机评估，如评估威胁案主生命的危机因素、复吸的高危因素、家庭内部的正负因素等，以基于专业判断选择适当的介入方式。

2. 倡导者

通过不同渠道反映戒毒与康复人员要求，倡导政策与制度的改变，保障其权益。比如，在禁毒社会工作服务中，面对比较多的问题是来自社会对于吸毒者的歧视，以及由社会歧视所带来的在学习、就业以及生活上的不平等待遇。这就需要禁毒社会工作者在禁毒宣传教育中倡导社会公众能更多地给予吸毒者改过自新的机会，倡导政府制订和出台更多有利于支持吸毒者重新融入社会的相关政策。

3. 协调者

协调禁毒办、戒毒所、社区警长、治保主任、美沙酮治疗中心等相关人员和部门，将各方面因素系统组织起来，形成完善的协作网络及系统化的戒毒康复工作机制，以提供一站式禁毒服务。

【案例】美沙酮门诊的戒毒人员和工作人员向禁毒社会工作者反映，有民警在美沙酮门诊附近"抓人"，导致美沙酮门诊经营举步维艰。后经禁毒社会工作者与禁毒相关部门进行沟通，给予美沙酮门诊服药人员发放"维持治疗证明"，解决了这个困局。

4. 代理人

将那些需要接受服务但又不知道在哪里寻求服务的对象，与其所需的资源联系起来，如协助戒毒人员申请社保、医保及就业机会等。

【案例】2021年，在某社区开展戒毒康复帮扶工作中，有戒毒康复人员诉说找工作的困难，表示不知道去哪里找工作。禁毒社会工作者将戒毒康复者的诉求反映到社区，联系到云南莱瑞商贸公司。云南莱瑞商贸公司是一家专业化制装企业，愿意吸收接纳戒毒康复人员就业，并提供多元化的工作方式。

5. 教育者

通常出现在具体服务过程中，针对某一个具体的问题或需要给予教育。可以在社区、学校等公开场所，以讲座、活动等形式，宣传毒品危害与毒品滥用预防方法，促使人们远离毒品；也可以在服务对象缺少解决眼前问题的知识和技巧时给予教育和帮助。比如，在一项禁毒社会工作服务中，服务对象想成为一名社区禁毒志愿者，但苦恼于缺乏相应的禁毒知识和从事志愿者工作的技巧，这时禁毒社会工作者就可以给予教育性帮助。

6. 使能者

促使案主在知晓自己基本权益的基础上，努力争取公平待遇，以应对来自家庭、社区、单位及社会的歧视，也称增能者。通常是服务对象受制于自身因素，无法调动所拥有的资源和力量去解决问题，需要禁毒社会工作者帮助其找到内在的能力和资源，以使其社会适应能力获得增强。例如，面对刚回归社区的戒毒康复者，禁毒社会工作者常会用不同的方法帮助服务对象提升自信，以应对社会给予吸毒者的负面标签。在这一个过程中，服务对象会重新评估对自己吸毒行为的认识，发展出看问题的新角度，这为发掘自身内在能力和资源奠定了基础。

7. 研究者

通过研究吸毒问题来寻求解决方法，或者持续评估实务工作成效以积累禁毒社会工作实务经验等。

8. 支持者

遵循社会工作者的不批判、平等、尊重、真诚、接纳、保密、个别化、自决等原则，提供社会工作服务，给予吸毒人员支持，协助吸毒人员摆脱"心魔"，回归社会。

【案例】有一次，禁毒社会工作者李某与几个戒毒康复人员乘坐同一辆车外出参加活动。路上，有一个康复人员对李某说："你不怕我们吗，我们整车人都是那种人？"当时李某很自然地回答："什么这种人，那种人啊，我们不都是一种人吗？"然后康复人员笑了。之后到了活动现场，所有康复人员很努力地参加活动，那是一场比赛型的活动，在众多参赛队伍中，他们获得了冠军，全程李某都有在支持他们。活动结束后，在回程的路上，他们很开心地跟李某分享如何过关斩将。这时李某耐心地充当着倾听者，感受他们的喜悦。活动的奖品是每人一张旅游门票，而社会工作者是没有的，但他们却说："我们掏钱多买一张门票，你带我们去，你可不能丢下我们的，门票是你让我们赢回来的，没了你，我们也不会去玩的。"

9. 策划者

社会工作者每年需要设计全年服务计划，并策划每个月的详细服务内容。

10. 关怀者

与其他部门和机构携手关怀戒毒人员及其家庭的需要，特别是应关注低保贫困户并提供服务。

11. 资源审批者

协助政府部门，对需要申请资源的求助者作出评估，促使资源合理到户，实现公平分配。

【课堂活动 1.3】

案例分析

试分析在上述案例中禁毒社会工作者的角色有哪些?

社会工作者第一次看到肖哥(化名)的时候,他低声对社会工作者说:"如果妈妈没有原谅我,我还不如地上的一块泥土。"一位53岁的大男人紧锁着眉头,低着头站在社会工作者的面前。肖哥是深圳人,小学没有毕业,二十多岁开始吸毒,后来经历了十年的强制戒毒。

肖哥出所后面临吃住问题,只能依靠80岁的老母亲,他原本有个幸福的家庭,但因为吸毒家庭破裂,小孩判定跟了肖哥。2016年肖哥小孩考上大学,肖哥感到自豪但又很头疼,每年一万多元的学费和生活费怎么办?肖哥没有收入来源,他想到了申请低保,但申请了一段时间没有批下来。原来社会事务办调查到肖哥有吸毒前科,存在一个难点:怎么保证肖哥在领低保的时候是不吸毒的?

社会工作者介入后找到了申请低保的难点。围绕这个难点,社会工作者发挥了沟通桥梁的作用。肖哥这边,社会工作者倾听他的情况并提醒他要维持戒毒操守。社会事务办这边,对于肖哥维持戒毒操守问题,社会工作者表示可以协助他远离毒品。三个月后,肖哥领到了低保金。

申请低保后,肖哥说他很想做一些有意义的事情。了解到"克己助人"戒毒过来人项目,肖哥很想加入,但认字少不能上讲台,社会工作者说可以先从派发禁毒传单开始。后来他学习了项目的禁毒课程,越来越有自信,已参与了10多次志愿服务。

本章小结

毒品问题纷繁复杂,可以说是经济问题、法律问题、文化问题、社会问题等的综合体。毒品问题的治理需要多学科、跨领域、多部门的合作。禁毒社会工作无论是在推动禁毒工作横向覆盖方面还是纵深发展方面,都是构建中国特色毒品问题治理体系的重要组成部分。本章从梳理我国禁毒社会工作的发展脉络开始,介绍了禁毒社会工作的历、禁毒社会工作者的概念与内涵、禁毒社会工作者等方面的知识。

在本章中，学习者可以了解我国禁毒社会工作的发展脉络、发展模式，进而理解我国禁毒社会工作的特点；也可以通过学习禁毒社会工作的概念和内涵，知道什么是禁毒社会工作、禁毒社会工作的服务内容和功能；当然，还可以通过本章的学习，知道禁毒社会工作者的概念，在服务过程中承担的角色有哪些，禁毒社会工作者和志愿者、心理咨询师的区别和联系，以及要成为合格的禁毒社会工作者，需要具备哪些素养。

推荐阅读

1. 王思斌主编：《社会工作概论（第三版）》，高等教育出版社 2014 年版。

2. 顾东辉主编：《社会工作概论（第二版）》，复旦大学出版社 2020 年版。

3. 胡金野、齐磊：《中国禁毒史（修订版）》，上海社会科学院出版社 2017 年版。

4. James G. Barber：《戒瘾社会工作》，范志海、李建英、杨旭译，华东理工大学出版社 2014 年版。

5. 赵敏、张锐敏主编：《戒毒社会工作基础》，军事医学科学出版社 2010 年版。

6. 马尔科姆·派恩：《现代社会工作理论（第三版）》，冯亚丽、叶鹏飞译，中国人民大学出版社 2008 年版。

7. 刘静林主编：《禁毒社会工作理论与方法》，中国社会出版社 2016 年版。

8. 莫光耀、曲晓光主编：《禁毒社会工作》，中国人民公安大学出版社 2017 年版。

第二章

禁毒社会工作的价值观与伦理

【概览】

　　本章将学习和讨论禁毒社会工作的价值观与伦理。首先，我们对社会生活、人类行为的认知决定了禁毒社会工作价值观的正确与否，正确的价值观能给禁毒社会工作带来增益，反之就会给禁毒社会工作带来困扰。例如，禁毒社会工作者在服务吸毒人员群体的过程中，不当的价值观会让社会工作者对服务对象产生厌恶、恐惧等心理，对工作产生不良影响。因此，建立正确、恰当的禁毒社会工作价值观尤为重要。其次，禁毒社会工作开展过程中会存在伦理困境和冲突，有效解决困境冲突也是开展好禁毒社会工作的关键。例如，当服务对象出现轻生等念头，禁毒社会工作者应该继续替服务对象保守秘密还是紧急联系相关人员告知有关情况？此类伦理困境和冲突的解决技巧在禁毒社会工作实务中必不可少。

【目标】

1. 知识目标

（1）了解并掌握禁毒社会工作价值观的含义及内容。

（2）了解并掌握禁毒社会工作价值观的作用及原则。

（3）了解禁毒社会工作伦理困境的主要内容。

2. 能力目标

（1）正确认识禁毒社会工作价值观的重要性。

（2）在禁毒社会工作实务中建立正确的价值观。

（3）能够提出有效解决伦理困境的策略并加以实践。

3. 价值目标

（1）能够将禁毒社会工作价值观与我国社会主义核心价值观相结合，指导禁毒社会工作实务。

（2）理解并认同禁毒社会工作价值观内容，尊重、接纳服务对象。

第一节 禁毒社会工作的价值观的内涵及构成

禁毒社会工作者在开展实务工作时应该充分认识到价值观对禁毒社会工作的意义。禁毒社会工作的价值观有别于个人普通价值观，它需要经过专业系统的学习、训练和培养，从而面对吸毒人员的个体化差异和需求，提供专业和有效的服务。

一、禁毒社会工作价值观的内涵

社会工作价值观是社会工作专业或社会工作者基于社会公平、平等、和谐、公正的理想和人类基本需求的满足等而奉行的一套基本理念、态度及行为准则的总称。社会工作价值观以人道主义为基础，充分体现了热爱人类、服务人类、促进公平、维护正义和改善人与社会环境关系的理想追求，激励和指导着社会工作者的具体工作。[1]

禁毒社会工作价值观在遵守社会工作价值观的基础上，有自己专业领域的特色，比如在考虑中国政治体制、社会制度、文化背景基础上，中国的禁毒社会工作价值观坚持"管控与服务并重"。禁毒社会工作价值观是禁毒社会工作者在工作过程中的专业指引，是开展禁毒社会工作服务的操作基石，禁毒社会工作者在开展实务工作时应该充分认识到价值观对禁毒社会工作的意义。恰当合适的价

---

[1] 许莉娅主编：《个案工作（第二版）》，高等教育出版社2013年版，第35页。

值观是禁毒社会工作的基础也是前提。禁毒社会工作价值观不同于个人价值观,个人价值观是随着个人的成长和阅历而日渐形成,而禁毒社会工作的价值观需要经过专业系统的学习、训练和培养,从而被逐渐掌握并内化的专业群体价值观。在提供专业服务过程中,禁毒社会工作者需要时刻面对服务对象、机构、社会、专业及本人等不同价值体系的影响,因此,正确认识不同的价值体系,能有效提高禁毒社会工作服务的专业性和有效性。

二、禁毒社会工作的价值观构成

具体而言,禁毒社会工作的价值观构成主要包括五个方面的内容。

(一)社会主流的价值观

树立恰当的禁毒社会工作价值观的前提,是能够正确认知禁毒社会工作存在的意义与价值。在我国毒情形势发展需要下,禁毒工作借鉴、运用了社会工作专业的价值、理论和方法,并逐步探讨、发展出禁毒社会工作。当前,在党和政府的正确领导下,我国禁毒社会工作专业化、职业化逐渐发展,经过全体禁毒社会工作者的不懈努力,大批需要社会关怀和接纳的戒毒康复人员在专业的禁毒社会工作者帮助下成功保持操守、回归社会,社会主流价值也由歧视、恐惧戒毒康复人员逐渐转化为关爱、帮助他们早日回归社会,禁毒社会工作所取得的成果逐渐显现。

(二)禁毒社会工作者的价值观

禁毒社会工作者的价值观是其在工作实践中所秉持的核心信念和原则,它对于实现有效的禁毒服务目标具有至关重要的作用。禁毒社会工作者的价值观不仅受到个人背景和经历的影响,更需要与社会工作专业的价值观相融合,以确保服务的专业性和有效性。在禁毒社会工作实践中,禁毒社会工作者的价值观能够直接直观地反映在对服务对象的看法上。由于禁毒社会工作的服务对象主要是戒毒康复人群,这一群体往往受到社会的歧视和排斥,处于社会边缘地位。同时，戒毒康复人群在生理、心理上具有特殊性，甚至可能带有一定的危险性。因此，禁毒社会工作者如何看待这一服务群体，将直接影响工作的质量和效果。对此，禁毒社会工作者应将吸毒人员视为具有改变潜力的个体，相信他们有能力和动力去戒除毒瘾，保持操守，回归正常生活。同时，也应将吸毒人员视为具有平等人格的人，尊重他们的权利和选择。在工作中，禁毒社会工作者需要有针对性地开展个性化的服务，根据每个戒毒康复人员的具体情况制定合适的个性化服务方案。此外，还应积极引导他们发挥自身的优势和特长，帮助他们创造更多的社会价值。为了更好地与戒毒康复人员建立平等和谐的工作关系，禁毒社会工作者需要将其视为合作伙伴，共同面对和解决问题，通过积极的互动和沟通，与其建立起互信的关系，从而为服务对象提供更好的支持和帮助。

综上所述，禁毒社会工作者的价值观是其在工作中不可或缺的精神导向，只有秉持正确的禁毒社会工作价值观，才能更好地理解戒毒康复人员，帮助他们走出困境，重获新生。

（三）服务对象的价值观

禁毒社会工作的服务对象主要是戒毒康复人员，他们具有鲜明的特征与群体性。这一群体由于先前的吸毒行为而饱受社会的谴责、法律的惩处以及亲朋的唾弃。这些负面因素往往导致他们产生自我放弃、孤僻暴躁等不良性格和情绪，甚至可能伴有心理、生理上的疾病。而此类服务对象对禁毒社会工作的看法主要呈现出两种截然不同的态度。一部分服务对象持有积极配合的态度，他们相信禁毒机构和专业的社会工作者能够为他们提供实质性的帮助，助力他们戒除毒瘾，重新融入社会。另一部分服务对象则持消极反对的态度，他们认为这些机构和社会工作者无法真正改善他们的处境，甚至可能只是做一些表面工作。因此，他们对社会工作者可能表现出不信任、躲避甚至攻击等情形。面对服务对象多样化的价值观和态度，禁毒社会工作者在实务工作中需要保持高度的敏感性和专业性。首先，需要细致入微地观察和判断服务对象的价值观，了解他们的真实想法和需求。其次，针对持有不同价值观的服务对象，制定有针对性的服务策略。对于积极配合的服务对象，可以加强与他们的沟通与合作，共同制定戒毒计划，并提供必要的支持和帮助。而对于消极反对的服务对象，则需要耐心倾听他们的疑虑和不满，通过真诚的关怀和专业的服务逐渐赢得他们的信任，引导他们走向积极的改变。

总之，禁毒社会工作者在实务工作中需要充分考虑服务对象的特征和群体性，以及他们多样化的价值观和态度。通过细致入微的判断和有针对性的专业服务策略，更好地帮助服务对象走出困境，实现戒毒康复和回归社会的目标。

（四）服务机构的价值观

禁毒社会工作服务机构的价值观在政策制定、立场坚守和管理规则上均有所体现——对戒毒康复人员的深切关怀与帮助。充分利用政府的扶持和专业的服务，致力于帮助戒毒康复人员戒除毒瘾，重新找到在社会中的价值，实现家庭和社会的回归。在禁毒社会工作服务过程中，机构始终坚守公正、公平的原则，确保在处理服务对象的各类情况时能够合理、合法、合情。机构依据自身的服务理念和工作要求，为服务对象提供全方位、个性化的帮扶措施，以最大限度地实现他们的目标。禁毒社会工作服务机构不仅关注戒毒康复人员的生理康复，更注重他们的心理健康和社会适应能力的提升。机构通过提供专业的心理咨询、职业培训、家庭关系修复等服务，帮助戒毒康复人员重拾自信，提升自我认知和价值感。积极与社区、家庭等各方合作，共同为戒毒康复人员营造一个良好的康复环境。此外，禁毒社会工作服务机构还注重服务对象的权益保障，充分尊重服务对象的知情权、选择权和隐私权，确保他们在接受服务过程中能够充分表达自己的意愿和需求。同时，还积极倡导社会对戒毒康复人员的理解和包容，消除对他们的歧视和偏见。

禁毒社会工作服务机构在政策、立场和管理规则上均体现出对戒毒康复人员的关爱与帮助，通过专业的服务和全方位的支持，帮助戒毒康复人员走出困境，重新找到生活的希望和动力，尽早实现回归社会。

（五）禁毒社会工作专业的价值观

禁毒社会工作专业价值观作为一套指导实践的原则和理念，深刻影响着禁毒社会工作者的行为和认知。国际社会工作界把社会工作价值观归纳为服务、社会公正、个人尊严和价值、人类关系的重要性、诚信、能力等方面。当前我国禁毒社会工作专业的价值观结合了我国实情，展现出独特的专业特色和人文关怀。第一，禁毒社会工作专业价值观强调超越个人利益，为服务对象提供专业服务。这要求社会工作者在服务过程中，始终以服务对象的利益为首要考虑，摒弃个人私念，全心全意地投入帮助戒毒康复人员戒除毒瘾、回归社会的工作中。第二，追求社会公平是禁毒社会工作专业价值观的核心内容之一。禁毒社会工作者需要与服务对象这一弱势群体携手合作，共同面对挑战，使服务对象积极转变生活态度和行为方式。禁毒社会工作者通过提供专业的服务，帮助服务对象获得平等的社会地位和尊严，实现社会的公平正义。第三，对服务对象的关心和尊重也是禁毒社会工作专业价值观的重要组成部分。禁毒社会工作者需要意识到每个服务对象都是独一无二的个体，具有不同的需求和特点。因此，在提供服务时，需要充分尊重他们的个体差异，提供个性化的服务方案，以满足他们的实际需求。第四，禁毒社会工作者需要始终坚定专业使命、价值观、伦理原则和标准，确保在实际工作中始终保持专业性和规范性，为服务对象提供更为精准和有效的帮助。第五，禁毒社会工作专业价值观还强调不断致力于提升专业知识和技能。随着社会的不断发展和毒情形势的变化，禁毒社会工作者需要不断更新自己的知识体系，掌握新的技术和方法，以应对日益复杂的禁毒工作挑战。通过不断学习和实践，禁毒社会工作者可以更好地将专业知识和技能运用到实际工作中，为服务对象提供更加优质的服务。

禁毒社会工作者的服务对象通常是戒毒康复人群，在服务过程中容易产生许多负面的、不良的情绪。例如，某一社区负责社戒社康工作的禁毒社会工作者，他的服务对象有可能是患有艾滋病的戒

【课堂活动 2.1】
案例分析：如何面对特殊服务对象。

毒康复人员，需要频繁地、密切地与该戒毒康复人员接触，在这个过程中，对戒毒康复人员产生的厌恶、恐惧心理，以及对禁毒社会工作产生的畏难、放弃心理该如何克服。谈一谈面对这样的服务对象，你会怎么想？

第二节 禁毒社会工作价值观的作用与原则

一、禁毒社会工作价值观的作用

首先，从理论视角出发，禁毒社会工作的价值观在禁毒社会工作专业建设和学术研究中发挥着举足轻重的作用。它不仅构成了禁毒社会工作理论和方法的基石，还是禁毒社会工作专业伦理的根本依据。此外，价值观也是禁毒社会工作与其他人类服务专业区分开来的显著特征，它奠定了禁毒社会工作专业使命和目标的基础，任何形式的社会工作理论和实践都应以价值观为基础，不得偏离。同时，价值观也是专业教育的核心内容，对于学习者而言，对价值观的掌握是衡量其专业教育水平的关键指标。

其次，从实践层面来看，价值观是指导禁毒社会工作者的工作动力源泉。在禁毒社会工作的实际操作中，价值观的具体体现即为伦理守则。禁毒社会工作者必须在这些专业伦理守则的指引下开展实践工作。同时，禁毒社会工作的价值观要求从业者具备对吸毒群体的同理心和信任感，这是确保工作有效进行、建立互信关系并帮助吸毒者走向康复的关键。

最后，禁毒社会工作的价值观是推动社会工作者个人成长的有效力量。这种价值观不仅能够增强社会工作者的社会责任感，还能够丰富他们的人文情怀和内在修养。通过践行禁毒社会工作的价值观，社会工作者能够不断获得成长，提升自我，从而更好地为禁毒事业作出贡献。

二、禁毒社会工作价值观的实践原则

社会工作价值观可以概括为尊重、接纳、平等、个别化、保密等，这是社会工作的一般原则，同样也适用禁毒社会工作。禁毒社会工作所取得的服务成效在很大程度上取决于社会工作者对专业价值观的内化和实际运用，"接纳与尊重""服务对象自决""保密""服务对象参与"等社会工作的核心价值观原则应成为禁毒社会工作开展的基本原则，以最大限度地保障和实现服务对象利益。

（一）生命安全第一原则

在工作生活中，毒品问题时常威胁到各方生命健康和安全，不仅危及吸毒者自身的生命安全，还可能给禁毒警察和禁毒社会工作者等一线工作者带来巨大的风险。更为复杂的是，禁毒社会工作的服务对象主要是吸毒人群，这一群体具有其特殊性。他们除了深受药物依赖的困扰外，还可能伴有艾滋病、肺结核、心脏病等多种疾病，其精神与心理状态也往往不稳定，这些因素都使得他们自身面临着较高的生命风险。因此，在处理与吸毒人群相关的事务时，我们必须始终坚守生命安全第一的原则。当吸毒者的行为可能对自身或他人（包括禁毒社会工作者）的生命安全构成威胁时，禁毒社会工作者必须首先确保自身的安全。只有这样，禁毒社会工作者才能更好地履行保护吸毒人群和社会大众生命安全的职责。在实际工作中，禁毒社会工作者应时刻保持警惕，采取必要的安全措施，确保自身和他人的安全。同时，禁毒社会工作者还应积极寻求专业支持与合作，共同应对毒品问题带来的挑战，为构建一个更加安全、健康的社会环境贡献力量。

小王，男，37岁，小学文化水平，已婚，育有一女，无业。2016年跟朋友在某KTV玩闹时吸食毒品，从此染上毒瘾。2019年，小王被公安机关做出强制隔离戒毒的决定，被送进强戒所，但其一起吸毒的朋友却能全身而退，小王对这段经历始终不能释怀，

【课堂活动2.2】
根据所学知识，在生命安全第一的原则下谈一谈如何开展禁毒社会工作服务？

由此产生了一些负面情绪，且其自身对毒品的认识浅、意志薄弱，时常扬言要报复社会。在强制隔离戒毒期间与强戒所工作人员时常发生冲突，情绪极为不稳定。平时沉默寡言，情绪波动大，易怒，在建筑工地干活就只与工友们有交流。

（二）接纳与尊重原则

1. 接纳

接纳意味着对所服务的戒毒康复人员、涉毒群体应当保持宽容、尊重的态度，不因是戒毒康复人员或精神、生理残疾等因素而歧视排斥他们，或拒绝向他们提供服务。尤其是禁毒社会工作者，所服务的对象多为受到法律制裁、社会谴责、亲朋唾弃的群体，他们或者处于贫困、病痛中，或者被主流文化所排斥而处于社会边缘，且多伴有生理或精神疾病，通常具有和一般人不同的心理特征。让戒毒康复人员对社会工作者敞开心扉，建立信任关系，是达成禁毒社会工作目标的前提。只有在感受到禁毒社会工作者接纳的态度和善意时，戒毒康复人员和社会工作者之间才能真正建立起服务关系。

需要注意的是，禁毒社会工作者的接纳并不是认同服务对象的行为或价值观。接纳是社会工作专业对公众的统一服务态度，是建立专业协助服务关系的伦理前提，应当秉承每个人都有权利获得社会工作者提供服务的理念，至于认同还是反对服务对象的行为或价值观，则是后续过程中的价值介入问题。

禁毒社会工作者要注意把握"接纳"的态度和"终止判断"之间的差别。禁毒社会工作的主要服务对象是戒毒康复人员群体，这就要求禁毒社会工作者在面对他们时表现出的第一态度不是评判，而是将他们作为"需要帮助的人"来看待，尝试了解服务对象和他们的困难，了解他们吸毒成瘾的真正原因，而不是立即将"吸毒人员"的标签贴在他们身上。对服务对象的接纳态度并不意味着禁毒社会工作者要放弃自己的价值观，也不代表原谅或赞同服务对象的违法行为。接纳的态度也并不意味着要求禁毒社会工作者"终止判断"，社会工作者这时和任何一个正常人一样可以拥有自己的价值观和道德标准，厌恶虐待、强暴、犯罪，赞赏善良、高尚的行为等，而只是将自己的价值判断暂时隐藏。禁毒社会工作者的任务不是直接指出服务对象吸毒的错误，也不是由禁毒社会工作者强行纠正服务对象的行为，而是设法引导服务对象意识到自己的行为是错误的，帮助服务对象从内部发生改变，这与社会工作助人自助的宗旨是一致的。当然，禁毒社会工作者要在实务工作中做到既维持自己的价值观又避免评判服务对象绝不是一件轻而易举的事。因此，它也是社会工作者经常面对的挑战之一。[1]

吸毒人员李某，女，年近50岁，因吸毒成瘾感染上艾滋病、乙肝，在出租屋内靠捡拾废弃纸箱、矿泉水瓶为生。因无亲朋照顾，无钱医治，导致病情加重，出现皮肤溃烂、毛发脱落等病情，住在周围的邻居都嫌弃她的居住地环境恶劣，时常发出恶臭气味，要求社区将其驱逐出小区。李某深感无奈，产生轻生念头。

【课堂活动2.3】
根据所学知识，具体谈一谈如何接纳李某？如何开展工作？

2. 尊重

尊重不仅在于对服务对象保持符合社会文化习俗的礼节和称谓，更重要的是要深刻理解服务对象生命存在的价值，获得个人发展及改善生活水平的权利和机会，并在此基础上，为他们提供适当的资源和优质的专业服务，满足其生存和发展的需要。[2] 对于禁毒社会工作专业而言，其服务对象多为那些可能患有精神病、艾滋病或生理残疾的戒毒康复人员，服务对象所面临的最大困境在于社会歧视和基本生活能力的欠缺。因此，尊重这些群体，实际上就意味着要积极地帮助他们康复并回归社会，通过不懈的努力来减少社会歧视，并坚决维护他们的正当权益。

在禁毒社会工作中，"接纳与尊重"的理念具有举足轻重的意义。社会工作者应摒弃对吸毒者行为的偏见和歧视，不排斥、不拒绝为他们提供服务。相反，应时刻保持尊重的态度，向他们传递出关怀与同理心。这样不仅有助于建立起良好的专业关系，更能为吸

---

[1] 莫关耀、曲晓光主编：《禁毒社会工作》，中国人民公安大学出版社2017年版，第20页。

[2] 同上书，第21页。

毒人员提供一种全新的人际关系体验。这种体验可以唤醒他们的自尊，激发他们自我改变的动机，从而更积极地配合治疗，走向康复之路。

尊重不仅仅是一种态度，更是一种行动。禁毒社会工作者应通过具体的服务措施，如提供心理支持、生活技能培训等，来展现对他们的尊重与关怀。只有这样，才能真正地帮助服务对象走出困境，重新融入社会。

李某，男，51岁，小学文化程度，二十多岁时是一名货车司机，在一次送货途中发生车祸失去双腿成为残疾人，此后一蹶不振并染上毒瘾，妻离子散，多次复吸并患有艾滋病。如今，李某从强制隔离戒毒所出来后，住在老式小区的单车棚内，屋内脏乱不堪，靠乞讨为生。至此，李某失去活下去的动力，有了轻生的念头。

【课堂活动2.4】

根据所学知识，谈一谈在"尊重"原则下如何对李某开展禁毒社会工作服务？

（三）个别化服务原则

服务对象不同，自然会有不同的情形和需求，禁毒社会工作者也有义务针对服务对象的不同需求提供个别化服务。禁毒社会工作者应当尊重服务对象的个体差异，充分考虑到服务对象在民族、性别、年龄、职业、社会地位、政治信仰、宗教信仰等方面存在的价值差异，及其与社会主流价值之间可能存在的冲突。尤其是吸毒人群个体差异性大，每个人情况都不一样，要提供有区别、有针对性的服务，治疗和服务计划必须进行持续的评估和有针对性的修改，从服务对象的实际出发，建立分类和阶段性的目标。例如，鼓励并协助那些年纪较轻、毒品依赖性不强的吸毒者彻底戒除毒瘾，早日回归社会；而对那些年纪较大、长期吸毒、成瘾程度深的吸毒者来说，更加侧重于关注他们的生理健康和心理健康，鼓励他们接受替代治疗，找到谋生之道，让他们重新燃起对生活的希望和信心，将毒品对个人及其家庭的伤害降至最低。同时，建立多层次目标，包括从服务对象个人到家庭直至社区的多层次服务治疗计划。个人层面的目标包括个人认知态度和行为选择的积极性转变；家庭层面的目标包括改善家庭关系，增强家庭抗压和解决问题的能力等；社区层面的目标包括社区居民间关系的和谐、社区居民参与度的提高等。专业化服务的过程与结果同等重要,既重视问题的解决与预定目标的完成情况,又强调服务对象在服务过程中的体验、思考和成长,允许服务对象出现暂时性的倒退行为,不以单纯的"戒断率"或"复吸率"为衡量工作成效的唯一标准。[①]

(四)服务对象自决原则

有效的治疗首先应当是自愿参与,而非强制性的。这意味着在得到吸毒人群的认可、配合与支持的前提下,禁毒社会工作者才能提供相关的服务。因此,许多服务工作都是建立在服务对象的自愿和自决基础之上的。自决原则的核心是,禁毒社会工作者要深信服务对象具备发展的潜力,坚信他们有能力成长与改变,应当让他们自己做出选择,充分发挥其主观能动性。当服务对象更多地参与决策过程,他们会更加投入,更有动力去做出改变。自决不仅意味着禁毒社会工作者与服务对象之间建立一种"合作"关系,更在于禁毒社会工作者鼓励和创造条件,让服务对象能够积极参与到改善自身状况的整个过程中。这样,服务对象就能成为改变的主体,禁毒社会工作才能实现助人自助的最终目标。

为了实现这一目标,禁毒社会工作者需要倾听服务对象的声音,了解他们的需求和愿望,通过与他们合作,共同制订治疗计划,以确保服务更加贴近他们的实际情况,从而提高服务的针对性和有效性。同时,禁毒社会工作者还应尊重服务对象的选择,即使他们的决定与禁毒社会工作者的预期不同,也要给予理解和支持。这样,禁毒社会工作者才能真正地践行自决原则,帮助服务对象走向康复和自主的新生活。

基于上述,禁毒社会工作者必须客观评估吸毒人群的自决能力,尊重吸毒人群的自我选择和自我决定权利,待其作出决定后,协助他们采取建设性行动。但是,如果吸毒人群的自我决定会对自身和他人造成伤害时,禁毒社会工作者要及时进行干预,并设法将

---

① 莫关耀、曲晓光主编:《禁毒社会工作》,中国人民公安大学出版社 2017 年版,第 22 页。

干预风险降到最低。在实践中，禁毒社会工作者与服务对象之间的沟通至关重要。这种沟通不仅是信息交换的过程，更是建立信任、理解彼此需求的基础。禁毒社会工作者有义务向服务对象提供准确、全面的信息，确保他们在做出决策时充分知情。服务对象同样拥有权利选择服务的内容和方式，这是对他们主体地位的尊重。在事关服务对象利益的决策中，服务对象本身应起到主导作用，禁毒社会工作者则应作为协助者和支持者，协助他们分析利弊，权衡得失，最终做出最符合服务对象自身利益的决策。为了保障服务对象这些权利的实现，禁毒社会工作者需要不断提升自己的沟通技巧和信息传递能力。同时，也要尊重服务对象的意愿和选择，避免将自己的观点强加于人。此外，禁毒社会工作者还应关注服务对象的心理变化和情绪反应，及时给予情感支持和心理疏导。在整个服务过程中，始终保持尊重、理解和关怀的态度，为服务对象的康复和回归社会创造有利条件。

【课堂活动 2.5】

根据所学知识，请你对肖哥的自决能力进行评估，并谈谈如何对其开展社会工作服务？

张某，48岁，深圳人，小学文化程度，家里开裁缝铺，肖哥白天在家帮忙做些针脚缝补活儿，晚上就跟朋友到娱乐场所玩，在二十多岁开始吸毒，后来经历了十年的强制戒毒。肖哥出所后只能依靠80多岁的老母亲住在裁缝铺，如今母亲年迈，肖哥有一手裁缝手艺，不知道该何去何从。

（五）信息保密原则

服务对象的隐私权在禁毒社会工作中是受到严格保护的。作为禁毒社会工作者，有明确的义务对服务对象的个人信息进行保密，这是维护服务对象权益和尊严的重要一环。未经服务对象允许，禁毒社会工作者不得向任何第三方透露涉及服务对象的个人身份资料和其他可能危害其权益的隐私信息。这既是对服务对象隐私权的尊重，也是专业社会工作者的职业操守。

然而，在某些特殊情况下，可能确实需要透露一些相关信息。这时，禁毒社会工作者必须遵循严格的程序。首先，需要向所在机构或有关部门报告，并详细说明透露信息的必要性和可能带来的影响。同时，及时告知服务对象有限度公开隐私信息的必要性，以及将采取的相关保护措施，确保他们的权益不会受到进一步损害。如果事情紧急到必须打破保密原则而来不及报告时，需要根据实际情况进行灵活处理，并在事后尽快向相关机构或部门提供证据和解释。

保密是禁毒社会工作机构和社会工作者的一项工作义务，它要求社会工作者和机构保持服务对象信息的私密性。这一原则的绝对实施意味着，除非得到服务对象的书面授权或法律要求，否则专业人员不能与任何人分享服务对象的信息。但绝对保密很少能做到。社会工作者一般是作为较大机构的一部分发挥功能的，大部分交流的东西都会以案例记录的形式写下来，并作为服务传递过程的一部分口头地与机构内其他人员分享。社会工作者与督导分享细节和团队内的许多工作，并被期望分享信息。因此，与绝对保密不同，应该更精确地指出，在社会工作实务中可资利用的是相对保密的系统。①

小红，女，23 岁，未婚，家里共五个姐妹，小红是最小的妹妹。小红独自一人在深圳上大学，为自筹学费、补贴家用，她白天在学校上课，晚上便从事按摩工作，每个月发工资都将 85% 寄回家。朋友引诱小红吸食冰毒，告知她可以提起精神和减肥。小红发现吸食冰毒之后可以将不愉快的事情抛在脑后，为了提起精神同时远离烦恼，小红一而再、再而三地吸食。小红 2016 年 4 月底第二次入拘留所，被判社区戒毒。社会工作者进所接待时，小红情绪激动，大哭忏悔，身体颤抖，上吐下泻，焦虑难以入眠，害怕父母和姐姐们知道后不要自己，害怕学校知道后开除自己，更害怕同学知道后嘲笑自己，她对未来一片迷茫，有逃避现实和轻生的念头。

【课堂活动 2.6】

根据所学知识，在"信息保密"原则下，谈一谈如何对小红开展社会工作服务？

（六）最小伤害原则

当戒毒康复人员有可能对他人和社会造成伤害时，禁毒社会

---

① 莫关耀、曲晓光主编：《禁毒社会工作》，中国人民公安大学出版社 2017 年版，第 25 页。

工作者肩负着沉重的责任，必须采取一切可能的措施来避免或防止伤害的发生。在面临不得不做出选择、可能会伤害到某一方的状况时，必须坚守一个原则：那就是选择伤害最小、永久性伤害最少且伤害最容易得到弥补的方案。这意味着，禁毒社会工作者需要对可能产生的各种后果进行评估和预测，以便做出最明智的决策。在选择行动方案时，必须权衡各种因素，包括伤害的程度、影响的持久性以及伤害的可修复性。

然而，即使做出了最谨慎的选择，有时伤害仍然可能发生。在这种情况下，禁毒社会工作者有责任尽快采取行动，最大限度地减轻伤害并寻求弥补。包括提供心理支持、物质援助或其他形式的帮助，以确保受伤者能够得到及时的关怀和援助。

杨某，男，29岁，已婚，育有一儿一女。杨某是一名公务员，因工作强度大，压力重，时常与朋友到娱乐场所放松，不慎染上毒瘾，于是偷偷找到社会工作者寻求帮助，要求社会工作者对其吸毒情况进行保密。杨某担心事情败露会失去工作和幸福的家庭，但他又无法靠自己的意志力戒除毒瘾。

【课堂活动 2.7】
根据所学知识，在"最小伤害"原则下谈一谈如何对杨某开展社会工作服务？

第三节 禁毒社会工作的伦理困境及解决策略

一、禁毒社会工作的伦理困境

社会工作专业价值观和专业伦理在理论层面上的表述确实可以非常明确和准确，但在实际操作中，将这些价值伦理标准转化为具体的专业行为却并非易事。这主要源于几个方面的复杂因素。

首先，社会工作专业伦理强调以服务对象利益为优先，这与更广泛的社会伦理和个人伦理不完全一致。社会工作者需要在多种伦理取向之间找到平衡，这既是一个技术性的问题，也是一个需要深刻理解和实践的过程。

其次,人的行为并不总是能够与其内在价值观保持一致。因为人在面对具体情境时,会受到各种外部因素的影响,导致行为与价值观产生偏差。对于禁毒社会工作者来说,即使他们内心深处认同专业价值观,但在实际工作中也可能因为各种原因而无法完全遵守。

再次,知识和能力的不足也是影响禁毒社会工作者遵守专业伦理的重要因素。禁毒社会工作者需要具备一定的专业知识和技能,以便在面对复杂情况时能够做出正确的判断和决策。然而,现实中很多禁毒社会工作者可能并没有接受过足够的专业训练,或者知识和技能受限,这都会影响到他们遵守专业伦理的能力。

最后,人的非理性行为也是与社会工作专业价值和伦理产生冲突的一个重要原因。人在面对压力、困境或情感波动时,往往会出现非理性的行为,这可能会违背他们的专业价值观。禁毒社会工作者需要学会如何在这些情况下保持冷静和理性,以便能够继续坚守专业伦理。

(一)价值观之间的冲突

价值观在文字上是个抽象的表达,在具体实践工作中,价值观却变得具象化,它影响着禁毒社会工作者的言行举止,成为指导其行为的准则。此外,价值观体系中存在多种视角、多种层次的价值,当这些价值都汇集在禁毒社会工作实务中时,就会存在各种冲突困境。

1. 禁毒社会工作者的义务和职责的多重性带来的伦理价值上的冲突

禁毒社会工作者的义务和职责呈现出多层次、多角度的特点,这既是其专业性的体现,也是其工作复杂性的根源。从机构视角来看,禁毒社会工作者需要在严格的管理框架下开展工作,遵守包括职业规范、操作守则在内的各类规定。这些规定和守则每一条都蕴含着特定的价值,共同构成了禁毒社会工作的基本准则。然而,从服务对象视角来看,禁毒社会工作者的工作又呈现出另一番景象。

他们需要最大限度地保障服务对象的利益，这要求禁毒社会工作者深入了解每个服务对象的独特需求，并在实际工作中予以满足。但不同服务对象的需求各异，且他们所处的情境也千差万别，其中暗藏着多种价值冲突。

2. 禁毒社会工作专业价值与社会一般人群价值之间的伦理困境

禁毒社会工作者的价值观不仅仅包括个人价值观，更重要的是专业价值观，这是禁毒社会工作者在长期的专业知识学习和实践经验积累过程中逐渐形成的。这种专业价值观是职业的、恰当的，它指引着禁毒社会工作者在实务工作中的行为和决策。

然而，正因为禁毒社会工作者的专业价值观具有其独特性和专业性，它与社会一般人群对于禁毒社会工作的价值观之间往往会产生矛盾与差别。这种矛盾与差别在多个方面都有所体现。首先，禁毒社会工作者需要与服务对象建立朋友般的信任关系。这是专业价值观的重要体现，也是禁毒社会工作得以有效开展的基础。但在社会一般人群看来，与戒毒康复人员建立"友谊"可能是难以理解的。他们可能担心这种关系会影响禁毒社会工作者的客观性和专业性，甚至可能引发道德风险。其次，禁毒社会工作者在面对服务对象时，需要保持一种开放、接纳和同理的态度。这种态度有助于建立信任关系，促进服务对象的康复和回归社会。但社会一般人群可能会对这种态度持保留意见，他们认为对待戒毒康复人员应该更加严格和警惕，以免纵容他们的不良行为。此外，禁毒社会工作者的专业价值观还体现在他们对服务对象的隐私保护、权益维护等方面。但在实际操作中，这些价值观可能会与社会一般人群的价值观产生冲突。例如，当服务对象的行为涉及公共安全或他人利益时，禁毒社会工作者需要在保护服务对象隐私和维护公共利益之间做出抉择，这种抉择往往会引起社会一般人群的不解和质疑。

3. 社会工作专业价值观与社会工作者的价值观之间的伦理困境

前文有述，禁毒社会工作者的专业价值观和个人价值观可能有所不同。禁毒社会工作者的个人价值观是随着其成长和阅历逐渐形成的，专业价值观却是在受到社会工作专业知识学习和实践经验中内化形成的，两种价值观在面对特定情形的时候便容易产生冲突，这种冲突尤其在面对戒毒康复人员时显得尤为突出。社会主流的个人价值观在面对吸毒人员时，往往倾向于对其进行指责，希望其尽快受到法律制裁。这种价值观是基于社会对吸毒行为的普遍认知和道德判断。然而，禁毒社会工作的专业价值则要求他们站在更为客观和专业的角度，深入了解吸毒人员背后的原因和动机，从吸毒人员的角度去思考问题，并努力帮助他们脱离困境。这种价值观是基于社会工作的专业理念和方法，旨在帮助吸毒人员康复和回归社会。

（二）社会公平和信息保密的冲突

保密与隐私权常常是将禁毒社会工作者置于伦理困境的重要问题之一，也是伦理冲突的多发领域。禁毒社会工作者的伦理困境复杂且微妙，尤其在涉及吸毒人员隐私保护方面。如何在保护个人隐私与维护社会公平之间找到平衡点，是每位禁毒社会工作者需要面对的挑战。

信息保密是禁毒社会工作的基本原则，也是建立信任关系的基础。戒毒康复人员往往因为担心被歧视或法律制裁而不愿透露自己的情况，因此，尊重并保护他们的隐私，对于获得他们的认可、配合和支持至关重要。然而，当涉及戒毒康复人员向周围输送毒品这种违法犯罪行为时，保密原则就会受到严重挑战。在这种情况下，禁毒社会工作者需要仔细权衡各种因素。一方面，如果报告给家庭、单位和公安机关，可能会对服务对象造成不良后果，破坏已经建立的信任关系，使后续的工作难以开展。另一方面，如果不报告，就可能有损社会公平正义，甚至可能被视为同恶相济。实际上，社会工作者在面对此类困境时，并非完全没有指导原则。按照服务对象利益优先的原则，社会工作者确实需要避免透露对服务对象不利的信息。但与此同时，社会工作者也有责任确保社会的安全和稳定。因此，在权衡利弊时，社会工作者需要充分考虑服务对象的利益，同时也要考虑到社会的整体利益。此外，在行政干预、司法干预、研究需要等方面，都可能存在涉及服务对象隐私资料的情况。在这些情况下，社会工作者需要仔细审查相关法律法规和政策规定，确保在合法合规的前提下开展工作。同时，社会工作者也需要与相关执法部门和研究人员进行充分沟通和协商，以达成对服务对象隐私的最大限度保护。

1. 未能严守保密协议

禁毒社会工作者在处理服务对象的隐私信息时，确实会面临诸多伦理和实务上的挑战。当决定是否将服务对象的隐私信息告知第三者时，禁毒社会工作者必须权衡评估各种因素，包括服务对象的权益、第三者的安全以及社会工作的专业价值观和伦理规范。禁毒社会工作者应在评估过程中收集充分的证据，从而判断服务对象是否对第三者存在暴力威胁的倾向。只有在掌握了明确的证据，并确认存在潜在的受害者时，禁毒社会工作者才能考虑将服务对象的秘密公开。这是为了保护第三者的生命安全，同时也是禁毒社会工作者履行专业职责的体现。然而，即使禁毒社会工作者经过评估后决定公开服务对象的隐私信息，也需要尽可能减少信息的泄露范围，只向必要的第三者透露必要的信息。同时，禁毒社会工作者还需要采取一系列保护性措施，以尽量避免伤害事件的发生并减少受到指控的可能性。另一方面，如果禁毒社会工作者决定保守服务对象的秘密，但需要确保这一决定不会导致第三者受到实质性的伤害。如果因为禁毒社会工作者的保密决定而导致了第三者受到伤害，那么禁毒社会工作者可能会面临伦理和法律的指控。

2. 禁毒社会工作者在进行家庭或团体治疗时将某个成员的秘密暴露给其他成员

在处理家庭或团体治疗中的隐私问题时，禁毒社会工作者同样面临着极大的挑战。既要尊重每个成员的保密要求，又要促进成员间的沟通与了解。特别是当某个成员的秘密信息直接影响其他成员的健康和福利时（例如，传染性、遗传性疾病或家庭成员的不忠行为），社会工作者的决策就更为复杂和敏感。

在这种情况下，禁毒社会工作者在进入治疗程序之前，必须采取一系列预防措施。首先，要让每一个成员明确了解自己有责任保守在家庭、婚姻或团体咨商中所获得的秘密信息。可以通过签订保密协议、进行保密教育等方式实现，确保每个成员都充分理解和认同保密的重要性。同时，禁毒社会工作者还需要向服务对象解释职业伦理守则对有关问题的规定，包括保密原则的具体内容、保密义务的适用范围以及可能的例外情况等，以帮助服务对象更好地理解禁毒社会工作者的决策过程，减少因误解而产生的冲突和不满。

然而，即使采取了这些预防措施，也不能完全保证秘密信息不被泄露。因此，禁毒社会工作者还需要具备应对突发情况的能力。当秘密信息被泄露或可能影响其他成员的健康和福利时，需要及时采取补救措施，如与泄露者进行沟通、重新强调保密义务等。此外，禁毒社会工作者还可以考虑采用一些技术手段来加强保密工作，如使用加密通信工具、建立安全的电子档案系统等。这些措施可以在一定程度上提高保密工作的效果，减少信息泄露的风险。例如，美国社会工作者协会（NASW）的《伦理守则》（1996）对这一问题就做了如下规定："当社会工作者提供咨商给家庭、夫妻或团体时，社会工作者应使每位成员均同意关于每个成员的保密权利，同时也对他人所分享的机密资料有保密的义务，社会工作者也必须提醒参加家庭、夫妻、团体咨商的成员，社会工作者没有办法保证所有的参与者均能遵守他们的保密协议。"

3. 研究需要、司法干预等方面与信息保密的困境

由于禁毒社会工作的服务对象较为特殊，多为戒毒康复人员，因此他们的个人信息在多个领域具有一定价值。在研究领域，戒毒康复人员的个人信息对于禁毒、戒毒、社会工作、医学、心理学等多个学科都具有重要的研究价值。然而，将服务对象的个人信息用作研究素材时，必须严格遵守隐私保护原则，确保信息的匿名性和保密性，以避免对服务对象造成不必要的伤害。在司法领域，戒毒康复人员的信息可以用于排查其他吸毒人员、打击毒品违法犯罪等活动，有助于维护社会的安全和稳定。但是，在司法干预的过程中，机构和禁毒社会工作者必须权衡保密原则与司法需求之间的冲

【课堂活动 2.8】

案例分析

吸毒人员李某感染了艾滋病,他特别嘱咐社会工作者不能向外人透露此事(包括吸毒人员的配偶)。那么社会工作者就存在两难困境,该不该告诉吸毒人员的配偶?

突。在提供个人信息时,必须确保这些信息的使用符合法律规定,且不会对服务对象的合法权益造成损害。

【案例解析】

一旦某人被诊断为 HIV 阳性携带者并因此可能将病毒传染给别人,就存在着谁有权得到这种信息的问题,社会工作者有责任保护高于他们服务对象利益的公共健康吗?如果服务对象拒绝改变高风险行为或者拒绝提醒其性伙伴的话,那么社会工作者有无伦理授权通知处于危险的被确知的性伙伴呢?社会工作保护服务对象隐私权的责任止于什么地方?如何保护和警告其他人?HIV 阳性服务对象不愿意通知他们的性伙伴可能出于多种原因。他们可能担心被抛弃,可能对于他们的性伙伴事实上造成他们的感染感到愤怒,也可能担心他们的性伙伴将这个消息告诉其他人。

关于是否有责任告知 HIV/AIDS 的问题,美国社会工作者协会的政策声明:"如果服务对象的配偶、其他性伙伴或共用注射器静脉吸毒的人可能被感染而且服务对象拒绝对他们加以警告的话,社会工作者和机构有责任警告他们被感染的可能。"在这份有关艾滋病的政策声明中,美国社会工作者协会强调的是"有责任警告"原则,表明当专业人员相信存在明显的危险时,他们有责任警告潜在受害者,即使这意味着破坏保密权的规定。

专业价值观要求社会工作者维护社会正义,为了防止受害者再次受到可能的伤害,社会工作者应当向有关人员和部门报告。但这样的结果可能对服务对象造成不良后果:他不再信任社会工作者,他可能遭到报复,他因"告密"行为不再受交往圈中其他人的欢迎。按照服务对象利益优先原则,社会工作者不能透露对服务对象不利的信息。所以,社会工作者很可能陷入困境。除此之外,在行政干预、司法干预、研究需要等方面,都可能存在着让社会工作者难以决断是否应当透露服务对象隐私资料的情境。[1]

---

[1] 莫关耀、曲晓光主编:《禁毒社会工作》,中国人民公安大学出版社 2017 年版,第 27—28 页。

（三）礼法的冲突

中国是一个礼法大国，重视人情世故，法的规定、礼的俗成共同构建我们行为的规范。但在实践中，礼、法之间经常发生冲突。禁毒社会工作中，戒毒康复人员作为服务对象，时常让禁毒社会工作者处在礼法冲突的伦理困境中，需要禁毒社会工作者用专业知识和工作经验进行综合评估才能得以解决。尤其在一些礼法冲突的情境下，服务对象做出决定的后果不能预期，禁毒社会工作者在对干预后的可能境况无法预知的情况下所面临的伦理困境，该如何应对？如果放任不理，让服务对象自己做决定，有悖社会工作的初衷，如果对其进行干预，后果却无法预期，这也给实践工作带来一定伦理困境。

【案例解析】

从传统礼法来看，夫妻关系应该属于情理问题，是夫妻双方的自愿选择，机构和社会工作者无权干预，那么在这一前提下，禁毒社会工作者什么都不能做了吗？如果社会工作者劝妻子放弃离婚，服务对象没有戒毒成功，禁毒社会工作者又处于怎样的境地？社会工作者对服务对象利益的保护责任止于什么地方？

在这个案例中，妻子发现丈夫吸毒立即提出离婚，禁毒社会工作者无法预估离婚是否会使得夫妻双方和孩子利益得到最大保护，禁毒社会工作者也无权用自己的价值判断作出处理和劝说。但是禁毒社会工作者能做的是，对于吸毒方的丈夫，将其作为服务对象，帮助其早日戒毒成功；对于妻子方，鼓励其对丈夫的戒毒持积极态度，相信丈夫在禁毒社会工作者的帮助下能够成功戒除毒瘾。至于是否离婚，最后的决定权是由双方决定，社会工作者的帮助义务也只能止步于此。

（四）专业关系和其他关系的冲突

禁毒社会工作者在开展工作时，需要给服务对象一个明确的信息：除了专业服务关系外，社会工作者与服务对象不会再有其他的关系。这一点一定要十分明确。社会工作者对待服务对象有"三像"：像父母对待子女；像老师对待学生；像医生对待病人。这

【课堂活动2.9】

案例分析

一对夫妇情感不和，长期分居，但由于孩子年幼，双方勉强维持着婚姻。最近，妻子发现丈夫吸毒，就立刻提出离婚。丈夫反对离婚，理由是对孩子成长不利。他们请求社会工作者帮助。作为社会工作者，该支持妻子离婚诉求，还是劝说妻子放弃离婚？

"三像"要求社会工作者用心对待服务对象,赢得服务对象更多的信任,以更有利于帮助服务对象。同时,需要把握专业关系的度。例如,社会工作者的个人信息,社会工作者和服务对象的性别隐私差异和亲密度等问题,都需要从专业的角度来把握。

【课堂活动2.10】

根据所学知识,谈一谈社会工作者如何应对这位服务对象的诉求?

社会工作者小王(女)的服务对象是一位离异的戒毒康复人员,小王对服务对象提供专业优质的服务,帮助服务对象走出吸毒阴霾,鼓励服务对象积极回归社会。在服务期间,服务对象却认为小王对自己很关心,对社会工作者小王产生情愫,并向小王示爱。

(五)服务对象自决和社会工作者知情的冲突

助人自助的价值理念确实强调尊重服务对象的意愿与合法权利,让其自行决定。但在具体操作中,这一原则并不是无限制的。服务对象自决原则主要适用于与服务对象自身利益直接相关的选择和决策。在这些情境下,禁毒社会工作者要提供必要的信息和支持,帮助服务对象理解自己的需求和情况,从而做出明智的决策。这体现了对服务对象自主权的尊重。

然而,当涉及他人或社会利益时,服务对象自决原则就要受到限制。当服务对象的行为可能对他人或社会造成影响时,禁毒社会工作者需要进行干预,目的是保护更广泛的利益,同时仍然尊重服务对象的权利和尊严。此外,社会工作者与服务对象之间的信息沟通和共享至关重要。禁毒社会工作者需要确保服务对象充分了解自己的权利和义务,以及可能面临的后果和可能采取的干预措施。通过开放和透明的沟通,建立信任关系,促进合作和共同解决问题。最后,社会工作者在任何时候都不能利用服务对象自决原则牟取私利。这包括经济利益、政治利益等在内的任何形式的私利。

【课堂活动2.11】

根据所学知识,分析本案例中面临的价值伦理困境该如何解决?

李某,男,1955年生,文盲,无妻无子。早年从事木材批发生意,经济条件较好,为人仗义,爱交朋友。一次在朋友的劝诱下试了试毒品,此后一发不可收拾。因多次吸毒,被多次强戒。后来在社会工作者小孙的帮扶下,李某逐渐走出毒瘾的阴霾,并非常依赖和信任小孙。这时,李某想要用早年的积蓄进行投资,请高学历的小孙代其选择股票并购买,小孙进退两难。

二、禁毒社会工作的伦理困境解决策略

（一）遵守法律法规，维护公序良俗

在当代社会中，政府通过制定和实施各种法律法规、政策，以制度化的方式干预社会生活，规范人们的社会行为。在这些政策、法律法规实行过程中，社会工作者通过其专业的社会服务手段去促进社会公平和正义，规范和改善人们的社会功能，他们不仅是服务的提供者，更是法规与政策的传播者和实践者。为了做好专业性社会服务工作，社会工作者需要深入了解各个方面的法律法规与政策，确保自己的工作始终在法律框架内进行，同时也能够充分利用政策资源，为服务对象提供最优的服务。

禁毒社会工作作为社会工作的重要组成部分，工作内容更具特殊性和挑战性。禁毒社会工作者面对的是戒毒康复人员这一特殊群体，需要运用专业的知识和技能，帮助他们戒除毒瘾，重返社会。在这个过程中，禁毒社会工作者不仅要认真学习掌握相关法律法规，还要掌握相关政策资源，确保服务对象的利益最大化。此外，禁毒社会工作者还需要注意在工作中不违背社会公序良俗。禁毒社会工作虽然具有特殊性，但也不能脱离社会的主流价值观和道德规范，在帮助服务对象的同时，也要尊重和维护社会的公共利益和他人的合法权益。

（二）掌握基本知识，提升专业技能

禁毒社会工作作为社会工作的一个专业细分领域，不仅结合了社会工作的专业方法和技巧，还有针对性地融入禁毒领域的特殊需求，形成了一套完整的服务体系。

首先，禁毒社会工作者需要拥有扎实的禁毒知识和社会工作理论基础。禁毒知识包括毒品的种类、危害、传播途径以及预防方法等，而社会工作理论则提供了与服务对象沟通、评估需求、制定计划、实施干预和评估效果的方法和技巧。具备了这些基本知识，禁毒社会工作者才能有效地为服务对象提供个性化的服务。

其次，禁毒社会工作者在提供服务时，涉及多个方面的专业技能。生活帮助包括提供基本的生活物资、协助解决居住问题等；就业帮扶涉及为服务对象提供职业技能培训、推荐就业等；戒毒援助包括为服务对象提供戒毒治疗、康复指导等；心理辅导旨在帮助服务对象调整心态、增强戒毒信心；相关法律咨询涉及为服务对象提供涉及毒品犯罪的法律法规解释和法律援助等。这些服务都需要禁毒社会工作者具备相应的专业能力和实践经验。

此外，由于禁毒工作的复杂性和动态性，禁毒社会工作者还需要不断接受专业教育和相关培训，更新禁毒知识和社会工作理论，提升专业技能和服务水平，以便更好地了解服务对象的需求变化，提供更加精准和有效的服务。

最后，禁毒社会工作者的职业素质和专业服务能力也十分重要。需要具备高度的责任心和职业道德，还需要具备良好的沟通能力和团队协作精神，才能与服务对象建立信任关系，有效地开展禁毒工作。

（三）灵活使用基本原则，具体情况具体对待

1. 保护生命与兼顾公正原则

生命权是所有权利中最基本的权利，这一原则的确立，是对人类生命尊严的尊重，也是维护社会公平正义的前提和基础。当我们在探讨保护生命权时，实际上是在讨论一系列与生命存续和福祉息息相关的权利。

首先，保护生命权意味着要确保人们的基本生活需求得到满足，包括但不限于健康服务、食物和收入等。每一项都是确保个体能够维持生命、享有基本尊严的必要条件。因此，在任何情况下，这些需求的满足都应被置于首位，优先于其他任何权利。

其次，生命权原则要求我们在某些情况下做出合理的抉择。例如，当服务对象的秘密可能导致其他人遭受严重的人身伤害时，揭发这些秘密成了一个必要的选择。这种抉择并不是对服务对象隐私权的侵犯，而是对更广泛的生命权的一种保护。同样，在资源有限的情况下，将资源优先分配给最需要的人，如贫弱者，也是一种合

理的抉择。这种分配方式能够最大限度地保障那些生命权最可能受到威胁的人群。

此外，生命权原则还涉及公共利益与个人权益之间的平衡。在防止伤害的义务与保护个人财产所有权的权利之间，生命权原则明确指出，前者的优先级要高于后者。这意味着当面临选择时，我们应优先确保人的基本生存需求得到满足，而非过分强调个人财产的保护。

综上所述，生命权是所有权利中的核心，其保护涵盖了从基本生活需求到特殊群体权益的广泛内容。在实践中，我们需要根据这一原则来做出合理的抉择，确保每个人的生命权都能得到充分的尊重和保护。

一位男性戒毒康复人员性情暴戾，时常家暴家中妻女。如果禁毒社会工作者告发家暴情况就有可能失去服务对象的信任，但是不告发家暴行为就有可能威胁到其妻女的生命健康。

2. 完全平等与差别平等原则

在处理戒毒康复人员社会服务的过程中，平等对待与差别对待的原则需要根据实际情况进行灵活应用。当不同戒毒康复人员的实际需要大体相同，且禁毒社会工作者拥有充足的资源和服务能力时，可以确保给予不同服务对象平等的服务。这体现了公正公平，也是禁毒社会工作者的基本职责。

然而，现实情况往往复杂多变，资源不足是常出现的情形。在这种情况下，为了将资源最大化利用，差别对待成为必要的选择。这并不意味着歧视或忽视某些群体的需求，而是根据服务对象的实际情况和需求差异，进行有针对性的服务分配。例如，对于那些更需要紧急救助的戒毒康复人员，可以优先分配资源，以满足他们的基本生活需求和康复需要。同时，我们也需要认识到，差别对待并不总是负面的。在某些情况下，不平等对待可能带来更大的益处，或者推动更多的平等对待。这种情况下，采用差别平等原则就是合理的。例如，对于某些有特殊困难或需求的戒毒康复人员，提供额外的支持和帮助，不仅有助于他们的康复，也可能作为榜样示范激

【课堂活动 2.12】
根据所学知识，谈谈此案例存在哪些伦理困境？怎么解决？

励其他服务对象更积极地参与康复计划，从而间接促进整体的平等对待。

因此，在处理戒毒康复人员社会服务时，我们需要根据具体情况灵活运用平等对待与差别对待的原则。这既需要社会工作者具备敏锐的洞察力和判断力，又需要其始终坚守社会工作的核心价值和伦理准则。只有这样，才能确保社会服务的公正性、有效性和可持续性。

【课堂活动2.13】
根据所学知识，回答问题。

有一个工厂愿意招戒毒成功的人员工作，但只有一个名额，需要社区的推荐，此时有三位戒毒康复人员作为服务对象接受服务：一位是60岁的独居女士，一位是38岁有妻女的男士，一位是辍学在家的19岁男士。你如何分配这个工作推荐机会？为什么？

3. 相对自主与适度自由原则

尊重个体的自主权是社会工作的核心原则之一，它强调每个人都有权利根据自己的意愿和判断来安排生活、做出决策。然而，这种尊重并非无条件的，当戒毒康复人群的自我决定可能对自己或他人造成伤害时，禁毒社会工作者的干预变得至关重要。

在这种情况下，禁毒社会工作者需要采取一系列措施来平衡尊重个人自主权与防止伤害的原则。首先，社会工作者应当通过沟通、教育和引导等方式，帮助戒毒人群认识到他们决策可能带来的后果，以及这些后果对个人和社会的影响。其次，禁毒社会工作者需要运用专业知识和技能，评估戒毒人群的状况和风险，制定适当的干预计划，降低对戒毒康复人士自身和他人的伤害风险。

尽管尊重个人自主权是社会工作的基本原则之一，但在某些情况下，其他原则具有更高的优先性，这就要求禁毒社会工作者掌握和运用相对自主与适度自由原则。当禁毒社会工作者在处理戒毒康复人群的自我选择和自我决定权利时，需要灵活运用专业伦理原则，平衡尊重个人自主权与其他权利的关系。

【课堂活动2.14】
根据所学知识，回答问题。

服务对象是一位戒毒康复人员，他在戒毒时需要通过自残的方式来抑制毒瘾，他认为戒毒的方式可以自己选择，于是选择了自残的方式。此时，禁毒社会工作者应该怎样做？

4. 最小伤害与改善生活原则

在禁毒社会工作中，当面临的困境有可能对他人或社会造成伤害时，社会工作者必须采取果断而慎重的行动，以最大限度地避免或减轻潜在的伤害。这一原则体现了社会工作者的职业道德和伦理责任，也符合社会公正和人文关怀的核心价值观。

具体来说，禁毒社会工作者应该首先评估各种可能的行动方案，选择那些能够造成最小伤害、带来最少永久性伤害以及最容易得到弥补的方案。这需要对各种因素进行综合考虑，包括伤害的性质、范围、持续时间以及受害者的恢复能力等。在实际操作中，禁毒社会工作者可能需要运用专业的沟通技巧和谈判策略，与相关方进行有效的沟通和协商，以达成一个能够最大限度减少伤害的解决方案。同时，他们也需要密切关注事态的发展，及时调整策略，确保伤害能够得到及时的控制和弥补。如果伤害已经发生，禁毒社会工作者应立即采取行动，尽可能弥补受害者的损失。包括提供必要的支持、协助受害者寻求法律援助或心理援助，以及推动相关方进行赔偿等。

5. 尊重隐私与相互真诚原则

如何在尊重和保护戒毒康复人员隐私的同时，确保不对他人或社会造成严重伤害的伦理困境也是面临的困境之一。在大多数情况下，禁毒社会工作者应尽力在法律要求和戒毒人群意愿之间找到平衡点，严格保护服务对象的隐私。然而，当披露某些信息能够防止对他人造成严重伤害时，保密原则就需要被适当地打破。在处理这类敏感信息时，禁毒社会工作者必须保持高度的诚信和责任感。应当向戒毒康复人员和公众披露所有可以披露的信息，特别是那些与戒毒康复人员利益密切相关的信息，比如关于戒毒康复进展、政策帮扶等正面信息，以增强他们的康复动力和社会融入感。

然而，当披露某些信息可能会给他人、社会公众或国家造成伤害和重大损失时，禁毒社会工作者必须严格遵守相关的保密法律和法规，包括但不限于涉及他人隐私、商业机密、国家安全等方面的信息。在这些情况下，禁毒社会工作者需要权衡披露信息可能带来的利弊，并寻求专业辅导和法律意见，以确保自己的决策和行为符合伦理和法律要求。此外，禁毒社会工作者还需要注意在披露信息时的方式和范围。应当只披露必要的信息，并尽可能减少对相关人员和机构的负面影响。同时，需要确保披露的信息准确无误，避免误导公众或造成不必要的恐慌。

禁毒社会工作者在实务工作中难免遇到诸多伦理困境，在面对伦理困境时，除了要依据理论基础秉承正确的价值观外，还可以依靠一些伦理抉择的排序、标准以及一些具体的过程和步骤。伦理决策模式能否在实务过程中最大限度降低对服务对象的伤害，维护其权利，最主要的还是取决于实务工作者专业技能的掌握与运用，能清晰地在不同实务场景中梳理出伦理问题并嵌入使用于恰当的模型中。而目前伦理困境的抉择原则根据不同学者的观点呈现出不同的理论研究成果。多戈夫和洛温伯格（Ralph Dolgoff & Frank Loewenberg）采用分层模型，他们将不同的社会工作进行排序，制订出社会工作伦理抉择优先次序，即：第一为保护生命原则；第二为差别平等原则；第三为自主自由原则；第四为最小伤害原则；第五为生活品质原则；第六为隐私守密原则；第七为真诚原则。

相关的社会工作伦理决策模型还有以下几种。雷蒙（Reamer）基于正义理论和冲突责任理论，提出了以义务论为前提的决策模型。在科里（Cory）的伦理决策模式中，主要的决策过程有：指出问题或难题所在；指出可能牵涉的潜在的议题；检查相关的伦理守则；了解适用的法律与规定；获得其他专业者的咨询意见；考虑行动的可能性与成功率；衡量不同决定产生的后果；选择最适当的行动；制订应对风险的方案。为了能够简单快速地在各种实务场景中作出抉择，康格里斯（Congress）开发了 ETHIC 模型，主要内容包括：审视相关主体的价值观；思考 NASW 道德规范的道德标准适用范围及相关法律与案件判决；对不同决策的后果进行假设；考虑到对最特殊困难群体的承诺；确定受益者与受害者；向同事与督导咨询。

无论以上哪种决策模式，所具有的共性过程包括伦理困境判

【学习研讨】

请仔细阅读材料，思考如下问题：

你更支持哪一种伦理困境抉择模式？材料最后提到伦理困境决策模式关乎伦理本土化的问题，何为伦理本土化？如何结合我国的国情选择合适的伦理困境决策模式？

断、以某个社会政策或正式规定为参考、判断不同决策的后果向其他工作者咨询或共同做决策。究其决策模式的根本，还是落脚于秉持哪种价值观念，这又关乎伦理本土化问题。

三、禁毒社会工作常见伦理困境及应对[①]

由于戒毒康复人员群体的特殊性，社会工作者在开展禁毒社会工作服务时，常常会面临伦理两难困境。

（一）双重关系伦理困境及应对

社会工作者跟进戒毒康复人员的第一步通常是建立服务关系，会运用尊重、接纳和包容的态度开启与戒毒康复人员的第一次面谈。戒毒康复人员在社会上往往被贴上各种不良标签，这些社会歧视的态度使得戒毒康复人员的家人、邻居都很难做到与他们展开平等、尊重的沟通，出现排斥或逃避沟通的情境。社会工作者的出现和关注往往会让戒毒康复人员感觉到久违的亲切感和温暖，因而他们会把社会工作者作为朋友甚至是亲人来相处。可是于社会工作者看来，自身只是基于工作原因与他们认识并且提供相应的服务。在服务开展过程中，戒毒康复人员往往会对社会工作者有着做朋友的期待，比如，戒毒康复人员受朋友之邀聚餐饮酒，会叫社会工作者一起参加，而这时的社会工作者就会面临去还是不去的困境。

香港资深社会工作者卢尔杰认为，社会工作者不能和服务对象做朋友。这主要是因为服务对象认识的是工作中的社会工作者，而不是生活中的社会工作者。当与服务对象有了工作以外的关系时，他们会对社会工作者有朋友的期望。在服务过程中，服务对象与社会工作者说很多关于他们的事情甚至隐私，是出于对社会工作者的信任。这种信任除了来自相信社会工作者的专业操守以外，还有一部分是相信社会工作者不会走进他们的私生活之中。另外，在资源

---

① 王婷：《禁毒社会工作常见伦理困境及应对》，《中国禁毒报》2021年5月21日。

分配中，如果是朋友，他们会提出要求，希望资源倾向于自己。卢尔杰认为，"不与服务对象做朋友"这个原则可以在建立关系初期进行澄清和说明，真诚地向服务对象表达这个原则。虽然个别服务对象在这个过程中不会那么释怀，但在后续服务开展过程中可以避免很多误会。

（二）保密原则伦理困境及应对

保密原则是伦理原则中的基本原则。这一伦理原则要求社会工作者正确处理服务对象在专业服务过程中透露和提供的个人信息，社会工作者有责任和义务有效保护服务对象的隐私不受侵害，一旦与服务使用者签订了服务协议，就要在提供服务的各个环节信守保护受助者个人隐私和有关信息的承诺，保护服务对象的个人权益。

但在日常帮教中，当服务对象出于信任，向社会工作者透露有偷吸行为或是其他违法犯罪行为时，社会工作者就会陷入要不要上报服务对象违法犯罪行为的困境当中。如果上报，公安机关对服务对象的处置会彻底打破服务对象与社会工作者的服务关系，同时面临服务对象后续打击报复社会工作者的可能性。如果不上报，服务对象违法犯罪行为所引发的社会危害性及风险性很难被预估，一旦发生肇事肇祸事件，社会工作者同样面临知情不报的责任风险。

社会工作保密原则虽然缺少明确的法律规定，但保密原则应是在一个相对的范围内，而非绝对的框架里，亦即特殊情况下必须"解密"。

一是当有公共危害发生的可能性时。社会工作者与服务对象建立关系及介入过程中，如发现或预见服务对象出现危害公共安全的行为时需要打破保密原则，必要时有义务第一时间反馈上报服务对象信息。

二是当伦理守则需要服从于法律法规之下。为保证国家司法和行政的有序运行，社会工作者可以在法律授权之下，未经服务对象的知情同意对其有关信息进行披露。

可见，社会工作者应具备判读可预见性危害的能力。实践中，社会工作者需仔细审阅服务对象的资料和预估服务对象的潜在问题,对服务对象的行为和谈话及时做好个案记录,以便于有理有据地分析出服务对象的危机行为是否会伤害到自身和第三人。

(三)利益冲突伦理困境及应对

在禁毒社会工作实践中,服务对象在与社会工作者服务关系不清甚至发生多重关系情况下,可能误认为社会工作者是朋友或是亲人,提出借钱或索要物资等要求。对于从事社会工作时间不长的社会工作者来说,此时会陷入明知应拒绝但不知如何拒绝的困境,这就需要运用相应方法与技巧去处理和协调。

服务实践中,社会工作者对资源的分配常会遇见类似的利益冲突困境。戒毒康复人员群体的特殊性使得他们在社会福利需求上与一般困难群体有所不同,例如他们需要专门性医疗资源,尤其是自愿戒毒机构、特定传染性疾病的社区门诊以及针对他们开展的社会适应辅导等,这些都是目前戒毒康复人员群体所需但资源相对匮乏的。对于开展服务的社会工作者,要在"僧多粥少"的情况下合理分配资源,实现服务对象群体的利益最大化,往往需要面对利益冲突伦理困境。

社会工作实务的主要职责是将人与环境联系起来综合考虑,即"人在情境中"。社会工作者在开展实务时,通常应把服务对象个体置身于他所处的情境进行一个全面评估,再结合情境制定不同的目标进行干预。所以,无论是对于服务对象的特殊要求,还是服务对象对于社会工作者资源分配的异议,社会工作者在建立关系初期就要进行工作内容和工作准则的澄清说明,让服务对象提前知晓社会工作者的工作内容和服务关系的界限。在澄清过程中,社会工作者应保持尊重、坦诚的态度与服务对象沟通,虽然这样做不一定能取得服务对象的全部理解,但会减少此种伦理困境的出现或是降低误会产生的风险。

综上所述,通过对资料文献的查阅和从社会工作实务开展中发现的问题来看,社会工作伦理困境的产生并非仅由社会工作者一方导致,情境的多变特殊、机构机制建立是否完善都可能将社会工作者置于不同的伦理困境中。作为社会工作者，除了提高自身专业素养和知识技能外，还应及时主动向机构督导求助，多与有经验的资深社会工作者进行朋辈交流，让自己更有信心和底气进行专业判断和从事专业服务。于行业或机构而言，应积极健全督导机制，定期访问和考察一线社会工作者对专业关系的掌控程度，若发现不恰当之处，及时提醒和指导，理顺专业关系，必要时采取转介或者终止服务的措施。在开展社会工作实践时，社会工作者常常以"人在情境中"为原则进行实际情况的评估和判断，但人是具有主观能动性的，很容易在密切相处中陷入一种亲密情感的漩涡，即使是受过专业训练的社会工作者也不可避免。因此，面对社会工作伦理困境，社会工作者能做的就是保持警醒，并采取行动将困境中的伤害降到最低。

本章小结

价值观与伦理守则是禁毒社会工作的生命线。价值观是直接引导禁毒社会工作开展的动力，是一切实务行为的源泉与起点，它直接决定了禁毒社会工作者怎样看待与禁毒社会工作有关的一切客观事务。而伦理困境与解决策略则是价值观冲突在实务工作中的具体体现，是开展禁毒社会工作具体的实务视角与具体方法论。

树立正确的价值观与正确解决伦理困境是环环相扣的问题。树立了正确的价值观才能正确看待与禁毒社会工作有关的一切客观事物，正确认识客观存在的伦理困境。在本章学习中，我们了解了何为正确的禁毒社会工作价值观，现实中伦理困境有哪些，了解了伦理困境抉择模式有很多种，需要根据具体问题来具体选择恰当的抉择模式。要真正在实务中将这些理论知识运用起来，帮助到每一个服务对象，还需要在实践工作中锻炼学习。

推荐阅读

1. 林霞、戴一祎：《一项有关社会工作专业价值观教育的行动研究——以〈社会工作价值与伦理〉课程教学为例》，《社会福利（理论版）》2021年第1期。

2. 高子宁：《社会工作视角下传染病患者权利保障的伦理困境及应对策略》，《社会福利（理论版）》2021年第12期。

3. 李尉、谢文凯：《"度量衡"：社会工作伦理困境的工具思维》，《社会福利（理论版）》2021年第12期。

4. 张应义：《禁毒社工如何处理伦理问题》，《中国社会工作》2021年第24期。

5. 骆雅丽、吴金凤：《禁毒社会工作实务中的伦理困境探析》，《法制与社会》2021年第20期。

6. 古学斌、阮曾媛琪主编：《本土中国社会工作的研究、实践与反思》，社会科学文献出版社2003年版。

第三章

禁毒社会工作的理论

【概览】

　　禁毒社会工作理论和知识体系是禁毒社会工作实务的理论基础，也是禁毒社会工作不断发展、创新的基础。本章将对禁毒社会工作理论中最常用的社会生态系统理论、认知行为理论、动机改变理论和优势视角理论的发展脉络、概念框架、实践框架，及其在禁毒社会工作中的应用情况进行介绍。

【目标】

1. 知识目标

   （1）了解社会生态系统理论的发展脉络、概念框架和实践逻辑。

   （2）了解认知行为理论的发展脉络、概念框架和实践逻辑。

   （3）了解动机改变理论的发展脉络、概念框架和实践逻辑。

   （4）了解优势视角的发展脉络、概念框架。

2. 能力目标

   （1）会用社会生态系统理论的家谱图和生态系统图开展禁毒社会工作。

   （2）会用认知行为理论的复吸模型等工具开展禁毒社会工作。

   （3）会用动机改变理论的动机访谈法开展禁毒社会工作。

   （4）会用优势视角理论视角和观点开展禁毒社会工作。

3. 价值目标

   （1）能够理解禁毒社会工作中常用的四大理论的含义，提高从事禁毒社会工作服务活动的职业素养。

   （2）能够运用禁毒社会工作理论工具开展工作，增强禁毒社会工作的自觉性和有效性。

第一节 社会生态系统理论

一、社会生态系统理论概述

(一) 社会生态系统理论发展历程

社会生态系统理论又称生态系统理论,是系统理论的分支,也是一个开放的发展的理论系统。该理论最早可以追溯到达尔文在1859年提出的进化论,强调个体与环境之间是相互联系、不断变化的关系,特别是"适者生存"的概念。19世纪后期英国的社会调查研究和20世纪30年代芝加哥学派中的生态学派同样也是其思想渊源。1935年,英国生物学家阿瑟·乔治·斯坦利(Arther George Tansley)在对生态系统的组成进行了深入调查的基础上,提出社会生态系统的概念,即社会是一个"系统",包括有机复合体和形成环境的整个物理因子复合体。20世纪初,瑞奇蒙德和亚当斯(Richmond & Adams)在研究中发现,个体所在的环境系统中的社会和社区具有重要的作用,提出从环境和情境中研究个体行为,即著名的"人在情境中"观点,认为要研究作为社会人的个体必须将其放在一定的情境中。社会生态系统理论逐步被运用到社会工作领域,环境因素被认为至少和内部因素一样重要。1929年,美国社会工作协会提出《米尔福德会议报告》,呼吁用一个综合性概念框架作为整合社会工作的共识和基础。个人行为被逐步看成是个人与环境相互作用的结果。1950年,戈登和巴特利特(Gordon & Bartlett)提出,社会工作的助人方法必须是同时注重个人与环境互动的双焦点的干预策略。1960年,本特兰和戈登

（Bertalanffy & Gorden）创立了一般系统理论，提出人与环境之间的互动或多元体系的观点，强调要关注系统内和系统之间的压力平衡。20世纪70年代后期，杰曼和吉特曼等（Germain & Gitterman）建立了一套综合性的社会生态系统观点，称之为"生命模式"或"生活模式"，强调社会工作的干预焦点应将人置于其生活的场域，重视个人的生活经验、发展时期、生活空间与生态资源分布等有关个人和环境间的交流活动，从生活变迁、环境品质与调和程度三个层面间的互动关系来引导社会工作的实施。此时，完整的社会生态系统模式框架基本成形，成为当代社会工作实务最重要的模式之一。此后，迈耶（Meyer）创立了社会生态系统理论，该理论采用了别的解释理论而非创造自己的理论，它的特征在于有益于评估，且聚焦于家庭和环境支持的网络，利用家庭图和生态图作为视觉工具，使得操作模式流程更为形象直观。20世纪80年代，社会生态系统观点纳入了增权理论的取向。在20世纪90年代以后，先后有一批社会工作者和研究者将其运用于实务操作并进行大力推广。20世纪90年代末期，查尔斯·扎斯特罗（Charles Zastrow）、科姆（Kim）、惠特克（Whitaker）和特雷西（Tracy）提出个人环境实践视角，既突出社会层面的赋权，同时也强调个人层面的赋权。

由此可见，社会生态系统理论历史悠久，同时也是一个开放包容的理论体系，在不同的时代，融合了不同的理论思想，最终成为目前所具有的这种综合性的理论架构。

（二）社会生态系统理论代表性人物及思想

社会生态系统理论的代表人物有：布朗芬布伦纳（Bronfenbrenner）、杰曼、吉特曼和查尔斯·扎斯特罗。在美国心理学家布朗芬布伦纳看来，个人的行为不仅受社会环境中的生活事件的直接影响，而且也会受到发生在更大范围的社区、国家、世界中的事件的间接影响。因此，要研究个体的发展就必须考察个体不同社会生态系统的特征。他把个体的社会生态系统划分为五个子系统：微观系统、中间系统、外层系统、宏观系统和时间系统。①

微观系统是指与个体直接的、面对面水平上的交流系统。中间系统是指各个微系统之间的联系或相互关系。外层系统是指两个或更多的环境之间的连接与关系，其中一个环境中不包含这个个体。宏观系统是指与个人有关的所有微观系统、中间系统及外层系统的交互作用关系，由社会文化、行为规范和准则、法律等构成。时间系统是时间变化对以上生态系统的影响。因此，个体生活的环境是一个由不同层次、不同性质的环境相互交织在一起构成的一个既有中心，又向四处扩散的网络。

杰曼和吉特曼进一步发展了布朗芬布伦纳的五层系统理论，从自我心理学与系统理论出发，提出"生命模式"或"生活模式"，认为个人与生态环境的相互关系为社会工作的介入提供了可能，社会工作者将服务对象本身所具有的五个系统一起构成了一种综合的社会生态系统，在这个系统中，环境、行动、自我管理与身份认同等同样重要。

现代社会生态系统理论最著名的代表性人物之一查尔斯·扎斯特罗进一步研究了人的成长与社会环境的关系，把个体的社会生态系统分为三种基本类型：微观系统、中观系统和宏观系统。根据禁毒社会工作的实际和需要，本教材中将重点探讨查尔斯·扎斯特罗社会生态系统理论。后面将对其进行详细介绍，此处不作赘述。

综上所述，社会生态系统理论目的是考察社会中个体的行为受社会环境的影响，并研究社会个体与社会环境的交互影响作用，认为人存在于系统之中，与系统中各种不同的子系统持续地发生动态的相互作用，而其他子系统之间也不断发生相互作用。对于社会中的每个个体而言，他周围所存在的整个社会环境都是一个单独的生态性的系统，个体在生存和发展的过程中不断与其在社会环境中的每个子系统进行着互动。研究个体行为要放大视野，

---

① 参见刘洪：《变革环境下的组织转型理论研究》，南京大学出版社2021年版。

不只是关注个体本身,而应将其看作是不同系统之间共同作用的结果,因此,还应当关注到个体的家庭、组织、社会文化等子系统。

二、社会生态系统理论的概念框架

(一)微观系统

微观系统处在整个环境系统最里层,是指社会生态环境中的看似单个的个人系统。其中,作为个人的服务对象既属于生物意义上的系统类型,更是一种社会的、心理的系统类型,包括了影响个人的生理、心理和社会等子系统(见图3-1)。

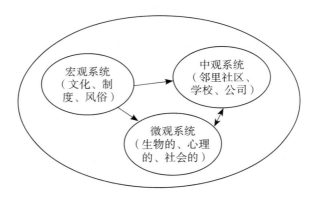

图 3-1 查尔斯·扎斯特罗社会生态系统图

(二)中观系统

中观系统指对个人有影响的小规模群体,是各微系统之间的联系或相互关系,包括家庭、邻里社区、学校、公司或其他社会群体等。中观系统分为两个层次,一是中间系统,即两个以上的系统间发生关联,如一个吸毒人员的家和单位;二是外在系统,即两个以上的关联系统,在同一个间接的外在系统中发生关联,如吸毒人员父母的工作场所。这些系统的关联构成一个中观系统。

（三）宏观系统

宏观系统则是指比小规模群体更大的社会系统，如社区、国家、社会等。各系统层次在更宏观的文化环境和社会环境中发生关联，很多微观和中观层次的行为都需要干预其所在的宏观环境。例如，个人的行为就是源于家庭、群体、组织和社区的，经这些系统结合而成，因此，即使服务对象是以个人身份前来求助，干预其所在的宏观环境如群体、社区等也是非常重要的，特别是与服务对象有关的社会支持网络建构的问题。①

三、社会生态系统理论的实践框架

在社会生态系统理论的基础上，禁毒社会工作者常会用到家谱图和社会生态系统图等工具来开展禁毒社会工作实务。

（一）家谱图

家谱图又称家庭树，是以图形来表示家庭中三代人之间的结构和关系的方法。通过家谱图可以直观地提供有关家庭历史、婚姻、伤病等重要家庭事件、家庭成员间的沟通和互动状况等重要信息，帮助禁毒社会工作者了解服务对象的家庭模式、服务对象在家庭中所处的位置以及家庭对服务对象的影响等。在使用家谱图时，需要禁毒社会工作者和服务对象一同为家庭结构图加上图示，包括家庭的代际关系、主要家庭事件、家庭成员的职业、家庭成员的死亡、家庭的迁移和分散、角色的分配和指派、家庭内关系和沟通模式等。在家谱图中，要使用不同符号来表示包括上述内容在内的特定的含义。一般情况下，会用方形（□）和圆形（○）分别表示男女性别，用线段表示家庭成员的关系形态或者婚姻状况，如：实线代表已婚，虚线代表未婚；夫妻二人的孩子以线段相连，用粗细实线表示关系的紧密和不紧密状况，细线表示

---

① 参见扎斯特罗、阿什曼：《人类行为与社会环境（第六版）》，师海玲等译，中国人民大学出版社2006年版。

关系有问题和关系不好。夫妇分居用"/"表示，离婚用"//"表示，孩子按出生先后从左到右排列，死亡的家庭成员在方形或圆形图上用"x"表示。另外，还可以在每个图示上注明家庭成员的名字和年龄，以不同符号表示相关结婚、分居、离婚、死亡等情况。例如，M2000 表示 2000 年结婚，C2010 表示 2010 年同居，S2014 表示 2014 年分居，D2015 表示 2015 年离婚等。此外，还可以用一些简单符号来记录家庭生活中的重大事件，如家庭成员的出生、死亡、毕业、工作及工作变动、生病、搬迁、意外事故、伤害等。①

一般来说，家谱图需要根据服务对象的具体家庭情况来制作，能够清晰表达家庭结构和关系即可。如图 3-2 所示，服务对象张丽 25 岁，在一家 KTV 上夜班，已婚，育有一子。张丽和丈夫、儿子、公公婆婆一起生活。张丽吸毒后就与婆婆和丈夫的关系变得很紧张，对于儿子也管得少，母子关系也慢慢变淡，张丽觉得自己是一个被抛弃的人。

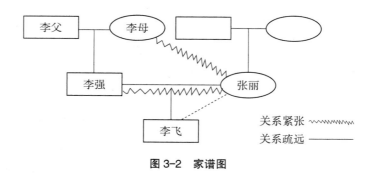

图 3-2　家谱图

（二）社会生态系统图

社会生态系统图又简称生态系统图，是以图形来表示个体与社会环境的关系。社会生态系统图展示了服务对象的社会环境，可

---

① 参见王含章：《信仰空间中的人与社会——迭部藏族宗教的象征人类学研究》．兰州大学博士学位论文，2017 年。

以清晰地呈现出个人、家庭及社会系统之间的相互作用和影响，帮助禁毒社会工作者了解服务对象与其他社会系统之间的互动，从而清楚地看出服务对象的需要、问题与系统提供的支持或者非支持之间的关系。社会生态系统图呈现了服务对象的生态脉络，主要功能如下：

（1）描述服务对象的社会功能；

（2）以直观的方式呈现服务对象与这些系统的关系；

（3）勾勒出系统间的交流；

（4）呈现可使用资源的相关信息等。

从生态系统图中，可以看出个人、家庭、群体和社区可运用的资源，从而认识个人、家庭、群体和社区与环境之间关系的本质。个体与社会环境之间存在相互作用的关系，个体与社会环境相互联系、相互制约和相互影响。如图 3-3 所示，图中的大正方形是张丽的家庭系统，外围是张丽及其家庭所处的社会环境，包括围绕着张丽和她的家庭、对张丽和她家庭有影响的不同社会系统，这些系统与张丽及其家庭相互作用、相互影响，共同构成了张丽及其家庭的社会生态系统。

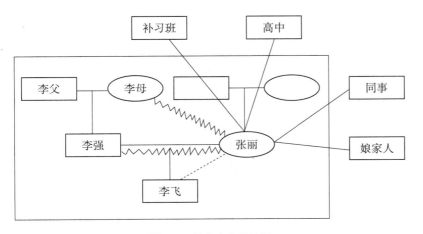

图 3-3 社会生态系统图

【延伸阅读】社会生态系统理论视角下的禁毒社会工作

扫描二维码阅读

第二节　认知行为理论

一、认知行为理论概述[①]

认知行为疗法是心理学界比较常用的一种治疗技术，它是将行为治疗和认知治疗进行结合，从改变服务对象负面的认知开始，最后达到改变其不良行为（如药物滥用）的目的。

20 世纪初，行为主义心理学创建于美国，旨在将当时心理学的焦点由虚无缥缈的意识层面转移到易测量的行为层面。华生和斯金纳（Watson & Skinner）是该理论的主要倡导者。20 世纪 60 年代，班杜拉（Bandura）提出了社会学习理论，社会学习理论将认知和行为进行整合，从交互的角度考察人类的行为，构成了认知行为治疗的重要理论基础，深刻影响了各类认知行为治疗流派的发展。与此同时，认知心理学开始兴起。认知心理学聚焦于人的认知过程，贝克和艾利斯（Beck & Ellis）是该理论的主要创始人，艾利斯在 20 世纪 50 年代提出理性情绪疗法，也就是 ABC 理论。20 世纪 70 年代后，行为主义疗法和认知疗法的融合已是大势所趋。贝克等人提出，在行为治疗中，对认知的治疗占有重要作用，即思想决定内心体验和行为反应，将行为治疗和认知治疗结合起来，确定了认知行为治疗的观念体系。

【延伸阅读】认知行为的理论基础

扫描二维码阅读

二、认知行为理论的概念框架

（一）认知疗法

认知疗法是一种心理治疗方法，它基于人的认知过程对情绪和

[①] 参见范明林编著：《社会工作理论与实务》，上海大学出版社 2007 年版。

行为的影响，通过认知和行为技术来改变患者的不良认知，从而适应并矫正不良行为。该方法于20世纪60—70年代在美国产生，其思想最早可追溯到古希腊哲学家苏格拉底的辩证法。它认为认知过程及其导致的错误观念是行为和情感的中介，适应不良行为和情感与适应不良认知有关，强调通过改变患者的非功能性或错误的认知，来消除不良情绪和行为。认知疗法的治疗过程通常包括建立咨询关系、确定咨询目标、确定问题、检验表层错误观念、纠正深层错误观念、改变认知与行为和巩固新观念等步骤。认知疗法在禁毒领域的运用主要体现在帮助戒毒人员识别、回避和应对物质滥用的诱发因素，从而保持操守，预防复吸。

（二）操作性条件反射

操作性条件反射强调行为的后果对该行为造成的影响，通过对行为进行正强化、负强化、惩罚和消退，能决定该行为的未来发展。例如：吸毒人员的一次偶然吸毒行为如果被肯定，那么这种行为就可能会延续下去，一次偶然吸毒可能会发展成毒品依赖。反之，如果及时被否定和制止，那么就可能不会继续吸毒，及时止损。

（三）经典性条件反射

经典性条件反射来自巴甫洛夫设计的狗的唾液实验，每次给狗食物时，摇铃示意，狗听到铃声就可以获得食物，长此以往，即使不给予食物，只有铃声，狗也会分泌唾液。它是以无条件反射为基础形成的，与中性刺激建立条件反射，即一个中性刺激与另一个无条件刺激多次联系，以后单独实施这一中性刺激时，这个中性刺激会转化成条件刺激，也能触发类似无条件反应的条件反应。影响经典性条件反射的因素有强化、消退、泛化、分化、抗条件作用。厌恶疗法和系统脱敏即是基于经典性条件反射原理而提出的。例如，系统脱敏法一般通过逐步暴露戒毒者与毒品相关的刺激（从低到高的焦虑等级，如言语、图片、视频、虚拟现实展示到真实展示毒品），同时诱导其保持放松状态，以对抗这些刺激引发的焦虑情绪。

（四）社会学习

社会学习理论由班杜拉提出，认为行为不一定需要通过亲自实践获得，而可以通过观察他人习得。认知、行为和环境因素三者的互动影响个体的行为，强调个体的行为受到后天社会环境的塑造影响。社会学习的成功与否，受到四个触发条件的影响：示范、记忆、再现、强化。在吸毒行为中，有一部分吸毒者就是通过对他人的观察而开始吸食毒品的。因此，在禁毒社会工作中，要有意阻断这种相互观察和模仿的负面影响。

三、认知行为理论实践框架

（一）个案概念化

个案概念化是指禁毒社会工作者对服务对象的问题进行理论假设，基于这种假设形成进一步的服务计划，目的是明确服务的方向，以便选择正确的切入点，最终提高服务的效果。

（二）合作式的治疗关系

合作式的治疗关系是指禁毒社会工作者与服务对象建立良好、友善、平等、信任的专业关系，这是后续开展服务的基础和前提条件。

（三）苏格拉底式的提问

苏格拉底式的提问是指在禁毒社会服务过程中不对服务对象的不妥认知和错误想法做出评价和判断，只是抛出一些引发服务对象思考的问题，提供积极性的知识，让服务对象自己通过思考得出积极的结论。

（四）结构化和心理教育

结构化是指禁毒社会工作者给服务对象做出明确的行为要求，指出哪些行为可以做和哪些行为不可以做。心理教育指禁毒社会工作通过心理干预促进服务对象做出自我反思。

（五）认知重塑

认知重塑是指禁毒社会工作者帮助服务对象纠正消极的自动思维和核心信念，重新塑造积极的认知架构。

（六）放松训练

放松训练是指帮助服务对象通过循序渐进地放松肌肉群，达到缓解紧张情绪和压力的目的，最后实现全身放松。

（七）系统脱敏

系统脱敏又称交互抑制法，由沃尔普（Wolpe）创立和发展。通过引导服务对象逐步、缓慢地暴露于引起焦虑的情境中，并用放松状态来对抗，最终消除神经性的焦虑反应。具体操作步骤：首先，根据相关量表，评定引起服务对象焦虑反应的事件层级；其次，使用放松训练使服务对象处于放松的状态，先从事件层级的最低级开始，触发服务对象的联想，然后逐级上升，建立起"焦虑刺激-放松"的反应程式；最后，实现脱敏。

（八）暴露疗法

暴露疗法又称为满灌疗法，是指在一开始就通过想象或模拟的方式使服务对象暴露于最令其焦虑的场景中，因为场景是虚拟的，服务对象预期中的可怕结果没有出现，焦虑和恐惧自然就消除了。

（九）厌恶疗法

厌恶疗法是指将服务对象的不良行为与令人厌恶的刺激相结合，如电击、催吐等，形成新的条件反射，最终消除不良行为。

（十）复吸行为模型

1980年，马拉特（Marlatt）和戈登（Gordon）根据班杜拉的社会学习理论的基本概念，针对酒精和药物依赖行为，认为戒除酒精和药物滥用、回归正常生活是一种典型的社会学习过程，提出了复吸的概念，后又于1985年提出复吸的认知-行为模型（图3-4）。马拉特和戈登认为，戒毒者对高危情境的认知和信念决定了复吸行为的出现与否。毒品成瘾人员在戒除毒瘾的过程中，以前的毒友圈子、毒品的诱惑、家庭矛盾、失业等因素都会导致复吸行为的发生，但是导致复吸的最根本原因还是药物滥用者的认知。

复吸是指吸毒成瘾人员在脱毒治疗成功后，又开始使用脱毒前所滥用的成瘾物质的状态。[1] 复吸是一个过程，包括三个阶段。第

---

[1] 刘宇、李海：《整体健康观视角下毒品依赖探讨》，《中国药物滥用防治杂志》2021年第4期。

一阶段：偶吸。成功戒毒后，由于遇到高危情境或其他某些原因，再次吸食毒品，此时服务对象的心情会非常恐慌和后悔，很可能会第一时间求助禁毒社会工作者，禁毒社会工作者应该做好危机介入，安抚情绪，之后再考虑如何应对。第二阶段：偷吸。在偶然吸食毒品后，服务对象可能会再次或多次偷吸毒品。第三阶段：复吸。吸毒人员屈服于心瘾，此时的服务对象已经完全回到之前的药物依赖状态。

从复吸的认知-行为模型可以看出，当吸毒人员面临高危情境时，即遇到引起复吸的因素时，不同的应对方式会带来截然不同的结果。如果能够进行有效的应对反应，他的自我效能感就会提高，也就是说，他利用自身拥有的技能去完成戒毒康复行为的自信心就会提高，在足够自信的作用下，就会抵制复吸行为发生，这时复吸的可能性就会被降低。反之，如果面对高危情境，遇到引起复吸的因素而不能有效地应对时，自我效能感就会降低，即依靠自己拥有的技能完成戒毒的自信心降低，对复吸后的快感充满期待并会感到非常无助，此时就很可能会重新开始使用药物，有了偶吸行为之后，吸毒人员就会在破堤效应和不良归因的作用下，放弃自己之前坚持的操守，从而转向过去不良的应对方式继续吸毒，这样就会增加复吸的可能性。

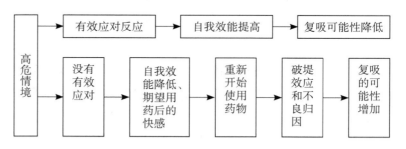

图 3-4 复吸的认知-行为模型

四、认知行为理论视角下的禁毒社会工作

认知行为治疗视角下的禁毒社会工作主要体现在防复吸技

的应用。根据复吸的认知-行为模型，禁毒社会工作者可以帮助服务对象进行认知和行为训练，如将吸毒和令人厌恶的刺激联系起来，一旦服务对象面临复吸的诱惑，立即引发令其不适的感觉体验。正确处理高危情境的诱惑，就可以达到预防复吸、保持操守的目的。①

（一）防复吸技术介绍

1. 金钱管理

对戒毒康复人员的金钱管理，主要目的是防止其购买毒品。禁毒社会工作者可以帮助其做好财务规划，如将每月收入中的一部分作为家庭的生活费开支，一部分存至银行。禁毒社会工作者应严格遵守专业伦理，不可直接帮助服务对象保存财物，即使服务对象主动提出这个要求。

2. 情绪管理

情绪管理包括对情绪的识别、控制和处理。因为毒瘾是一种反复发作的脑疾病，长期接触毒品的成瘾者脾气差，对情绪的控制能力较弱，很多戒毒人员会因为不知如何处理生活中的负面情绪而选择复吸来逃离现实，所以在预防复吸训练中进行情绪管理就显得十分必要。

禁毒社会工作者可以协助服务对象将引发自己负面情绪的场景进行排序，服务对象先想象自己处于最低一级的场景中，放松自己，再设想自己可以采取的应对方式，如暂停5秒、听音乐、微笑等，之后再逐级递升。此方法借鉴系统脱敏法，将情绪管理和系统脱敏法进行结合，直至服务对象学会如何管理自己的负面情绪。

3. 高危情境应对

马拉特和戈登认为，高危情境的应对结果决定了服务对象的复吸与否。禁毒社会工作者要帮助服务对象识别环境中的高危情境，如"以前毒友的聚会邀请""吸毒的地点""注射器等吸毒工具""被家人和朋友误解"等，针对这些高危场景，通过角色扮演的形

---

① 参见王高喜主编：《禁毒社会工作者知识技能手册》，中国社会出版社2021年版。

式模拟体验类似情境，设想自己可以采取的应对方式。

4. 渴求应对

戒毒人员成功脱毒后，在心理上依然时常存在对药物的渴求，这是很正常的现象，并不代表戒毒失败，重要的是如何处理和控制渴求。禁毒社会工作者可以协助服务对象按照渴求感的强度列出渴求的内容、引发渴求感的因素，分析渴求感出现的原因，最后思考如何控制渴求感，引入其他刺激替代药物的使用。

实际上，以上几项防复吸技术可以与本书前面所介绍的认知行为理论的实践框架相联系，禁毒社会工作者在实际操作中需要根据服务对象的特点和需求进行选择。

5. 貌似无关的决定

即使戒毒康复人员和禁毒社会工作者每时每刻都防范复吸的发生，有时候某些看似无关的决定也会使戒毒人员陷入复吸的高危情景中。戒毒人员最初会将这些决定合理化、无视化，最终滑向复吸的深渊。例如，某戒毒康复人员小A最近已经完成了3年的社区康复，也找到了满意的工作。某一天在下班的路上看到以前的毒友，外表光鲜，思考之下，小A决定上去打个招呼，然后又接受了毒友的邀请去以前常聚会的地点"小酌一杯"，最后，在毒友的诱惑下发生了吸毒行为，从此复吸了。在此，"与毒友打个招呼"就是貌似无关的决定，最终引发吸毒的行为，导致复吸，戒毒康复人员需要时刻保持警醒，提高自身的识别能力，及时约束自己，避免让自己神不知鬼不觉地陷入复吸的高危情境中。

（二）防复吸训练的基本原则

1. 社会工作者的角色定位

除禁毒社会工作者之外，在实务中，还有一些其他的服务者，他们或是心理咨询师、医生等专业性较强的角色，或是承担了管控和一般服务工作的民警、社区网格员等，或者是禁毒专干。禁毒社会工作者要明确自身的角色定位，向服务对象提供专业服务。这种服务以社会工作的个案、小组、社区三大工作方法为基础，遵循禁毒社会工作的价值观与伦理守则。

2. 态度灵活

这种灵活体现在防复吸计划的制订中，包括目标和执行步骤。首先，计划和目标的制订应该充分考虑服务对象的需求和主体性，让服务对象自己来制订计划。其次，计划和目标的设定应该可以灵活调整，不可过于死板。最后，禁毒社会工作者要根据服务对象的表现及时提供适配的服务。

3. 共情

在前期的预估中，禁毒社会工作者要掌握服务对象的全部信息，这样才能有效做到共情，对服务对象的情况感同身受。禁毒社会工作者的共情贯穿整个服务过程，尤其是在专业关系初建中十分重要。共情要求禁毒社会工作者把自己放在与服务对象相对应的位置，始终倾听服务对象的需求，保持接纳和非评判。

4. 积极关注

首先，积极关注服务对象的需求和变化；其次，保持优势视角，关注服务对象表现出的积极的一面，挖掘潜能，使服务对象的改变动机具象化。

5. 重点突出

一项服务计划中，往往包含了大量的内容。在每次服务中，禁毒社会工作者应该抓重点，充分尊重服务对象的要求和实际情况，以一种干预技术为主，辅以少量其他的技术。若是重点太多，追求面面俱到，往往会止于表面，难以达到深层次的改变，也会给服务对象造成一种不专业的印象。

6. 掌握节奏

禁毒社会工作者要掌握服务的节奏，防止服务进程偏离目标，同时又要保证服务对象的主体性，及时沟通，双向互动。

7. 运用技巧

在防复吸训练中，禁毒社会工作者需要灵活运用干预技巧，例如放松技巧、系统脱敏、苏格拉底式提问、厌恶疗法等。

8. 发掘服务对象的能量

禁毒社会工作者要时刻保持优势视角，相信服务对象是有潜能的，即使目前的处境比较困难，也有触底反弹的能力。可以从服务对象的家庭、社区和社会关系入手，发掘服务对象的能量。

9. 避免冲突

由于禁毒社会工作的特殊性，服务对象对于服务的依从性差，可能存在抗拒的心理，禁毒社会工作者应该做好引导工作，保持平和的心态，遵守社会工作伦理，避免与服务对象产生冲突和不愉快，破坏专业关系。如果服务对象对禁毒社会工作者持续保持挑衅的态度，禁毒社会工作者可以求助上级领导和同事，将服务对象进行转介。

【案例】认知行为理论视角下的禁毒社会工作

扫描二维码阅读

第三节　动机改变理论

一、动机改变理论概述[①]

动机是引发人从事某种行为的力量和念头，是一种心理状态和意愿。人的行为是在一定的动机作用下完成的，行为和动机联系紧密，相互作用。动机影响行为，行为表现动机。动机理论是研究人的动机形成、发展和变化规律的理论，是一个内涵极其丰富且不断发展的理论体系，主要包括强化理论、需要层次理论、成就动机理论、成败归因理论和自我效能感五种。

（一）强化理论

强化理论认为，行为之所以发生变化，是因为强化的作用。人的动机倾向完全取决于某种行为与刺激强化而建立的稳固关系，受到强化的行为比没强化的行为更倾向于再次出现，因此不断强化可以使这种联系得到加强和巩固。

---

① 参见 James G. Barber：《戒瘾社会工作》，范志海、李建英、杨旭译，华东理工大学出版社 2014 年版。

（二）需要层次理论

需要层次理论认为，人的行为动机都是在需要的基础上被激发出来的，而人具有5种需要即生理需要、安全需要、归属与爱的需要、尊重需要、自我实现需要，先满足低层次的需求，再满足更高层次的需要，有了内在的需要才会产生相应的动机。

（三）成就动机理论

成就动机理论认为，个体为达到某一有价值的社会目标可以激发其内部动力。个体的成就动机可以分成两部分：趋向成功的倾向和避免失败的倾向。趋向成功的倾向指力求克服障碍，取得成功，从而尽快地解决某一难题的心理倾向；避免失败的倾向指为了避免因失败在他人心中形象受损时带来的不良情绪。

（四）成败归因理论

成败归因理论认为，归因是人们对自己或他人活动及其结果的原因所作的解释和评价，可以分为三个维度：内部归因与外部归因；稳定性归因和非稳定性归因；可控制归因与不可控制性归因。人们活动成败的原因即行为责任主要归结为六个因素，即能力高低、努力程度、任务难易、运气好坏、身心状态和外界环境。

（五）自我效能感

自我效能感是人们对自己是否能够成功地从事某一成就行为的主观判断。人的行为受行为的结果因素与先行因素的影响，行为的结果因素即强化，包含直接强化、替代性强化和自我强化，先行因素就是通常所说的期待。[1]

由此可见，虽然不同的动机理论在基本概念和主要观点上存在一些差异，但是，都无一例外认为，每一个人都有一定的思维惯性，都不会主动去改变，对于改变普遍表现出抗拒。如果坚持改变，可能会引发抗拒甚至是冲突。因此，要想做出改变，就需要对其意愿进行评估，根据评估来采取不同的策略，同时，给予动机足够重视。

---

[1] 参见刘文主编：《心理学基础》，南京大学出版社2018年版。

二、动机改变理论的概念框架

动机改变理论认为，动机的改变不是一步能完成的，需要一个时期和过程，每个时期会有不同的任务需要完成。具体来讲，在禁毒社会工作中，服务对象的戒毒动机主要经历六个时期：

（一）懵懂期

服务对象的戒毒意识还处在不明显阶段，对吸毒的危害认识不足，不相信服务能够帮助改变，不知道应该怎么做，没有形成戒毒行为的意愿，处在理性认识和感性认识的边缘位置。

（二）沉思期

服务对象已经认识到吸毒问题的严重后果，开始意识到吸毒的负面影响，对吸毒的危害认识逐渐清楚，着手考虑是否要开始戒毒，但是缺乏行动的决心。

（三）准备期

服务对象开始思考戒除毒瘾的可能性，意识到需要做出改变，戒毒的动机不断增强，决定改变自己的吸毒行为。

（四）行动期

服务对象开始制定戒毒的计划，并付诸行动落到实处，真正从行为上做出改变。

（五）保持期

服务对象有意识巩固行动期的行为，能在较长的时间内维持不再接触毒品、不再复吸，并且逐步适应新的生活，回归社会。

（六）复发期

复发期是指服务对象在戒毒过程中，尽管已经经历了准备阶段、行动阶段和保持巩固阶段，但仍然存在重新吸毒、随时可能返回至原先状态的可能性。

由此可见，戒毒是一个漫长的过程，也是一个充满挑战和困难的过程，一不留神就可能会半途而废和前功尽弃。因此，戒毒需要禁毒社会工作者和服务对象的共同努力，循序渐进，持之以恒。如果在此期间发现服务对象复吸，则需要及时向相关部门和人员报告。

三、动机改变理论的实践框架

动机改变理论主要是通过动机访谈法来激发潜藏在戒毒康复人员内心深处戒除毒瘾、回归社会的意愿和改变动机，从而达到戒断毒瘾、预防复吸、保持操守的结果。[1]

动机访谈法是由美国心理学及精神医学教授米勒（Miller）和英国心理科学家罗尔尼克（Rollnick）创立，是指通过独有的面谈原则和谈话技巧帮助人们寻找并挖掘改变自身行为的内在愿望，使人们从内心的意愿出发，达到彻底改变不良习惯的目的。[2] 在戒毒工作中，和传统方法相比，动机访谈法没有采取逼迫以及评价的方式，而是在充分尊重服务对象的基础上，使其认识到吸毒的严重性以及由此带来的隐患。

（一）动机访谈法的原则

1. 发现差距

通过明确或放大服务对象与别人之间的差距，特别是当继续吸食毒品可能会带来的代价，来激发服务对象戒毒的潜能，知耻而后勇。

2. 表达同理

对服务对象的回答不做判断和价值评判，既不予批判，也不指责，站在服务对象的立场以感同身受的心情去对待他们吸毒行为。

3. 避免争论

当服务对象对某一事件和行为持不同观点的时候，禁毒社会工作者不予反驳和对抗，也不用去争论，不要刻意去改变服务对象的想法，避免矛盾的激化和专业关系的破坏。

4. 处理阻抗

不要强加于服务对象新的观点或新的目标，而是为其提供更多

---

[1] 参见王高喜主编：《禁毒社会工作者知识技能手册》，中国社会出版社2021年版。
[2] 参见 William R. Miller、Stephen Rollnick：《动机式访谈法：帮助人们改变》，郭道寰等译，华东理工大学出版社2013年版。

的积极性信息和知识，启发服务对象做出理性的、积极性的思考。

5. 支持自我效能感

相信服务对象自己可以戒除毒瘾，给予服务对象足够的信任。这也是影响戒毒成功与否的关键性因素。

（二）动机访谈法的技巧

1. 肯定

对于服务对象做出的积极性的戒毒行为及时给予鼓励、强化和承认，透露出希望其坚持下去的想法。例如，"你今天能主动过来接受禁毒社会工作者的帮助是很棒的"。

2. 反馈式倾听

在倾听服务对象的倾诉时，禁毒社会工作者注意力要集中并主动给予表情、语言或行为方面的回应，让服务对象感受到自己是受重视的。例如，"你刚才谈到的有关吸毒的原因说得很好，我很受启发"。

3. 开放式问题

提问题时不能限制回答的范围，不能限定选项，也不能用简单地用是或不是来回答，而要有发挥的余地，能够深入展现吸毒人员自己的想法和认知。例如，"你觉得影响戒毒效果的障碍有哪些呢？"

4. 总结

对于吸毒人员谈话中好的一面和不好的一面进行回顾，分析研究，做出结论，并引出下一个话题。例如，"刚才我们一起聊了吸毒的原因和危害，清楚了戒毒的必要性，那你知道如何去戒毒吗？"

5. 引发改变性交谈

可分为：（1）激发式提问。例如，"你以前最经常用哪一款毒品？"（2）探索利和弊。例如，"你能说说戒毒后的好处和弊端吗？"（3）要求细化。例如，"你能再细说下吸毒的危害吗？"（4）想象极端情况。例如，"你想过如果哪天你父母不给你经济支援，你会怎样生活吗？"（5）展望。例如，"如果戒毒成功，我们就会像一个正常人一样有自己的工作和事业，还会和自己喜欢的人组建一个幸福的家庭"。(6)回顾。例如，"刚才我们聊了很多，收获很多"。

(三)动机访谈法的步骤

1. 建立服务联盟

建立稳固信任的专业关系是服务成功的前提。禁毒社会工作者要运用同理心和积极反馈的技巧，与服务对象建立良好的专业关系，让服务对象能够感受到禁毒社会工作者和自己是站在统一战线的盟友，与其一起对抗毒品的诱惑，而不是站在道德制高点的监督者和指责者。

2. 增强改变技能

改变技能包括但不限于个案、家庭治疗、各种类型小组活动、社区服务、资源链接、政策解读和关系协调。在服务中，禁毒社会工作者应注重服务对象的主体性，将其看作是有需要的人，弱化其违法者身份。在计划执行的过程中，注重"助人自助"的理念，帮助服务对象增强解决问题的能力，如对高危情况的应对和处理。

3. 评估当事人的行为

禁毒社会工作者可以邀请服务对象描述一个吸毒过程中的情境，从服务对象的描述中，观察其语言和行为，得出评估结果。在此过程中可以采用辅助工具如画线法来评估服务对象的意愿和行为。例如，如图3-5所示，你认为戒毒成功的可能性有多大？数值越大代表戒毒成功可能性越大。

图3-5 戒毒成功的可能性

4. 探讨某种行为带来的好的和不好的方面

与服务对象探讨采取戒毒行动后会带来哪些影响，并且就这种影响做出理性的分析研判，启发服务对象权衡利弊，引导其意识到戒毒后会获得好的改变，同时在此过程中会遇到各种困难，需要付出一定的代价。例如,"参与戒毒后,会给你带来哪些挑战?会让你付出些什么代价?又会给你带来哪些好的转变呢?"

5.使用做决定四格表

帮助服务对象设计一个做决定四格表(见表3-1),此表涵盖了戒毒的好处和代价,可以帮助服务对象进一步明晰自己的选择。

表3-1 做决定四格表

	短 期	长 期	得 分
好 处			
代 价			

6.接受矛盾

服务对象在对比了戒毒带来的短期和长期的好处和代价之后,可能会出现矛盾心理,即产生"我是否能接受这个代价?"的疑惑,甚至会有退缩心理。此时,禁毒社会工作者应该帮助服务对象接受矛盾,理性思考,着重展望做出改变之后的美好未来。

7.帮助服务对象重设目标

设置的目标应该在服务对象的能力范围之内,是完全能够通过努力实现的,而且可以具体量化,这样的目标才是有效的。例如,"坚持三个月不复吸""至少每两天和家人一起共进晚餐""一个月内至少参加两次行为矫正小组活动"。服务对象是目标制定的主导者,禁毒社会工作者只作为辅助者在一旁进行引导。

8.促进服务对象的正向改变

制定目标之后,就可以按照目标开始正式执行了。因为吸毒成瘾是反复发作的脑疾病,即使在做出了决定和准备后,戒毒人员也会时时刻刻饱受毒瘾发作的痛苦。禁毒社会工作者需要定期和不定期地做好访谈,配合公安的尿检和毛发检测,及时遏制复吸行为的发生。同时,要根据服务对象的需求,酌情提供家庭治疗、社会关系修复等服务,鼓励服务对象朝着目标迈进,促进服务对象的向好转变。

【延伸阅读】动机改变理论视角下禁毒社会工作

扫描二维码阅读

第四节 优势视角

一、优势视角理论概述

优势视角是起源于 20 世纪 80 年的美国堪萨斯大学社会福利学院，代表性人物主要是丹尼斯·塞勒伯（Dennis Saleebey）和查理斯·拉普（Charles Rapp）。1982 年，优势视角开始用于对慢性精神疾病患者的研究。研究证实这一视角对解决服务对象问题有显著效果。此后，越来越多的研究开始尝试优势视角。1989 年，美国学者韦克、拉普、沙利文和基瑟德等（Weick, Rapp, Sullivan & Kusthard）发表了《社会工作实践的优势视角》，标志着优势视角理论的出现。1992 年，塞勒伯的《优势视角：社会工作实践的新模式》出版，标志着优势视角理论的成熟。此后，优势视角被引入包括家庭、青少年、残疾人、老年人、吸毒人员等社会工作领域。

优势视角是基于这样一种信念，即个人所具备的能力及其内部资源，允许他们能够有效地应对生活中的挑战。其核心是要立足于发现、寻求、探索及利用服务对象的优势和资源，协助他们达到自己的目标，实现他们的梦想，并面对他们生命中的挫折和不幸，抗拒社会主流的控制。这一视角强调人类精神的内在智慧，强调即便是最可怜的、被社会所遗弃的人都具有内在的转变能力。

优势视角的基本假设：首先，人可以改变。人都有尊严和价值，因此，应该尊重个人价值。其次，从个人角度出发，每个人都拥有能够自己解决问题并在恶劣环境中生存的能力。即使一个人有困难，也可以成为解决问题的一种动力。最后，需要关注的是个人的优势与资源，而不是他的问题。

综上所述，优势视角就是突出个人的优势，以利用和开发人的潜能为出发点，协助其从挫折和不幸的逆境中挣脱出来，最终达到其目标、实现其理想的一种思维方式和工作方法。反对将服务对象问题化，认为问题的标签对服务对象具有蚕食效应，重复的次数多了之后，就改变了自己对自己的看法和周围人对他们的看法。长远来看，这些变化融入了个人对他们的自我认同（越来越没有自信心）。显然，优势视角超越了社会工作的传统理论模式，其关注点在于服务对象的优势、潜能和成绩，这一突破具有革命性的意义。因此，优势视角颠覆了传统问题视角，它不再从个人缺陷和问题去考虑问题，反而将目光聚焦于个人的优势与能力。而优势涵盖的内容十分广泛，正如丹尼斯指出的那样：几乎所有的事情在某种特定条件下都可以视为一种优势。①

二、优势视角的概念框架

优势视角理论的概念框架是基于缺陷模式的反思而建构起来的，塞勒伯在《优势视角：社会工作实践的新模式》一书中就优势视角的主要概念进行了具体阐述。这些概念也是禁毒社会工作者在禁毒服务中需要借用的。

（一）优势

塞勒伯认为几乎所有的事情在某种特定条件下都可以视为优势，包括体验、个人品德、感悟、天赋、社区资源、灵性、意义等。首先，当人们在虐待、创伤、疾病、困惑、压迫之中挣扎和抗争时，人们能够从自己、他人和周围的世界获得东西。人们在做事情时，不但能够获益成功经验，而且获益于困难和失望的经验。其次，人们拥有的个人品质、特征和美德也是优势，它们可能是在损伤、灾难和不幸的抗争中筑就而成的，包括幽默感、关怀心、创造力、忠诚、洞察力、独立、灵性和耐心。再次，人们与生俱来的天赋也是个人的优势所在。最后，社区是充满资源的优势领域所在，

---

① 张凯、朱晓杰：《优势视角的社会工作在社区矫正中的运用——以社区矫正对象 G 某为例》，《行政与法》2010 年第 8 期。

非正式的或原生的环境也是"资源宝地"。对吸毒人员而言，禁毒社会工作者就不能将其看成是毫无优势可言的有问题的人或者是病人。相反，要能够看到其存在的优势，这些优势包括但不限于体验、个人品德、感悟、天赋、社区资源、灵性、意义等，禁毒社会工作者要有善于发现吸毒人员优势的眼光。

（二）赋权

赋权是指发现和运用服务对象的内在能力和知识，并利用其所拥有的资源来增强和肯定自己的优势，从而得到为自己生活中的重要事件做决定的权利，这种权利来自自身的赋予。相信吸毒人员的能力，给予吸毒人员足够的自主权，在尊重的基础上开展禁毒社会服务工作。当然，这就需要吸毒人员承认自身面临的问题和痛苦，然后才愿意发现并运用自己的能力和资源来增强自己戒毒成功的优势。

（三）成员资格

成员资格是一种身份、一种权利、一种参与。优势视角认为没有成员资格便有被边缘化、被异化和被压迫的危险。作为服务对象的吸毒人员同禁毒社会工作者一样，是一个群体的成员，为他们的群体负责，并享有伴随成员身份而来的自尊、尊重和责任。吸毒人员通过与禁毒社会工作者的合作与交流，慢慢获得所在群体的"成员资格"，即被认可为其所处在群体中的成员。只有通过群体的支持和资源，作为服务对象的吸毒人员才能重获信心来戒除毒瘾。

（四）抗逆力

抗逆力是指当个人面对各方面的不利因素时采取的抗争性、建设性方法的能力，是弯曲而不折断或弯曲时可以反弹的能力。吸毒人员获得抗逆力是一个过程。抗逆力是吸毒人员的资源，能够引领身处恶劣环境下的个体懂得如何处理不利的条件，产生正面的结果。

（五）治愈和整合

治愈和整合意味着整合与调动吸毒人员身体与心理两方面的机制，去面对障碍、疾病和断裂，从而形成新的自我。这一过程不仅有助于解决吸毒人员当前的问题和困境，还有助于激发其潜能和优势。

（六）对话与合作

良好的、互信的专业关系是开展禁毒社会服务的基础，也是达成戒毒目标的重要条件。而这种关系的建立是需要特定的策略的，需要在信任基础上通过对话与合作才能实现。对话是指通过语言进行交谈，而合作需要找到共同目标。

（七）悬置怀疑

悬置怀疑是指禁毒社会工作者放下怀疑，保留自己的思想和观点，以更加信任的态度对待吸毒人员，目的是与吸毒人员建立稳固的、友好的合作关系，打开吸毒人员的心扉，便于有针对性地开展禁毒社会服务。

扫描二维码阅读

本章小结

理论是实务的指导，不仅为实务操作提供了方向和方法，还帮助禁毒社会工作者更深入地理解服务对象的需求与困境，从而制定出更加个性化、有效的干预策略。实务是理论形成的基础和条件，不仅是理论构建的素材来源和检验标准，也是推动理论创新的重要驱动力。理论和实务在禁毒社会工作中存在着紧密而相互依存的关系。

在本章中，介绍了禁毒社会工作中常用的四种理论，即社会生态系统理论、认知行为治疗理论、动机改变理论、优势视角理论，并在介绍每种理论的概念框架、实践框架基础上，探索这些理论在禁毒社会工作中的应用。在实际工作中，禁毒社会工作者可以根据服务对象的具体情况和需求选择合适的理论框架进行干预，不断探索和创新禁毒社会工作的服务模式和方法，通过综合运用多种理论和方法来提高禁毒社会工作服务的质量和效果。

推荐阅读

1. 佩恩（Payne M.）：《现代社会工作理论》，何雪松等译，华东理工大学出版社2005年版。

2. 顾东辉主编：《社会工作概论（第二版）》，复旦大学出版社2020年版。

3. 王思斌：《社会工作本土化之路》，北京大学出版社2010年版。

4. 王高喜主编：《禁毒社会工作者知识技能手册》，中国社会出版社2021年版。

5. 刘静林主编：《禁毒社会工作理论与方法》，中国社会出版社2016年版。

第四章

禁毒社会工作专业助人关系

【概览】

　　创造有益的专业助人关系不是助人的最终目标，但它必定会有利于实现社会工作助人服务的目标。在这一章，我们将围绕禁毒社会工作者与服务对象的关系展开讨论和学习。通过本章学习，了解不同学者对专业助人关系的定义，理解专业助人关系的基本性质，理解和掌握专业助人关系得以建立的核心条件，熟悉并掌握增强专业助人关系的一些技巧，对专业助人关系发展程度形成自己的判断，并在识别个人和社会文化属性的基础上，思考专业助人关系中常见的一些问题。

【目标】

1. 知识目标

　（1）理解和掌握专业助人关系的概念。

　（2）全面理解专业助人关系的特征。

　（3）理解和掌握专业助人关系的核心条件。

2. 能力目标

　（1）初步具备实现专业助人关系核心条件的能力。

　（2）熟悉并掌握建立专业助人关系的基本技巧。

　（3）初步具备判断专业助人关系发展程度的能力。

3. 价值目标

　（1）理解并认同专业助人关系中的核心：尊重服务对象，以服务对象需求为本。

　（2）理解并认同一个好的专业助人关系离不开关系双方接纳各自所身处的社会文化与个人生活情境。

第一节 专业助人关系的概念

关系的好坏可能取决于我们在日常生活中与他人的互动情况。比如，在新冠肺炎疫情期间，学校实行封闭式管理，有较长的时间与室友生活在一个固定的空间里。此时，你与室友有共同兴趣爱好，有一个彼此信任、互助、和谐的关系，你就会感到有安全感、放松感和愉悦感。否则，你会感到与室友长期生活在一起会带来非常大的压力，会感到焦虑，甚至会出现一定程度的抑郁症状。即使是一个与陌生人的互动，如网上预约网约车，如果网约车司机态度不礼貌，或未能按时到达上车地点，你也可能会轻而易举地拒绝乘坐该网约车。就禁毒社会工作者与服务对象的关系而言，因涉及与毒品有关的敏感性问题，良好的专业关系显得更为重要。这种关系是其他一切工作的基础，必不可少。

社会工作者向服务对象提供专业服务的过程，本质上来说是一种人与人互动关系发展的过程。那么，社会工作者与服务对象之间的专业关系就是在社会工作者与服务对象的互动过程中建立起来的。从前面的学习中，我们大致了解到社会工作服务的对象形形色色，可能是一个具体的人、一个家庭、一个小组，甚至是一个村落或社区。这就要求社会工作者在面向不同的服务对象时须扮演不同的角色，有的时候，面向同一个服务对象甚至须同时扮演多重角色。因此，社会工作者与服务对象之间的互动关系必然会有所相同。我们需要认识到，在禁毒社会工作实务中的专业关系不只是一种互动模式，还可能存在种种变化。

一、专业助人关系的含义

（一）关系

关系一般是指人与人之间、人与事物之间、事物与事物之间的相互联系。在社会工作实践中，当我们在说"助人关系"一词时，指的是社会工作者与服务对象之间的相互联系。那么，社会工作者与服务对象之间应是怎样的关系才有助于社会工作过程和社会工作目标的实现，是社会工作界讨论的基本问题之一。

一般而言，一个良好、融洽的关系对达成既定目标来说必不可少。事实上，我们每一个人都身处在不同的关系之中，比如朋友关系、夫妻关系、亲子关系、同学关系、师生关系、恋爱关系、助人关系等。从某种意义上说，关系的好坏、亲疏远近也决定着每个人不同的发展方向和人生轨迹。举例来说，对数学的热爱可能就源自与数学启蒙老师相处时亦师亦友的融洽关系。

社会工作者与服务对象互动程度的强弱和与服务对象关系的复杂程度会随着服务对象的不同而有所不同。例如，社会工作者张三负责某一社区的禁毒工作，他很可能就与戒毒者有着频繁的、密切的接触，有较强的互动频率，而那些在社区从事一般性服务的社区工作者很可能只见过戒毒者一次，与他们的互动很弱，甚至没有。同样，一名负责开展社区禁毒宣传教育的工作者与该社区内的居民很有可能没有过面对面的直接互动。显然，社会工作者与服务对象的关系复杂程度取决于社会工作者面对的服务对象是一个还是多个。如果是特定的一个，那么通常社会工作者与服务对象的互动就会更直接、更频繁、更密切。

在禁毒社会工作实务领域，社会工作者与服务对象之间关系的好坏对能否有效实现助人的目标，即远离毒品、回归正常生活，十分重要。特别是在开始与吸毒者接触的阶段，建立起良好的专业关系尤为重要。当然，在社区戒毒和社区康复服务中仅仅建立起好的专业关系对实现吸毒者回归社会生活来说是不够的。我们应把与服

【课堂活动 4.1】
试举出两个例子，谈一谈社会工作者面向个人和社区提供专业服务时，社会工作者与服务对象的互动关系有着怎样的不同？

务对象建立好的专业关系视为一种实现工作目标的手段，其目的是满足服务对象需求或解决服务对象面临的问题。

（二）专业助人关系的定义

实现社会工作目标的过程，就是社会工作者提供专业服务的过程，这就要求社会工作者与服务对象之间建立专业助人关系，又称为专业关系。例如，医生给患者治疗疾病时，要建立医患关系；律师为当事人提供法律服务时，要建立委托关系等。在界定社会工作服务的专业关系时，不同的学者使用了不同的定义。比斯台克（Biestek）在其1957年出版的著作《个案工作关系》(The Casework Relationship) 一书中认为，专业助人关系是工作者和服务对象之间态度和情感的一种动态互动，旨在帮助服务对象更好地调适他们自己及其与环境的关系。廖荣利认为，专业助人关系是指专业人员与服务对象的内心感受和态度表现的动态、交互反应关系，工作人员通过交互作用以协助服务对象社会适应能力的改善和增强。[①] 翟进和张曙在其著作《个案社会工作》中，详细探讨了专业助人关系的概念和重要性。他们认为，专业助人关系是社会工作者与服务对象之间建立起来的一种工作关系，它通过双方内心感受与情绪的动态交互反应，协助服务对象解决问题，提高服务对象个人的能力。[②]

简单来说，有的学者把这种关系定义为工作关系、治疗性关系，有的学者界定为助人关系或社会关系。具体到禁毒社会工作实务领域，禁毒社会工作服务带有显著的助人和社会属性，要帮助吸毒者脱离毒品危害回归社会生活，要让大众能够远离毒品危害，维护社会生活秩序。不过，要实现上述的目标还得要求禁毒社会工作者具备专门的关于毒品的知识。

因此，我们认为海伦·H.帕尔曼（Helen Harris Perlman）的定义更接近禁毒社会工作者与服务对象关系的描述：既是一种专业关系，也是一种助人关系。波曼认为，这种专业助人关系建立

---

① 参见廖荣利：《社会工作概要》，三民书局股份有限公司1996年版。
② 参见翟进、张曙编著：《个案社会工作》，社会科学文献出版社2001年版。

在服务对象同意的基础上，有服务对象赞同的目标，有具体的时间框架，社会工作者为服务对象的利益而工作，社会工作者具备专门知识的权威、专业的伦理守则和特殊技能。此外，在社会工作者致力于维持朝向目标的工作中，关系是受到控制的，社会工作者力求保持工作的客观性，意识到并控制住自己的感受、反应和冲动。

结合以上定义，本书认为：专业助人关系是社会工作者与服务对象之间建立起来的一种工作关系，它通过双方内心感受与情绪的动态交互反应，协助服务对象解决问题，提高服务对象的能力，从而达到助人自助的目的。

下面我们将进一步了解专业助人关系的特征，澄清专业助人关系与其他类型关系的区别。

二、专业助人关系的特征

下面所分享的专业助人关系的特征涵盖不了所有学者的观点，可以帮助我们对专业助人关系的主要特点有所了解。需要特别提醒的是，这里所说的专业助人关系和人类社会其他类型的关系只是存在程度上的区别，而不是在关系性质上有绝对的区分。从本质上来说，专业助人关系也是人类社会关系中的一种。

（一）目的性

在人类社会关系中，双方因建立关系的目的不同，相互间的关系和互动也会有所不同。假如双方建立关系时并没有特定的目的，那么也意味着想要得到的结果也会不甚清楚。每个人都置身于复杂的社会关系中，带有特定目的而建立的关系便是其中较为常见的一种关系，比如师生关系、医患关系、雇佣关系等。在社会工作实践中，社会工作者与服务对象所建立的关系就属于这一类，带有目的性，反映在社会工作者与服务对象所达成的目标中。除了双方同意外，这里的目标还应符合社会工作专业的目标和社会工作者具备的能力。也就是说，不管目标是怎样制订出来的，

【课堂活动 4.2】

通过上面的学习，我们已经对专业助人关系有了初步的认识和了解，那么请你谈一谈"专业助人关系"与"亲密的朋友关系"两者之间的区别？

它都要能解决或预防个人、家庭或社区的问题，或者能发展服务对象的潜能。

就禁毒社会工作来说，禁毒社会工作者与戒毒者的专业助人关系里，双方达成的目标是让戒毒者远离毒品，不再复吸，帮助戒毒者融入社会，实现正常生活。成熟的禁毒社会工作者要清楚地意识到专业助人关系的目的性（即远离毒品），要有目的地为服务对象做一切有利于服务对象发展的事。

（二）暂时性

既然专业助人关系的建立意味着目标的形成，那么也就表明双方都对此有所承诺，都承担一定的义务。这背后的含义就是，什么时候实现目标，什么时候终结关系。因此，在禁毒社会工作实践里，禁毒社会工作者与服务对象建立的专业助人关系必然是有时间限制的，也就是说，双方的专业助人关系是暂时性的，终究会有一个结束双方关系的时刻。当然，也存在另外一种可能，就是如果在服务的过程中出现了新的目标，那就有可能会继续双方的专业助人关系。

（三）非平等性

在课堂活动 4.2 中，我们讨论了朋友关系与专业助人关系的不同。朋友关系的特点是关系平等和相互依存；而在专业助人关系中，服务对象和禁毒社会工作者的关系是不平等的，有着不同的权利，这主要反映在服务对象和禁毒社会工作者有着不同的地位上。在禁毒社会工作实务中，接受专业助人服务的一方，也就是服务对象一般要提供必要的个人资料，而提供专业助人服务的禁毒社会工作者却不必这样做。一是因为在我国成为一名禁毒社会工作者一般需受过专业课程的训练，并通过全国社会工作职业资格水平考试，取得从事专业助人服务的资质；二是因为他们一般都就职于社会组织或政府部门的一定职位，有一定的权威性。简单地说，禁毒社会工作者所拥有的权威性来自其专业技能、专业地位和法定职责。

在社会工作实践中，服务对象对权威性高的反应通常表现为害怕和不信任。他们可能对社会工作者有所保留，担心后者的权威可能会对他们造成不利。在禁毒社会工作服务中，其服务对象为戒毒者时，这一点表现得尤为明显。所以，禁毒社会工作者要具备建设性处理与服务对象关系的能力，努力克服与服务对象关系不平等所造成的不利影响，这一点对于禁毒社会工作者来说尤为重要。否则，禁毒社会工作者就不能赢得服务对象对他的信任，专业助人关系也就难以确立。

（四）以服务对象为本

在一般的社会关系或商业服务关系中，个人兴趣起了极为重要的作用。但在社会工作服务中，建立专业助人关系不是为了满足社会工作者的需要，而是为了满足服务对象的需要。这就要求社会工作者应以服务对象为本，将服务对象的需要放在首位。在禁毒社会工作服务中，尤其面对的服务对象是戒毒者时，更需要时刻提醒自己要以服务对象为本，不能只关注于禁毒目标。

首先，禁毒社会工作者的态度应该亲切和真诚，应该表达出对服务对象的支持和关注，让服务对象感到受重视。其次，与服务对象共度的时间也应专注于满足服务对象的需要。例如，如果禁毒社会工作者了解到服务对象的时间受限制，那么就应该尽可能灵活地安排见面时间，以方便服务对象。即便因此给个人时间安排带来不便，也应该首先考虑服务对象的需要。当然，以服务对象为本并不意味着丧失自我，它只是强调社会工作者在专业助人关系中的取向。

（五）约束性

专业助人关系不仅要以所要达成的目标为指导，其目标还应符合社会工作专业的目标。也就是说，专业助人关系具有一定的约束性，即要受到本专业明确详尽的伦理守则的制约。有关这一点，可以回顾第二章的相关内容。就禁毒社会工作者而言，需要有意识地管理自己的言行举止，才能在具体的服务中做到不失客观公正。比如，在面向吸毒者时能非批判地接纳服务对象，尊重服务对象的自决权和保密权，让服务对象通过建设性的方法来表达自己。这一约束性除了能保护服务对象的利益外，也使得服务对象与社会工作者的关系能围绕着特定的目标建立起来。此外，禁毒社会工作者在与服务对象达成共识时，还应能自觉地审议是否符合我国禁毒工作目标。

（六）代表性

在与服务对象建立专业助人关系过程中，禁毒社会工作者的任何失误都不仅会有损社会工作者自身的形象，而且有损服务机构和整个禁毒社会工作专业的形象。在专业助人关系中，禁毒社会工作者应尽可能地减少个人因素的存在，以避免对其提供服务带来的不利影响，应不断提醒自己多从社会工作专业或服务机构代表的立场竭尽所能地为服务对象做好相应的服务。如果要建立一个好的专业形象，禁毒社会工作者就必须在每次会见服务对象时珍惜自己所代表的专业和职业，认真对待这份工作。

（七）独特性

专业助人关系相较于一般的社会服务关系是独特的。从事社会工作服务的工作者可能有这样的感受，就服务对象在服务中所透露的事情的性质而言是非常个人化的、私密的，其应更愿意向身边的家人或亲密的朋友倾诉，但恰恰相反的是，服务对象却更愿意向社会工作者透露这些事。这一独特性在服务吸毒者时更是如此。通常，吸毒者在谈论其吸毒经历时都有所顾忌，觉得难以在生活圈子中重要人物面前表露自己，如在家人或朋友面前谈论吸毒经历，担心会被他们拒绝和抛弃。基于专业助人关系所营造的安全环境，服务对象反而更愿意向禁毒社会工作者透露这些事。

个案 1

小李初次见一个刚从强制隔离戒毒所康复回归社区的吸毒者。在离开戒毒所前，这位服务对象曾见过一位社会工作者，但他对面谈感到失望，因为他觉得社会工作者在审问他，而不是真正在关注他的需要。小李同理了服务对象的感受，并表示怀疑服务对象所说的社会工作者的专业能力。

1. 你认为小李的回应合适吗？为什么？
2. 上面提到的专业关系的哪个特征与小李的回应有关？为什么？

【课堂活动 4.3】

请仔细阅读资料中的两个个案，参考所学的专业关系的特征，试着回答个案后面的问题。

个案2

张敏是一位同吸毒者一道工作的禁毒社会工作者，一位年轻的服务对象告诉张敏他认为张敏是他的朋友，然后请求加张敏为微信好友，以便跟张敏保持更密切的联系。

1. 结合上面提到的特征，张敏该如何回应服务对象的请求？

2. 如果张敏决定不满足服务对象的请求，会破坏与服务对象的关系吗？

三、专业助人关系的意义

（一）专业助人关系是开展社会工作服务的基石

没有了专业助人关系，社会工作服务中所谓的理论、模式和方法就成了无源之水和无本之木。在禁毒社会工作实践中，如果没有专业助人关系的基础，服务对象（特别是吸毒者）的敌意、防卫、焦虑、紧张、不信任和不安全感等会重复上演，会使双方的沟通阻塞，容易导致曲解对方的意思，甚至躲避沟通。即使必须要沟通，双方也会因防卫心理和不自然感而无法放开和坦诚，服务对象容易落入等待批评、拒绝、报复、反击或过分敏感等境地。在这种非建设性关系中，服务对象不可能获得学习、改变和成长，只会产生沮丧、挫败、失落和愤怒等负面情绪。

（二）专业助人关系是社会工作的重要手段和中介

好的专业助人关系让人感到温暖、舒适、愉悦，容易建立一种相互信任的关系，使服务对象产生安全感、自信心，减少防卫心理而愿意开放自我，从而有助于减少沟通信息的曲解，使彼此的沟通更加高效。好的专业助人关系也有利于增强对服务对象的影响力，有助于服务对象产生学习和改变的动机，愿意做自我探索，将精力放在学习上而非自我防卫方面，其结果常常是服务对象能够发挥潜能，获得改变和成长。

当然，社会工作者个人的同理心、接纳与真诚是建立良好专业关系的必要条件。关于这一点，将在下一节的内容中进行讨论。

费孝通先生在《乡土中国》第三章提出了"差序格局"的概念：

> 西洋的社会有些像我们在田里捆柴，几根稻草束成一把，几把束成一扎，几扎束成一捆，几捆束成一挑。每一根柴在整个挑里都属于一定的捆、扎、把。每一根柴也都可以找到同把、同扎、同捆的柴，分扎得清楚不会乱的。在社会，这些单位就是团体。我说西洋社会组织像捆柴就是想指明：他们常常由若干人组成一个个的团体。团体是有一定界限的，谁是团体里的人，谁是团体外的人，不能模糊，一定得分清楚。在团体里的人是一伙，对于团体的关系是相同的，如果同一团体中有组别或等级的分别，那也是事先规定的。我用捆柴来比拟，有一点不太合适，就是一个人可以参加好几个团体，而好几扎柴里都有某一根柴当然是不可能的，这是人和柴不同的地方。我用这譬喻是在想具体一些使我们看到社会生活中人和人的关系的一种格局。我们不妨称之作团体格局。
>
> ……
>
> 在我看来却表示了我们的社会结构本身和西洋的格局是不相同的，我们的格局不是一捆一捆扎清楚的柴，而是好像把一块石头丢在水面上所发生的一圈圈推出去的波纹。每个人都是他社会影响所推出去的圈子的中心，被圈子的波纹所推及的就发生联系。每个人在某一时间某一地点所动用的圈子是不一定相同的。
>
> 我们社会中最重要的亲属关系就是这种丢石头形成同心圆波纹的性质。亲属关系是根据生育和婚姻事实所发生的社会关系。从生育和婚姻所结成的网络，可以一直推出去包括无穷的人，过去的、现在的和未来的人物。我们俗语里有"一表三千里"，就是这个意思，其实三千里者也不过指其广袤的意思而已。这个网络像个蜘蛛的网，有一个中心，就是自己。我们每个人都有这么一个以亲属关系布出去的网，但是没有一个网所罩住的人是相同的。在一个社会里的人可以用同一个体系来记认他们的亲属，所同的只是这体系罢了。体系是抽象的格局，或是范畴性的有关概念。①

【学习研讨】

　　阅读材料，思考：以自给自足的自然经济为基础、以家族或家庭为单位的资源分配形式，以及儒家由己推人的道德体系上所形成的差序格局对现代化发展背景下的中国是否依然产生影响？社会工作对专业关系的定义带有浓厚的西方文化色彩，完全照搬西方是否会存在适用性问题？若有的话，你认为会体现在哪些方面？

---

① 费孝通：《乡土中国　生育制度》，北京大学出版社1998年版，第25—26页。

费孝通先生所提出的"差序格局"认为,"在西洋社会里争的是权利,而在我们却是攀关系、讲交情"。从中国文化出发就不难理解,差序格局是建基于血缘和地缘关系的,有一定差等的次序。西方"团体格局"中,人与人之间靠制度化的权利和义务关系维系,有一定的界限之分。不同于西方"团体格局",在"差序格局"中,人与人之间并无明显界限,中国人似乎一直都处于庞大的无分明界限的社会关系网络,彼此之间互相帮助,人情往来。

第二节 专业助人关系的建立

通过前面的学习,我们了解到一名禁毒社会工作者想要顺利开展好禁毒社会工作专业服务,必然离不开专业助人关系的建立。当我们初次遇到一个服务对象或一群服务对象时,当然想要与服务对象有一个良好的助人关系。这就要求我们清楚如何与服务对象建立专业助人关系,知道建立专业助人关系需要具备哪些条件,以及知道如何判断是否已建立起专业助人关系等一系列问题。

一、建立专业助人关系的核心条件

在社会工作文献里,不同的研究者对建立专业助人关系的条件都有所论述。帕尔曼认为,有助于社会工作者增强与服务对象之间专业助人关系的要素,除正确的同理心、非占有的温暖、接纳、真诚外,还有专业助人关系的目的和权威。[①]康普顿和加拉卫(Compton & Galaway)认为,所有社会工作的专业助人关系有七项

---

① Perlman H. H., *Social Casework: A Problem-Solving Process*, The University of Chicago Press, 1957.

要素：关心他人、承诺与责任、接纳与期望、同理心、真诚与一致性、权威与权利以及目的。① 综合不同研究者的相关论述，一般认为，有助于专业助人关系成长的核心条件有三个：同理心、尊重和真诚。判断的依据是，如果专业助人关系中缺少了上述这些条件，那么服务对象不仅不会实现改变、成长，反而有可能表现得更为糟糕。为了能增强专业助人关系，社会工作者在与服务对象互动中需要做到同理心、尊重和真诚，还要能让服务对象有所体会。此外，一个良好的专业助人关系里除了具备上述提到的三个核心条件外，还需具备第四个条件：具体。

如果想成功地与服务对象建立关系，达到预期的目的，就必须了解上面提到的四个条件的构成要素。在学习的过程中了解每一个条件的概念固然重要，但更为重要的是，如何才能实现上述条件。这就意味着社会工作者首先能了解服务对象对这些条件不同层面的反应。

在禁毒社会工作服务里，有很大的比例是与吸毒者一道工作，这就需要禁毒社会工作者能更为敏锐地感知来自服务对象对上述四个核心条件的不同反应。接下来，将借助卡科贺夫（Carkhuff）划分的五个层次的沟通水平，助力禁毒社会工作者能更为直观地了解自己与服务对象互动的程度。处于卡科贺夫五个层次的第一和第二层次上的沟通低于平均水平，这种沟通甚至会对服务对象造成伤害；第三个层次的沟通处于平均水平，是可以接受的；第四和第五层次的沟通是高层次的，能增进与服务对象的关系及促进其成长。但是，需要特别提醒的是，这个评估阶梯只是能方便判断已到达的沟通层次而已，如何去做到将在下面的学习里做进一步的讨论。

在讨论这四个条件和每一条件的五个层次的沟通表现前，先来了解一下表 4-1 对这四个核心条件的全面描述。

---

① Beulah Roberts Compton, Burt Galaway, *Social Work Processes*, Cole Publishing Company, 2004.

表 4-1　有助于发展专业关系的条件因素和目的[1]

条件	构成要素	目的
同理心	1. 渴望去理解 2. 反映服务对象隐含的意思 3. 引证服务对象的感受 4. 讨论什么对服务对象重要 5. 与服务对象的感受同步	1. 建立友好关系 2. 通过表示理解引导出服务对象的资料 3. 培养服务对象的自我探索
尊重	1. 承诺 2. 努力理解 3. 非批判性行为	1. 向服务对象表达一道工作的意愿 2. 对服务对象个人感兴趣 3. 表达出对服务对象的接纳
真诚	1. 恰当的角色行为 2. 表里一致 3. 发自内心 4. 开放和自我披露 5. 支持性的非语言行为	1. 缩小服务对象与社会工作者在情感上的距离 2. 增加服务对象与社会工作者的认同，进而有助于产生信任和吸引力
具体	1. 彻底表达 2. 特定的表达 3. 与服务对象有关也有意义的表达	1. 防止情绪脱离感受和体验 2. 矫正服务对象的理解 3. 特别关心服务对象的表达

（一）同理心

同理心，也有学者译为"同感"。罗杰斯（Rogers）认为，同理心是准确地知觉他人内在的参考架构和一直持续的情绪要素，好像是他人，但是没有失去"好像"这一情况。[2] 艾森伯格（Eisenberg）认为，同理心是因他人的情绪状态、处境理解和预期而在情感上有所共鸣。[3] 霍夫曼（Hoffman）认为，同理心是不仅能正确感知对方的感受，还对他人的处境有合适的共情性回应。[4] 还有学者认为，同理心是对一些需要帮助的人感同身受和关心，是影响亲社会行为的重要因素。

---

[1] 秦炳杰、陈沃聪、钟剑华：《社会工作实践：基础理论》，香港理工大学应用社会科学系 2002 年版，第 178 页。

[2] Rogers Carl R., *On Becoming a Person: A Therapist's View of Psychotherapy*, Houghton Mifflin, 1961.

[3] Eisenberg Nancy, "Emotion, Regulation, and Moral Development", *Annual Review of Psychology*, vol. 51, 2000, pp. 665-697.

[4] Hoffman Martin L., *Empathy and Moral Development: Implications for Caring and Justice*, Cambridge University Press, 2000.

社会工作实践下的同理心，强调的是社会工作者不但有能力正确地了解服务对象的感受，以及那些感受所包含的意义，同时还可以将这一感受向服务对象传达，以此促进服务对象对自己的感受和经验达致更深的自觉和认识。这里包含了三层含义：一是体悟，即社会工作者要放下自己的参照标准，设身处地地站在服务对象的角度感受和理解服务对象的内心，准确地把握服务对象表达的各种信息和材料。二是体悟的传达，即社会工作者综合运用有关的技巧，把自己对服务对象内心体验的理解反馈给对方，使服务对象感到自己被接纳、被理解，因而产生一种满足感，并促使其继续表达、解剖和理解自己。三是助人自助，即社会工作者引导服务对象对其感受作进一步的思考，并根据自己的思考来做出行动决策。

因此，同理心并不是对服务对象的完全认同，而是把自己放在对方的感觉和内在参考架构之中，同时又保持客观性。社会工作者要保有自我，随时可以跳出服务对象的感受和思维。在禁毒社会工作实践里，禁毒社会工作者往往会游走于两端：一端是难以走进服务对象内心，体悟服务对象感受；另一端是陷入服务对象的感受和思维之中，难以走出，失去了自我。表 4-2 所述的衡量人际关系中同理心水平的尺度，能够帮助社会工作者随时了解与服务对象的互动水平。

表 4-2　衡量人际关系中同理心水平的尺度

第一个层次	社会工作者没有倾听，在沟通中根本没意识到服务对象表达出来的感受和用词。
第二个层次	社会工作者对服务对象表达出来的感受只有微弱的回应。
第三个层次	社会工作者大体上表达出了与服务对象有同样的关心、同样的意思。
第四个层次	社会工作者深化了服务对象表达出的经历中的感受和意义，这有助于服务对象显露以前不能与人分享的感受。
第五个层次	社会工作者明显地深入挖掘出了案主的感受和意思，能完全感知和响应案主。

下面的案例描述了三位禁毒社会工作者对同一服务对象的问题的不同回应。参照上述衡量同理心的尺度,思考这三位禁毒社会工作者的回应处在哪一特定的层次上及其原因。

【案例】

服 务 对 象:我尽力给儿子创造了一切不去沾染毒品的机会,但他一次又一次地让我失望,他从不按答应过我的去做,我看他算是没希望了。

社会工作者甲:先别说你儿子的不是,让我们看看你做得够不够。

社会工作者乙:我知道你感到失望,因为你儿子没有明显的进步。

社会工作者丙:事情看来很不令人鼓舞,因为你已做出了很大的努力,可是你的儿子仍没有反应。但是,我能看出你仍关心儿子,你来找我就说明了这一点。我认为你是对的,我们可能要仔细看看到底能做些什么。

【案例解析】

社会工作者甲的回应处在第三个层次以下。社会工作者甲没注意到服务对象失望的感觉,也没有看到服务对象已作出了努力。他轻率地假设服务对象做得不够,而且他有指责服务对象的意味。

社会工作者乙的回应处在第三个层次。社会工作者乙注意到服务对象的感受,但只提及了服务对象感到失望的原因之一。

社会工作者丙的回应处在第三个层次以上。社会工作者丙对服务对象的失望和她希望儿子的行为有所改变的深层次的心理表示了关注。他认识到了服务对象的长处,并引导服务对象承诺继续为解决问题而努力。

【课堂活动 4.4】

材料中是三个不同情景中社会工作者

情景 1

服 务 对 象:我现在工作比较稳定,一直准时向社区禁毒专干报告,没什么特别的问题。

社会工作者：从社区禁毒专干的报告中我知道你五岁时母亲离家，你父亲又吸毒，你是祖父母带大的，对不对？

情景2

服务对象：我不喜欢你的同事的工作方法。我觉得他对发展自己的服务对象的数量更有兴趣，而不是对我们这些吸过毒的人如何找到工作感兴趣。

社会工作者：我很欣赏你能坦率地表达自己的看法。看来你像是对我的同事的工作方法比较反感。我真的很想知道你认为我们怎样才能改进服务。

情景3

服务对象：我做的是粗暴了点，过分了点，让他跟以前的朋友断绝关系，但我只是想让我老公知道，不能给自己再次复吸的机会，我真的想让这个家有所改变，但他根本没理解。

社会工作者：你之所这样做是因为你很想让你的家有所改变，希望老公会理解你，但不幸的是你的行动没奏效。那么，我们是不是看看有没有其他一些更有效的方法呢？

对三个不同的服务对象的回应。仔细阅读这三个情景案例，参照上面的衡量同理心的尺度，判断一下社会工作者的回应所处的层次，并说明你做出相应判断的依据。

（二）尊重

尊重在汉语词语里的意思是尊敬、重视。古语是指将对方视为比自己地位高而必须重视的心态及其言行，现在已逐渐引申为平等相待的心态及其言行。

尊重是对人的平等对待，对他人人格与价值的充分肯定。在禁毒社会工作中，尊重是让服务对象感到作为一个人有价值、有尊严，体现为对服务对象现状、价值观、人格和权益的接纳、关注和爱护。罗杰斯（Rogers）认为，尊重是无条件的，就是说这份尊重并不决定于服务对象的行为，因为当我们接纳一个人的时候，是整体的接纳，不仅包括他的长处，连短处也包括在内。

表 4-3　衡量人际关系中的尊重的尺度

第一个层次	社会工作者在与服务对象沟通时表现出服务对象的感受不值得考虑，社会工作者不能建设性地采取行动。
第二个层次	社会工作者的回应很机械，在沟通中对服务对象的感受和潜能很少表示出尊重。
第三个层次	社会工作者在沟通中表达出对服务对象的感受和潜能的尊重，鼓励服务对象建设性地处理问题。
第四个层次	社会工作者在沟通中极其尊重和关心服务对象的感受和潜能，这使服务对象能肯定自我，体会到做人的价值。
第五个层次	社会工作者在沟通中表现出对服务对象个人极大的尊重，使服务对象能最有建设性地采取行动，最充分地表露自己。社会工作者的沟通对服务对象是一个承诺：会尽力使服务对象实现自身的潜能。

下面的案例描述了三位禁毒社会工作者对同一服务对象的问题的不同回应。参照表 4-3 中衡量尊重的尺度，思考社会工作者的回应处在哪一层次。

【案例】

服　务　对　象：我是个瘾君子，别相信我说的那些戒毒的话，我根本做不到。

社会工作者甲：你的确是个瘾君子，但是尽管如此，我还是想让你做些尝试。

社会工作者乙：我知道你想逃避责任，但我仍相信你能去做到答应我的事情。

社会工作者丙：我不管你是否把自己看成是一个言而无信的人，我仍会把你当成是可以信赖的人，我毫不怀疑，如果你真想去做的话，你就能完成答应我的事情。那么，我们是不是讨论一下怎么做呢？

【案例解析】

社会工作者甲的回应处在第三个层次以下。社会工作者甲只肯定了服务对象所说的话，但没有认识到服务对象的潜能。

社会工作者乙的回应处在第三个层次。社会工作者乙的回应让沟通仍保持开放的状态，也认识到了服务对象改变的潜能。

社会工作者丙的回应处在第三个层次以上。社会工作者丙的这一回应驳斥了服务对象对自我的负面看法，表达出对服务对象的潜能的尊重。社会工作者甚至还邀请服务对象继续为解决问题而努力。

> 服务对象：我知道我不是一个好女孩，跟我在一起的人都不是好人，有一个吸毒的，还有一个是偷窃的。但我跟他们在一起时很快乐，他们让人感到刺激。我在家非常孤独，他们邀我出去时我怎么能拒绝呢？
>
> 你的回应：_____
> _____
> _____
> _____

【课堂活动 4.5】

针对提供的材料，回应服务对象，要特别留意沟通中对服务对象的尊重。

在禁毒社会工作服务中，禁毒社会工作者该如何进行沟通、表现出对服务对象的尊重，其实并没有统一标准的模板。要评估回应是否足够表现出尊重，可以参照是否包括以下两点：

一是服务对象能意识到自己的问题，对社会工作者很坦白，据此承认服务对象的潜能。

二是向服务对象表达出信任，相信服务对象的能力，如果服务对象想改变的话，就能实现改变。

（三）真诚

真诚，即真实诚恳，真心实意，坦诚相待，以从心底感动他人而最终获得他人的信任。社会工作者语境下的真诚，强调的是社会工作者在专业助人关系中能够以真正的自我出现，也容许自己的感受适当地表现出来。也就是说，社会工作者的经历、对经历的意识，及其与服务对象的沟通应该一致。因此，社会工作者对自己的了解和接纳是真诚的基础。在此前提下，社会工作者在面向服务对象时才能真正做到"专业自我"与"真实自我"的融合，而不是割裂、戴着隐形的面具与服务对象互动。

表 4-4　衡量人际关系中的真诚的尺度

层次	描述
第一个层次	社会工作者表达出的言辞明显地与他现有的感受不相符,只有在表达否定和非建设性的言辞时是真诚的。
第二个层次	社会工作者的言辞没有真正与他现有的感受相符,只是在扮演角色。
第三个层次	社会工作者显得真诚但并没有完全投入情境之中。
第四个层次	社会工作者在响应中带有许多个人的感受,言语出自真心,能使自己的响应成为进一步探查与服务对象关系的基点。
第五个层次	社会工作者的响应是自然而然的,深入地表达了自我,开放地面对各种经历。社会工作者在发展与服务对象关系的同时,能有效地运用案主的响应,进一步形成新的探索领域。

下面的案例描述了三位社会工作者对同一服务对象的问题的不同回应。参照表 4-4 衡量真诚的尺度,同样地请思考社会工作者的回应处在哪一特定的层次上及其原因。

【案例】

服务对象：我非常担心我老公,他前不久才从戒毒所出来。他的社区禁毒专干已向我说过好多次,他还没有按规定向社区报告。顺便问一下,你看上去很年轻?是不是才参加工作?你有接触过吸毒的人吗?

社会工作者甲：你为什么要问这样的问题?你真的相信我的能力吗?

社会工作者乙：我能看出你非常关心你老公出戒毒所后的行为表现,似乎你也对我的个人背景有兴趣。

社会工作者丙：很明显,你为老公在社区的表现感到忧虑,你也想找个能帮你的人。我是在这个岗位工作没有太长时间,但我早在大学学习期间利用实习的机会多次与吸毒人群有过较深入的接触并开展过相关专业服务。在此期间,我遇到过也看到过有类似情形的个案。依我来看,我的年龄对解决这个问题没有什么太大的影响。

【案例解析】

社会工作者甲的回应处在第三个层次以下。社会工作者甲表现出了不安和恼怒。

社会工作者乙的回应处在第三个层次。社会工作者乙只是简单地重复了服务对象的关心，并为进一步沟通提供了机会。

社会工作者丙的回应处在第三个层次以上。社会工作者丙让服务对象知道她所关心的事，对自己的情况和所能做的事也很诚实。

服务对象：在参加朋友聚会这件事上，你好像站在我妻子的一边，我很不高兴，我不知道这样下去对我们是否有好处。

你的回应：_____

_____

_____

_____

【课堂活动 4.6】

尝试回应资料情景中不久前才从强制隔离戒毒所出来的服务对象，特别要注意在沟通中表达出真诚。

同样，在这一情境下，社会工作者的回应没有标准答案可循。要做好回应，需要做到下面两点：

一是让服务对象知道他所关心的事（这显示出社会工作者是开放地来谈这一问题）。

二是询问更多的信息，以了解社会工作者做了什么会让服务对象这样认为。（这会显示出社会工作者真心想要了解服务对象的抱怨。）

（四）具体

具体，指流利、直接和彻底地表达特定的感受和经历。具体来说，是指社会工作者聆听服务对象叙述时，若发现服务对象陈述的内容有含糊不清的地方，社会工作者以"何人、何时、何地、有何感觉、有何想法、发生什么事、如何发生"等问题，协助服务对象更清楚、更具体描述其问题。这就需要社会工作者对人际关系中的具体的尺度加以衡量，如表 4-5 所示。

表 4-5 衡量人际关系中的具体的尺度

第一个层次	社会工作者让沟通流于抽象、笼统，而没有努力使谈话转到具体的、有关的事情上。
第二个层次	社会工作者对个人的一些事处理得含含糊糊，没能让服务对象澄清最相关的感受。
第三个层次	社会工作者让会谈直接围绕着个人的事情，但没能用具体化的方式来处理所有的事。
第四个层次	社会工作者使服务对象几乎能用具体的言语来充分描述所有他关心的事。
第五个层次	社会工作者能有效地使服务对象直接和充分地讨论特定的感受和经历。

案例描述了当一些服务对象的表达不具体时，社会工作者如何回应才能帮服务对象表达得更具体。要特别注意服务对象的表达方式以及具体与否，这样才能够选择适当的词句让服务对象的谈话更为具体。

【案例】

服务对象表达	示范回应
我讨厌他	他做了些什么让你讨厌他？
我想离家出走	发生了什么让你想离家出走？

【课堂活动 4.7】

试着用提问的方式做回应，让服务对象表达得更具体。

服务对象的表达	你的回应
A. 我不想回答	
B. 我总是做不好	
C. 我有点害怕	
D. 他变了	
E. 我舍不得	

如何去回应服务对象，没有所谓的标准答案，只需要确定回应的目的是让服务对象吐露得更具体。

二、建立专业助人关系的基本技巧

如果我们将服务对象的成长看作一棵树，那么上述建立专业助人关系的条件就是让这棵树得以成长的土壤，而这里要讨论的建立专业助人关系的技巧就是滋养这块土壤的肥料。有学者提出，如果服务对象感到工作者有专业技能、有吸引力、值得信任，他们就更有可能接受工作者的看法，而不大可能怀疑和驳斥工作者。《心理咨询师的问诊策略》的作者谢里·科米尔和比尔·科米尔（Sherry Cormier & Bill Cormier）在表4-6中进一步总结了与上述三项素质相关的行为表现。不难看出，要让服务对象能感觉到社会工作者"有专业技能""有吸引力"和"值得信任"，离不开一些工作技巧的运用。比如，吸引力表现为服务对象感到社会工作者友善、可爱，与他在兴趣和经历上有相似之处。社会工作者可以通过适当的自我披露来增加吸引力。尤其是披露社会工作者解决问题的专业技能，通过确实可信的解决他人类似问题的经历增加吸引力。

表4-6 专业技能、吸引力和值得信任的描述性提示和行为提示[1]

	专业技能	吸引力	值得信任
描述性提示	☐ 相关的教育 ☐ 专门训练或经验 ☐ 证书或执照 ☐ 资历 ☐ 地位 ☐ 工作场所的类型 ☐ 专业学识的展示 ☐ 着装 ☐ 声誉 ☐ 社会认定的社会工作者的角色	☐ 令人愉快的外表 ☐ 适宜的装束 ☐ 适当的体重 ☐ 良好的个人卫生 ☐ 穿着整洁	☐ 社会工作者的角色为社会所接纳 ☐ 有诚实正直的名声，没有不可告人的动机
行为提示	非语言行为 ☐ 眼神的接触 ☐ 身体前倾 ☐ 流利地表达	非语言行为 ☐ 眼神接触 ☐ 身体直接面对服务对象 ☐ 身体前倾 ☐ 微笑 ☐ 点头	非语言行为 ☐ 表里一致 ☐ 接纳服务对象的披露（非口头） ☐ 回应、有动力（非口头）

---

[1] 转引自秦炳杰、陈沃聪、钟剑华：《社会工作实践：基础理论》，香港理工大学应用社会科学系2002年版。

续表

	专业技能	吸引力	值得信任
行为提示	语言行为 ☐ 相关的引发思考的问题 ☐ 语言表达出的关切 ☐ 直截了当、有信心地陈述 ☐ 解释 ☐ 具体	语言行为 ☐ 组织好口头上的回应 ☐ 适度地自我披露 ☐ 自我披露的内容与服务对象的经历和观点相似	语言行为 ☐ 提供准确可信的资料 ☐ 准确地释义 ☐ 言行可靠一致 ☐ 保密 ☐ 开放、诚实 ☐ 非防卫性地接受"信任测试"

当然，仅仅知道还远远不够，我们还需要了解一些具体能助力社会工作者建立有效助人关系的基本人际关系技巧。吴温淑芳等总结了六个人际技巧的范围，即专注行为、开放的邀请谈话、稍加鼓励、简述语意、反映感受和技巧整合。①

（一）专注行为

1. 面向对方

当社会工作者面向服务对象坐下时，这表示社会工作者与对方一起同在，表示社会工作者愿意听服务对象说话；反之，当社会工作者的身体不面向服务对象时，两者之间的紧密程度会被减弱。需要特别注意的一点是，社会工作者要留意尽量不要与服务对象面对面地坐成一条直线，这样坐通常会给服务对象带来一种压迫感，可以对面斜坐，呈45°角左右。

2. 开放姿势

表示开放、专注而热切聆听的基本姿态就是将身体放松而略微向对方前倾，手臂自然地轻轻地放在身体前面。不要太紧靠服务对象，以免侵入对方个人空间，造成不安；不要将手交叉置于胸前，这往往是一种抗拒对方或保护自己的信号；也不要在站立时将手放于身后，以免显得过于自负。

---

① 吴温淑芳、周小兰、黄小娴等：《认识自我与沟通技巧》，香港理工大学应用社会科学系2002年版。

3. 目光接触

当社会工作者与人倾谈时，眼睛要看向服务对象。这并不是说社会工作者全程都要一直看着服务对象，因为过多的眼神接触与没有目光交流同样使人感到不受尊重或不安，只要让服务对象意识到正在与他交谈就可以了。如果社会工作者经常让目光离开对方望向别处，这给服务对象带来的感觉是社会工作者没有真正留心聆听他讲话。当服务对象在交谈中中断与社会工作者的目光接触时，社会工作者就会注意到服务对象也许是没有留心聆听说话，或在回避正谈论的话题了。

4. 保持轻松

聆听时，社会工作者需要维持一个松弛的状态。无须为了下一句应该说什么而分心，首先要做到的就是聆听。一个轻松的聆听者，能有助于说话的对方减少紧张情绪，开放地做出表达。

社会工作者也可以寻找一些自己紧张的信号，如皱眉、绷紧的嘴巴和下颌、紧握拳头以及在对话的关键时期会明显地不断变更姿势。当社会工作者留意到这些行为时，便要提醒自己放轻松下来。

当然，最重要的是找出最适合社会工作者自己的方式，具有个人特色，也使自己更加轻松自如。

5. 适当表达

说话速度、音量和音调的改变都能表现出说话的人是否对话题有兴趣。谈到一些紧张的话题时，说话难免变得犹豫或结结巴巴。因此，在与人谈话时，社会工作者应注意自己的说话方式。此外，社会工作者还需配合服务对象的特点。例如，对长者说话时要将语速放慢，音量加大，以体贴对方的需要；在与儿童讲话时，声音要多些抑扬顿挫，以显出自己的投入。

6. 跟进谈话

对一些从事社会工作的新人而言，在与服务对象面谈时最为担心的一个基本问题是："我接下来该说些什么？"其实，当尊重对方，愿意接受对方带出的重点或关注所在时，只要顺其自然地回应对方所说的内容就可以了。

（二）开放谈话

1. 开放式问题

"什么"的问题：常用来引导服务对象谈论事情的实际情况和一个处境的细节。如："到底是什么事情令你来社区报到时心绪不宁？"

"怎样"的问题：常用来引导服务对象谈论事情发生的过程、先后的次序和当时的情绪反应。如："你从戒毒所出来后对现在的环境适应得怎样？知道你吸毒后，你妻子大骂你时，你有怎样的感觉？"

"可以"的问题：这类问题是最开放的问题。如："可以多谈一些你从戒毒所出来后遇到的困难吗？"

"为什么"的问题：这类问题尽管开放，却容易令服务对象感到需要为自己辩护，引起不安。有时服务对象也不清楚自己做某些事情的缘由，因此也就无从为自己解释，比如："你为什么不喜欢学习？"有时会令服务对象感到被盘问。再如："你为什么会吸毒？"这时，我们可以用其他类型的开放式问题来替代，如："你对你现在的学习有些什么样的感受？可否多谈一些你是怎么接触到这些毒品的？"

开放式问题多用于面谈开始时、帮助服务对象详细阐述某一个观点时、帮助服务对象列举某些行为的具体例子以及帮助服务对象表达感受等情形。

2. 封闭式问题

当运用诸如"你吃过午饭了吗？""你是否要投诉那位外卖小哥的恶劣态度？""你今年多大？"等封闭式问题与服务对象沟通时，意味着服务对象只需用一两个字来回答，或者提供一个简单的既定答案而无须说明其内容就能做出回应。当然，若服务对象本身是健谈的人，无论怎样发问，他都会滔滔不绝。通常，在想要获得实际的数据或者确定一些观点等情形下，大多会采用封闭式问题。

（三）稍加鼓励

1. 非言语鼓励

非言语鼓励，是指除去使用言语外能让服务对象感受到被聆听、被鼓励和被肯定的任何方式，包括但不限于：目光接触，身体前倾以表示兴趣，不以神经质的动作使对方分心，适当的手势，点头微笑以及有意的默不作声等。这里所提及的"有意地默不作声"，并不是不知道怎样回应而不说话，而是体察到对方尚有未完成的话语，或是正努力组织内心所想，所以接纳性地静候。

2. 言语鼓励

言语鼓励，是指用言语的方式让服务对象感受到被聆听，鼓励服务对象谈论更多。可以使用"嗯""唔""啊"等语气词以及"噢？""这样？""那之后呢？""还有呢？"等疑问句回应服务对象的陈述。还可以通过重复谈话中的一两个关键词语或者简要地复述服务对象的一段话的最后一两个词语来鼓励服务对象继续谈话。

（四）简述语意

简述语意，又称释义或说明，指的是社会工作者用自己的话，提纲挈领、简单扼要地将服务对象所表达的内容回应给服务对象自己。社会工作者要确保所简述的语意没有超越或减少服务对象叙述的内容。在运用简述语意这一技巧时，社会工作者应尽量避免加入自己的主观看法，不得超越服务对象叙述的内涵，也不得遗漏服务对象重要的想法与感觉。社会工作者要以简洁而新鲜的话回应，尽量避免与原来内容完全相同。就简述语意这一技巧而言，在整个社会工作服务的过程都可以使用。在社会工作服务刚开始阶段与服务对象的谈话告一段落的时候，或者在谈话过程中社会工作者认为有需要确认自己对服务对象认识正确性的时候，都可以运用这一技巧。

（五）反映感受

反映感受，顾名思义就是社会工作者将对服务对象感受的认识再反映给服务对象自己。社会工作者在表述感受时，通常会呼唤对方的姓名或使用代名词"你"来指称服务对象，运用说明感受的句子，如"你感觉到……""我听到你的感受是……"等句式来清晰地描述每种感受，尤其要留心并指出对方混乱和矛盾的感受。

向服务对象反映感受前，社会工作者应要求或鼓励服务对象详细地描述他（她）的感受，以便能清楚和肯定对方的真正感受，避免错误的理解和提前打上标签。在反映感受的过程中，社会工作者要细心捕捉服务对象有关感受的语言和非语言行为，不要夸大消极的感受，而要强调积极的感受，并把焦点放在当下的感受上。

（六）技巧整合

一般来说，禁毒社会工作者在与服务对象面谈的过程中不太可能就每一个对话像机器语言一般按照一个指令对照一个技巧进行。显然，社会工作者在日常的生活及工作中，既会单独使用又会整合使用每一种技巧。当社会工作者综合地运用这些技巧时，才能够产生更大的效能，达到与服务对象有良好沟通的目标。

服务对象：我这样诚心对待他，没想到他竟装作从未认识我。过去，我将他当成最好的兄弟，遇到任何困难我都是全力去帮。以前他失业找不到工作的时候，要死要活的，若不是我一直帮他找工作，他早就回农村老家种地去了，他哪有现在这样的生活。没想到我因为吸了毒没了工作，找到他时，他却装作不认识我。我怎会甘心，我怎么可能再相信别人？

你的回应：＿＿＿＿＿＿＿＿＿＿＿＿＿＿＿＿＿＿＿＿＿＿＿
＿＿＿＿＿＿＿＿＿＿＿＿＿＿＿＿＿＿＿＿＿＿＿＿＿＿＿＿＿
＿＿＿＿＿＿＿＿＿＿＿＿＿＿＿＿＿＿＿＿＿＿＿＿＿＿＿＿＿
＿＿＿＿＿＿＿＿＿＿＿＿＿＿＿＿＿＿＿＿＿＿＿＿＿＿＿＿＿

【课堂活动 4.8】
请运用上述介绍的技巧试着回应材料情景中服务对象的谈话内容。

在社会工作服务里，并不追求公式化、模板式千篇一律的表达，反而强调在遵循技巧原则的基础上，用最适合的语言风格把它表述出来即可。这既能让社会工作者在表达时做到轻松自如，也能让服务对象觉得自然舒适。

三、专业助人关系建立的判断

作为一名禁毒社会工作者，应该做到能掌控专业助人关系的发展进程，这样不仅能了解介入工作是否按照预定的轨道前进，还能够了解存在的障碍。那么，如何确定专业助人关系发展的进程呢？也就是说，有没有一个易于去观察和判断的指标可以帮助禁毒社会工作者了解在建立专业助人关系的进程中是否缺少了什么，或者做得怎样呢？一般来说，人与人之间的关系很难找到一个可用于计量的指标来说明他们之间的程度，但是可以试着找到一些能指明专业助人关系向好的方向发展的一些迹象。

（一）从试探到信任

在社会工作服务的开始阶段，极为常见的是服务对象一方会有一些"试探性行为"，以确定社会工作者是否值得信任。这在禁毒社会工作服务中极为常见。服务对象可能会问，"你遇到的人是否有像我一样无可救药的？"而他的实际意思是，"你真能理解和帮助我吗？"一个由吸毒者组成的成长小组里，如果某个小组成员沉默不语，那可能是在试探禁毒社会工作者和其他小组成员是否值得信赖。在正式的工作场所中，如在提供戒毒服务的强制隔离戒毒所里，服务对象的试探阶段可能会更长，因为他们常常怀疑工作者有秘而不宣的动机。

（二）从周围的事到个人的事

社会工作服务中专业助人关系的进展也会在服务对象同社会工作者所讨论事情的性质上有所反映。如果讨论的事是非个人化的，与服务对象本身离得较远，那么其性质就是表面化的。有时，服务对象可能会提及其他人关心的事或问题，以便间接地提出自己的问题。在禁毒社会工作服务中，服务对象常以他人名义表达自己的心声。当禁毒社会工作者与服务对象的专业助人关系到达一定的深度时，服务对象的个人感受和服务对象个性中可能存在的不为人知的各方面才有可能透露出来。

（三）从被动参与到主动参与

当专业助人关系得以发展时，服务对象的焦虑会得到减缓，不确定感被驱散，服务对象自发的、积极的行为便会逐渐增多。随着社会工作者在整个服务过程中对专业助人关系的推进，服务对象与其他人的沟通、互动及主动性都会得到改进。在开展社区戒毒和社区康复服务工作中，通常都是由禁毒社会工作者率先提出与服务对象会面的请求。但是，如果在后续的服务过程中，由服务对象开始主动与禁毒社会工作者接触，那么这就是一个明显的信号，表明服务对象与禁毒社会工作者的专业助人关系有了较大的发展。

（四）从负面的回应到正面的回应

从禁毒社会工作实践来看，特别是针对吸毒者开展的服务，一旦社会工作者与服务对象建立起专业助人关系，服务对象带有怀疑和对抗性的行为就会逐步减少。即使偶尔出现反复，其行为相较建立专业助人关系前也会更适当，更可以理解。因此，禁毒社会工作者一旦发现在服务开展的过程中，服务对象认真的回应和正面的反馈逐渐有所增加，那么就可以确定专业助人关系有了正面的发展。

（五）从违规到遵从

在禁毒社会工作服务中，来自服务对象的违规行为是常见的，如对约定时间的会谈常常会无故缺席，社区居委会规定的报到也时常会错过。遵从是给予正面回应的一种重要方式。需要特别注意的一点是，遵从并不表示服务对象都应按照要求一一做到，而是强调服务对象能正面看待这些要求，即使不能做到也能真实说明具体的原因。比如，服务对象无法参加一个约定的会谈，他及时主动告知社会工作者无法参与的缘故，也可以视为一种遵从的行为。对于禁毒社会工作者而言，只要发现来自服务对象的违规行为逐步减少，其实就意味着其遵从的行为在逐步增加。这一迹象就可以用来确定专业助人关系在走向正面发展。

（六）从抗拒到合作

上面提到的"遵从"，只是表明服务对象愿意遵守规则，但距离实现合作还有不小的差距。在禁毒社会工作服务中，特别是戒毒治疗期间，来自服务对象一方的抵制是阻碍治疗工作顺利进行的一个重要内在因素。真正要实现治疗目标，就离不开服务对象的合作，即愿意并努力完成约定的任务。当服务对象的合作性行为逐渐增多时，就表明与服务对象的专业助人关系在向正面发展。

四、专业助人关系中的伦理问题

在开展禁毒社会工作实务中，我们时常会面临诸多现实问题的考验。在专业助人关系中，这些现实问题同样也不会缺席。作为一名社会工作者，必须清楚地认识到有些问题常常是没有确定答案可循的。相较于标准答案而言，重要的是要能意识到这些问题，这样出现问题时就能做好相应的回应。在错综复杂的问题面前，社会工作者的指导原则是，永远把服务对象的利益放在首位。

（一）社会工作者的需要与服务对象的需要

在讨论专业助人关系的特征时，我们强调过专业助人关系应以服务对象为本。在现实层面，也必须清醒地认识到，社会工作者个人的需要不可避免地会渗透到专业助人关系中，并发挥作用，有时还会成为专业助人关系的障碍。对一名社会工作者来说，避免其个人的需要对专业助人关系的负面影响，首先要能意识到自己的需要（如自己的偏好、个人潜在的冲突和弱点）是十分重要的。有些人投身社会工作服务的动机是为了控制他人，为了凸显自己有用、重要、有能力、有水平的感觉。如果社会工作者过度地依赖他人来获得心理上的满足，那么他们就很可能使他人处于依赖别人的位置上。那些为了个人问题纠缠不清，受制于自己需要的社会工作者，不可能真正把工作重点放到服务对象的需要上。简单地说，要做到把服务对象的需要放到优先地位，社会工作者检讨自己的动机很重要。只有区分清楚社会工作者个人需要的边界，才能在具体的服务中真正做到以服务对象为本。

（二）与服务对象的社会关系和个人关系

在社会工作服务中，社会工作者遇到的一个普遍问题是服务对象询问他的个人情况，希望与他发展个人友谊。服务对象可能请求社会工作者在其他场合见面，或是建立进一步的关系。如何把这类社会关系与专业助人关系相结合是社会工作实务中一个复杂的问题。如何去回应服务对象提出的这一请求，其实并没有一个统一的答案，它因社会工作者、服务对象以及当时的情境而异。如果社会工作者决定同服务对象建立双重关系，就必须要切实评估与服务对象的社会关系可能会对专业关系产生的影响。专业助人关系以外的其他关系可能会干扰社会工作者的客观性，消减社会工作者的权威，使其没有足够的准备去面对服务对象的问题，也为社会工作者剥削服务对象敞开了方便之门。除非能确定发展专业助人关系外的社会关系是促进服务对象成长、改变的关键因素，否则，社会工作者最好只与服务对象保持专业关系。我们也可以通过结合本课程第二章关于专业伦理部分的内容进一步进行讨论，加深对这一议题的认识和理解。

（三）专业关系中的身体接触

在社会工作服务中，与服务对象的身体接触有时具有治疗价值。一个温暖的拥抱就会让服务对象立即感受到来自社会工作者的善意和接纳。前提是服务对象是否准备和需要接受这种身体接触。在一些个案中，性暴力的受害者可能极度抗拒与他人进行身体接触，即使是善意的接触也可能使其感到惊恐不安。此外，还需要考虑到文化上的差异。在中国文化中，用身体接触（比如拥抱、亲吻等）来表达感受并不像西方文化中那样普遍。成年异性之间的身体接触更会被认为是忌讳的事情，有时会成为性骚扰的代名词。这就不难理解，有些时候社会工作者为了拉近彼此的距离而急于促成身体接触，反而可能会中断服务对象的感受，从而对服务本身产生抗拒。举例来说，在针对吸毒者人群开展的小组工作服务中，服务对象可能还未完全表达出自己的伤痛和经历以及对小组产生信任，有些社会工作者就过早地在小组里开展促进服务对象之间身体接触类的活动，其效果往往会适得其反，易导致服务对象退出小组，让小组陷于停顿。与上面讨论的问题类似，在这一问题上对社会工作者的专业要求是，做到正直、诚实，能清楚地意识到在与服务对象做身体接触时主要是满足谁的需要。社会工作者在针对异性进行身体接触时，无论是成年人还是未成年人，都是一件需要格外关注其负面影响的事情。

(四)社会和文化问题

在日益全球化的当今世界,跨区域、跨文化的交流日益频繁,人们在文化上日益呈现多元性。同一个文化和社会群体中,不同的年龄群体也会存在差异。年轻人有自己的亚文化,即自己的语言、娱乐和消费形式。比如,网络语言"YYDS"表示的是"永远的神"、用"即兴戏剧"表达感受等。因此,作为一名专业的社会工作者应具备一定的文化敏感性,这就要求社会工作者保持一种开放的状态,跟进时代和社会的发展。

总而言之,不同的文化和社会群体有不同的价值观,对男性和女性的行为也会有不同的期望。例如,在一项关于性别因素在专业助人关系中影响的研究发现:男性社会工作者同女性社会工作者相比更多地认为女性服务对象不成熟、不明智;女性社会工作者同男性社会工作者相比,更多地认为女性服务对象表达情感的需要较多,家和家庭参与的需要较少。这一差异的出现是因为,一些女性服务对象相对传统地把男性社会工作者看成是女性呵护者的角色。在呵护者的认识下,女性服务对象通常就表现出不成熟、不明智的一面,以获取男性社会工作者的关注和支持。为了能回应好这些差异,社会工作者应该不断让自己去理解"需要"的多元化,并能接纳差异的存在,理解跨文化沟通的复杂性,同时也要清楚自己的成见和偏见。

社会工作学界将双重或多重关系视作专业关系界限的一种探讨。早期对于双重关系的研究指出,社会工作者不应该同服务对象或前服务对象保持双重关系,以免有可能对服务对象造成剥削或潜在的伤害。随着实务工作的开展,一些研究成果认为,双重关系或多重关系的界限应考虑到文化敏感性,应该根据所处的具体文化情境进行适当的调整,而非严格刻板地遵守所谓界限。在中国的一些小型社区里,如单位社区、老式的里弄社区或乡村社区,社会结构的同质性较高,双重关系很容易出现。加之受传统人情社会文化的影响,社会工作服务中呈现显著的"熟人"倾向,服务对象的需求与有限资源间的冲突时有发生。

【学习研讨】

请仔细阅读材料,思考如下问题:

在针对吸毒者开展的社会工作服务中,是否存在资料中描述的所谓"熟人"倾向?或者是一种正相反的倾向?为什么?

例如，实习机构在 P 地，是一个本地人聚居的区域。地缘关系致使居民之间大多相互认识，一些甚至有亲戚关系。社会工作机构工作人员中超过一半是本地人，居住在附近，与周围很多居民很早之前就认识。因此，社区居民参加活动时，更愿意参加他们熟悉的社会工作者策划主持的活动，在求助时，也更愿意寻求本地社会工作者的帮助。但这些服务对象可能会是社会工作者的朋友、亲戚，甚至是长辈。而这些服务对象往往也不接受转介，只接受某些社会工作者的服务，参加某些社会工作者举办的活动。这种情况下，双重关系不免产生。①

本章小结

专业助人关系是有效开展社会工作服务的基石。禁毒社会工作服务中的专业助人关系与教育服务、医疗服务等其他社会服务领域中存在的服务关系在本质上并没有什么不同，但也有着自身的一些特点，比如目的性、暂时性、非平等性、以服务对象为本等。简单来说，社会工作中的专业助人关系兼具工具理性和人文关怀温度。一方面，禁毒社会工作者是带着工作目的与服务对象建立专业助人关系的，也会被鼓励去使用相应的技巧和方法以促进专业助人关系的建立与发展。但另一方面，禁毒社会工作者应从服务对象的视角出发，去同理、接纳以及回应服务对象的需求和感受。这对社会工作者个人如何处理好与服务对象的关系问题提出了较高的要求。

当然，要真正具备建立专业助人关系的能力，我们还需要在真实服务里进行长期的历练。总之，我们建立有效关系的能力，既取决于我们识别有助于和无助于关系条件的能力，也取决于我们创造

---

① 代秀雨：《社会工作实务中专业关系界限的研究》，《智库时代》2019 年第 19 期。

有效条件的能力。此外，社会工作者个人的价值观和自身素质也很重要。

推荐阅读

1. 秦炳杰、陈沃聪、钟剑华：《社会工作实践：基础理论》，香港理工大学应用社会科学系2002年版。

2. 王思斌主编：《社会工作导论（第二版）》，高等教育出版社2013年版。

3. 许莉娅主编：《个案工作（第二版）》，高等教育出版社2013年版。

4. 陈金定：《心理咨询技术》，世界图书出版公司2003年版。

5. 费孝通：《乡土中国　生育制度》，北京大学出版社1998年版。

6. 费孝通：《乡土中国》，生活·读书·新知三联书店1985年版。

7. 顾东辉主编：《社会工作概论（第二版）》，复旦大学出版社2020年版。

8. 童敏、辛峻青、骆成俊：《专业关系与朋友关系：一项社会工作历史视角的知识观考察》，《社会工作与管理》2019年第19期。

第五章

禁毒社会工作通用过程

【概览】

通过前面内容的学习,我们大致能够了解什么是禁毒社会工作,并能认识到影响开展禁毒社会工作实务的一些重要因素。由这一章开始,我们将探讨如何来"做"禁毒社会工作。通过本章学习,了解通用过程模式的定义、熟悉并理解与之相关的一些理论依据,认清通用过程模式的特点和应用范围,理解并掌握四个基本系统的概念,并能够运用四个基本系统工具从复杂关系中澄清自己的目标,熟悉和掌握通用过程模式的阶段和具体的操作步骤,并尝试将其运用到具体的禁毒社会工作服务中。

【目标】

1. 知识目标

    （1）了解并掌握通用过程模式的概念。

    （2）熟悉并理解通用过程模式的理论依据。

    （3）熟悉四个基本系统的概念。

    （4）了解并熟悉通用过程模式各个阶段的主要内容。

2. 能力目标

    （1）能够运用通用过程模式相关理论对服务对象的问题进行分析。

    （2）能够运用四个基本系统工具展开相关分析。

    （3）能够按照通用过程模式五个阶段要求开展禁毒社会工作服务。

3. 价值目标

    （1）理解并认同助人是一个过程。

    （2）理解并认同服务对象的参与和接纳是整个助人服务的基石。

第一节　禁毒社会工作通用过程模式

作为一个整合的工作模式，"通用过程模式"为不同的服务对象处理各种各样的情况提供了实践基础。它适用于个人、家庭、群体、组织与社区，并为社会工作者提供了基本的助人知识、技巧与程序。但这并不是说通用过程模式是最佳模式或者说唯一模式，而是它能为社会工作者建立起良好的知识结构奠定基础。

一、禁毒社会工作通用过程模式的含义

当今社会，科技日新月异，全球化进程不断深入，人与人、人与环境、人与社会乃至国与国之间的关系越来越紧密且越发错综复杂。人们正处在一个充满复杂性的社会之中，所面临的单一问题也日渐呈现出复杂性。比如，一名刚从强制隔离戒毒所回归社区的吸毒者正计划着如何重新融入社会时，遇到新冠疫情又不得不进行社交隔离，这一状况相应地提高了其融入社会的门槛，为其复吸埋下了新的隐患。因此，无论是帮助有困难、有需要的个人，还是协助家庭、群体、组织或者社区解决问题，社会工作者迫切需要一种普遍适用的服务模式，以回应不同服务对象的不同需求，助力其有效开展助人工作。那么，有没有一种更为通用的、便捷的模式可供选择呢？

一般而言，模式是一种理论简化，是对现实事件的内在机制和事件之间关系的直观、简洁的描述，表明事物结构或过程的主要成分及其相互关系。也就是说，模式是现实情况的结构化表达，为具体的行动提供指南。对于社会工作者而言，每一个行动和干预措施

【课堂活动 5.1】
如果请你在"模式"这个概念前加上一个定语，你会想到哪些？请把你能写出来的关于模式的词与你身边的同学分享，看看有哪些是相同的，有哪些是不同的。针对那些不同的，谈一谈它们能不能称为"模式"。

背后的依据都源自一个具体的实务模式。也可以这样说，不同的实务模式指引着不同的行动。

在社会工作实务发展历程中，受各种人文主义思潮的影响，在不同国家或地区、不同历史时期、不同领域逐渐形成了不同的实务模式。从社会工作实务取向来看，国外社会工作实务模式前后经历过心理社会模式、功能模式、问题解决模式、行为模式和任务中心模式等。从社会工作服务过程也就是助人过程来看，不同学者也有着不同的划分。勒温（Lewin）把助人过程描述为解冻、活动和冻结三个部分[1]；平卡斯与米纳罕（Pincus & Minahan）把助人过程分为接触、订立契约与结案三个阶段[2]；萨提亚（Satir）把助人过程分为与人接触、肯定事实、引发自我觉察、促进自我接纳、促使改变发生和巩固改变成果六个阶段[3]；上述这些不同阶段的划分，有些是基于组织而言的（如勒温针对组织变革提出了"解冻、活动和冻结"三阶段），有些是基于个体而言的（如萨提亚的六阶段模式），而且针对的问题不同，其助人过程也会有所不同。这就意味着，社会工作者在开展具体的助人服务前作出符合服务对象需要的选择变得日益复杂和专门化。

社会工作通用过程模式便由此应运而生。这一模式成功吸取了各个助人模式中可以识别出的普遍的和共同的因素（如助人的条件、资源、方法、技巧、过程等），承认助人是一个过程，由朝向一些既定目标的系统化的系列行动组成，强调在助人过程中每一次干预或行动的前后次序须具备一定的逻辑性和目的性，每一个阶段也都要有必须要完成的重要任务。简单地说，通用过程模式是一种用来回应个人、家庭、群体、组织和社区需求的基本程序和方法，是对助人行动的基本程序和方法的概括，为社会工作者能够基于自

---

[1] Kurt Lewin, *Resolving Social Conflicts: Selected Papers on Group Dynamics*, New York: Harper and Brothers, 1948.
[2] Allen Pincus, Anne Minahan, *Social Work Practice: Model and Method*, Itasca, IL: Peacock. 1973.
[3] 参见维吉尼亚·萨提亚、米凯莱·鲍德温：《萨提亚治疗实录》，章晓云、聂晶译，世界图书出版公司北京公司 2006 年版。

身经验和知识结构制订出回应服务对象需要的一系列活动或干预措施，提供了基本的行动指南和框架。

具体到禁毒社会工作而言，这一模式也同样适用。有所特别的是，禁毒社会工作通用过程模式针对的是毒品问题，禁毒社会工作者除需具备社会工作专业有关的知识结构外，还需具备与毒品有关的经验和知识结构。

关于禁毒社会工作通用过程模式的内容和开展过程，将在后面的内容中具体阐述。在真正开始学习使用这一模式前，有必要了解一下这一模式的理论依据。这将决定是否能在真实的禁毒社会工作服务中真正运用好这一模式，满足服务对象的需求，实现禁毒社会工作服务的目标。在前面第三章的学习中，我们大致已经了解了社会生态系统理论、认知行为理论、动机改变理论和优势视角，下面将再补充一些在运用禁毒社会工作通用过程模式中时常会用到的理论视角。

二、禁毒社会工作通用过程模式的理论依据

（一）多元因素决定论

"多元因素决定论"是相对于单一因果论而言的。这一理论视角认为，个人、家庭、群体、社区问题的产生，既有个人因素，也有社会因素，是社会中多种因素共同作用的结果。比如，这一理论认为贫穷、吸毒以及精神疾病等社会问题既有个人因素，也有社会因素，通常是这两者相互作用的结果。

基于"多元因素决定论"观点，社会工作通用过程模式强调对问题的分析，以及对服务对象的介入要从个人、家庭、社会政策等多重层面进行。具体到禁毒社会工作通用过程模式来说，社会工作者开展禁毒社会服务时，应从个体与社会结构交互作用的视角去看待要解决的问题，并在评估问题与制订干预计划时注重从与其个人有关的诸如同辈群体、亲子关系、情感关系、教育经历、社区环境及如何看待毒品的社会文化等多重层面进行分析。

【课堂活动 5.2】
就吸毒行为而言，根据你对多元因素决定论的理解，思考它会与哪些因素有关？请把你的想法写下来，并与身边的同学分享。

（二）"生理-心理-社会"视角

社会工作实务的"生理-心理-社会"视角根植于多元因素决定论，是最接近传统社会工作实践的视角。"生理-心理-社会"视角强调从个人与社会两方面来理解服务对象和他们的问题，并将个人因素做了进一步发展，细分为生理和心理两个方面。因此，基于"生理-心理-社会"视角观点，通用过程模式强调社会工作者既要识别和评估服务对象有关"生理"和"心理"方面的情况（如身体机能、智力水平、人格发展、应对压力的策略和自我功能等），又要考虑到他们的社会状况和处境（如不幸家史、同辈关系状况和社会参与等）对服务对象问题的影响。

以禁毒社会工作中的帮扶吸毒者远离毒品为例，社会工作者在运用通用过程模式中，既要识别出吸毒者自身的生理、心理和精神状况等个人因素，如生理发育、身体健康、心理需要、个人人格、应对压力的策略、智力水平、情感水平以及自我功能的强度等，又要考虑到他们的社会状况与处境，如不幸的家庭史、同辈关系状况、复杂的社区亚文化、社会歧视、缺乏社会支持资源、政府的禁毒政策及福利服务等社会因素对吸毒者再次复吸的交互影响等。

（三）人在情境中

玛丽·里士满（Mary Richmond）在1917年出版的《社会诊断》一书中提出"在情境中理解行为"，强调利用环境资源以促进服务对象的改变和提升，从此奠定了社会工作从环境角度理解和干预个人以及个人行为的框架。检视人与环境之间的互动，提升个人适应环境的能力也由此成为社会工作实务的主要目标和手段。之后，心理社会学派的汉密尔顿（Hamilton）在1937年发表的《个案工作基本概念》一文中深刻阐释了人与环境的相互关系，并用来界定社会工作的特质。心理社会学派的另一位学者托尔（C. Towle）在20世纪50年代正式提出了"人在情境中"（person-in-environment, PIE）的概念，这一概念进一步强调了人与环境之间的相互作用和相互影响。

"人在情境中"在英语中有两种表达方式,一种是"person-in-situation",另一种是"person-in-environment"。心理暨社会学派使用的是"person-in-situation"这一表达方式,强调情境为个人的"situation"。该学派的"人在情境中"指个人受到其生存环境内的诸多因素的影响,并且人的内心事实及所处的社会环境经常处于交互作用状态,因此必须注重人的心理因素和社会因素。"person-in-environment"由美国社会工作人员协会于 1994 年正式使用,用以描述服务对象的人际、环境、心理与身体健康状况的知识系统,该系统兼顾了服务对象的问题和能力,强调问题不只来源于个体特质,同时也存在于个人与环境的复杂性。尽管"人在情境中"的表达方式不一,词汇背后关于人与环境关系的假设也不尽相同,但无论哪种表达方式都包含了三个层面:人的层面、环境的层面、人与环境关系层面。综合而言,这一理论认为,人生活在特定的环境中,包括生理、心理和社会三个层面,应将服务对象的心理状态、心理过程同其生活的社会环境结合起来,因为人与环境是一个互动的系统,一起推动个人的成长与发展。换言之,只有将遭遇问题的人放在其特定的环境中去考察,才能真正理解人的行为,并找到恰当的治疗方法。①

"人在情境中"的理论视角整合了一元论视角下认为社会问题产生的根源要么来自个人要么来自社会的两种观点,强调的是个人与环境之间的相互影响。一方面,个人的行为和心理产生于具体的环境;另一方面,个人是具有认知能力的能动个体,处在同一环境下的个体又有着各自不同的选择。因此,我们不能否认个体对自己的行为、问题和社会处境所应负的责任,特定的环境并不能成为"每个人不必为自己行为负责"的挡箭牌。

基于"人在情境中"的理论视角,禁毒社会工作通用过程模式认为,社会工作者要认识毒品问题产生的社会背景,而不是简单

---

① 宁玉梅:《人在情境中:生态系统理论和增权理论的比较》,《学理论》2013 年第 25 期。

地将问题产生的原因解释为个人性的;同时,在我们将遭遇问题的人放在其特定的环境中进行分析时,也应识别出它们与整个宏观社会制度安排之间的关联性,从而不断推动毒品问题治理相关政策的发展。此外,个人是具有认知能力的能动主体,具备自主选择生活的能力,禁毒社会工作者可以通过提供专业助人服务,一方面帮助服务对象增强社会功能以抵御毒品危害;另一方面帮助有吸毒史的服务对象彻底戒除毒瘾,建立良好的健康生活方式,使其能重返社会,较好地适应社会。

(四)标签理论

标签理论是以社会学家莱默特和贝克尔(Lement & Becker)的理论为基础而形成的一种社会工作理论,用以解释越轨行为是如何产生及其发展的,即从符号互动论的角度探讨越轨行为,认为越轨是社会互动的产物。这种理论认为现实社会中的每一个人在人生的不同阶段偶尔会有发生违反社会规范的行为(称之为"初级越轨"),这类行为都是暂时的、试探性的、轻微的和容易隐瞒的,因而并不会对个人的心理形象和社会角色扮演产生持续的影响,只有被贴上"标签",初级越轨者才有可能走上"越轨生涯"。例如,一个青年人在一次朋友聚会中出于好奇而吸食了一次毒品,虽然违背了普遍的行为规范,但由于这一行为未被公开,行为者本人并不承认自己是越轨行为者。但是,如果这一行为被警察当场抓获,也就意味着他被公开视为一名越轨行为者,他就有可能发展成为有再次越轨行为。由此可见,标签理论注重"越轨者"在被张贴标签后的社会反应,认为社会反应,诸如冷漠、轻视、歧视等都会促使越轨者踏上"越轨生涯"。也就是说,一个人被贴上"标签",是与周围环境中的社会成员对他及其行为的定义过程或标定过程密切相关的。

所以,在禁毒社会工作实践中,社会工作者对不幸被贴上标签的越轨者(如吸毒者),既不应表现出轻蔑和厌烦的态度,也不用表现得过于关爱和小心翼翼,两者同样都会使越轨者认为社会工作者对自己的帮助是一种同情和怜悯,从而确定自己真的是有问题的人。禁毒社会工作者要清楚地知道，在为越轨者提供助人服务过程中的不适当的工作态度，会适得其反地促使越轨者新的不正常的自我形象的形成。因此，禁毒社会工作的一个重要任务就是要通过一种重新定义或标定的过程，来使那些原来被认为是有问题的人恢复为"正常人"。

（五）增能理论

增能，也称增权、赋权、充权，它从英文 empowerment 翻译而来。社会工作中的增能取向实践始于20世纪70年代。在1976年出版的《黑人增权：受压迫社区中的社会工作》一书中，索罗门（Soloman）认为，增能是社会工作者针对服务对象所采取的一系列活动的过程，旨在减少基于污名群体的成员的负面评价而形成的无力感。它涉及辨识导致这一问题的权利障碍和旨在减少间接权利障碍的影响和减少直接权利障碍的运作的特定策略的发展实施。增能取向实践在社会工作专业中由此正式诞生。增能取向的社会工作认为，个人需求不足或问题的出现是由于环境对人的排挤和压迫造成的，社会工作为服务对象所提供的帮助应该着重于增进他们的权能，以对抗环境的压力。

正如前面所提到的，社会工作是以帮助服务对象克服其成长和发展中个人或环境遇到的障碍，促进个体自身发展，完善自身社会功能为目的的。可见，增能取向的社会工作实践最能契合社会工作"助人自助"的核心价值。在禁毒社会工作实践过程中，社会工作者要以增能为导向，相信任何人都有属于自己的知识、技巧与能力，必须充分认识他们的价值，而非只是看到标定在服务对象身上的负面标签。禁毒社会工作者通常面向的是被贴上负面标签的社会弱势人群，要抛开社会偏见和成见，尤其要相信服务对象有自己改变自己的能力，他们有能力去增加他们的优势并由此为社会的整体利益作贡献。因此，禁毒社会工作者在对服务对象问题进行介入时，要帮助服务对象明确其所处的环境，发现他们的需求，使服务对象认识到自己的潜能，从而自己学会运用资源，真正掌握能力，掌握自己的生活，远离毒品。

【课堂活动 5.3】

我们已了解到与禁毒社会工作通用过程模式有关的一些理论。如果请你把前述的理论以及在第三章学习的理论进行归类的话，你将会怎么来划分？

上述这些理论（包括在第三章学习的理论）的主张虽看上去各有不同，但还是能从中找到一些共同之处。当然，要将这些理论排列组合一定不是一件容易的事情。将那些看似庞杂的理论进行分类，其目的在于帮助我们在开展禁毒社会工作服务过程中，能够根据服务对象自身的需求和特点较为高效地匹配到合适的理论，进而为下一步制订计划和介入找到科学的理论依据。同时，在这一过程中，我们将有机会更为细腻地把握到不同理论之间的异同及其优势与不足，从而为更好地运用理论进行分析提供坚实的基础。

每个人可以用自己的方式对上述所学的理论进行分类，这样更便于我们在日常工作中进行使用。在这里提供一个分类的视角，供大家参考使用。我们在面向服务对象提供专业服务时，更多看到的是"问题"还是"机会"。多元因素决定论、"生理-心理-社会"视角、"人在情境中"以及生态系统理论等这一类理论强调，不要只认为是服务对象的问题，更要考虑环境的问题，要改变的不只是服务对象，更是他们身边的环境系统。而优势视角强调的是，不要只看到服务对象的问题，更要看到服务对象的优势、潜能和资源；不要只看到服务对象面临的困难，更要看到服务对象解决和改变的可能性与内在动力。

三、禁毒社会工作通用过程模式的特点

不同于将社会工作服务对象分成个人、家庭、小组、社区的传统实务方法，通用过程模式将助人过程看作是一个有计划、有步骤解决问题的过程，强调实务过程是一个有弹性的、各阶段时有交叉重叠的、持续的过程，是一个系统的程序。综合学者们的观点，禁毒社会工作通用过程模式作为社会工作实务在禁毒工作领域的具体应用，也同样具备下述特点。

（一）强调助人是一个过程

无数社会工作实践经验表明，无论是帮助个人和社会系统提升社会功能，还是解决或预防问题的产生，都需要经过一个操作实施

的过程，才有可能有计划、有步骤地达到改变的目的。

首先，社会工作专业助人关系的建立是一个过程。在第四章的学习中，我们认识到社会工作者要能有效地协助服务对象改变，就要在与服务对象接触过程中建立起良好的专业助人关系。通过专业助人关系，工作者才能与服务对象讨论如何处理困难和解决问题，改变态度和行为，才能在过程中逐渐产生改变的作用，达到助人的目的。

其次，改变是一种过程。过程不是一种突变，而是由量变到质变的过程，是服务对象逐步形成自我改变意识的过程。在这个过程中，社会工作者促使服务对象在自我觉悟、自我引导和自我行动中教育自己和改变自己。改变同时是一个内部的过程。改变必须从系统内部开始，服务对象有了改变的动机，工作者才能与其共同发现与分析问题，进而学习改变，达到改变的目标。

最后，改变必须是一种主动与自发的过程。改变是一种具有高度的自动性与自发性的行为。如果服务对象不是发自内心主动要求改变，而是被动地接受工作者为其处理困难与解决问题的安排，这种改变就只能是一种表面的改变，治标不治本。帮助吸毒者戒除毒瘾，必须启发与促进服务对象内心戒除毒瘾的动机与愿望，使改变成为一种自觉的行为。实现这样的目标不是一蹴而就的，而是要经过一个过程。

（二）使用综合方法

通用过程模式在理论取向上采用综合的立场。综合不是大杂烩，而是要从各种可取的知识中选取那些最适合的。所谓最适合的知识，并不取决于社会工作者个人的偏好，而是必须要遵循社会工作实践认可的一些准则，其中一个最基本的准则是，这一知识是否经过了实践的检验，是否确实可信。

（三）助人过程阶段化

通用过程模式将助人过程划分为逻辑上前后相连的几个阶段，例如，介入是在有了计划和签订服务协议之后进行的行动。通用过程模式将助人过程区分为不同阶段并不意味着助人过程是截然分开的、各自独立的。相反，分阶段划分的主要目的在于，显示助人过程中不同阶段的主要特点。在实际工作中，不同的阶段可以交叉和重叠。

（四）阶段之间彼此关联

在通用过程模式中，助人的每一阶段对服务对象都是重要的，都有与之相联系的具体任务，社会工作者完成每一项任务也都需要专门的技巧。一个阶段的任务完成不好，会影响到下一个阶段任务的完成。举例来说，在开始阶段，禁毒社会工作者安排的第一次与吸毒者的会谈因故未能实现，自然影响到后面所有阶段的工作。为确保每一个阶段任务的实现，学习与这些任务联系在一起的概念和技巧是必要的。要真正提高开展禁毒社会工作具体服务的技巧，发展我们完成任务的能力，除了课程中练习使用这些技巧外，还可以通过参加实际工作和接受督导的帮助来实现。

（五）整合的价值观

通用过程模式整合了社会工作的核心价值观。这一模式强调服务对象参与和接纳服务，关注服务对象在服务过程中的主动参与性，尊重他们的个体差异和文化背景，确保服务的个性化和有效性。社会工作伦理守则要求社会工作者对其提供的服务负责，通过让服务对象参与持续的、定期的评估，有助于社会工作者履行专业责任，可以不断优化服务方案，提高服务质量。此外，通用过程模式还倡导社会工作者积极参与社会正义和倡导活动，为服务对象争取更公平的待遇和机会。总之，这种整合的价值观不仅整合了丰富的理论知识和实践技能，更重要的是，它将社会工作的核心价值观贯穿于整个助人过程，指导着社会工作者在各种复杂情境中做出恰当的决策和行动。

四、运用通用过程模式应考虑的因素

（一）助人过程各阶段的先后次序是有弹性的

通用的过程模式假定：社会工作者与服务对象面对面接触，服务对象参与所有工作阶段。这在服务对象寻求帮助的个案工作中确实如此。但是，通用过程模式的服务对象不只是个人，多样的服务对象决定了助人过程各阶段的先后次序可能会有所不同。比如，某社区居委会准备开展一项无毒社区的创建工作，社会工作者要先评估社区的需要，然后策划工作方案，再接着寻求社区居民的直接参与，即先有评估，后有建立关系和接案的工作。在某些危急情况下，例如发现儿童有可能被吸食毒品的父母虐待时，社会工作者首先要保护儿童，将其带离危险的环境，即进行直接的介入。在另外一些情况下，助人过程还会在某一阶段被简化，例如，在接案后就结案，或者将服务对象转介给另一机构。

（二）工作过程可能是螺旋式的

各阶段有先后顺序并不等于必须完成一个阶段后才能进入下一个阶段。事实上，在助人过程没有结束前，哪一个阶段都不会真正结束。对服务对象问题的理解是一个随时间不断深入的过程，问题本身也会随着时间的推移而改变。禁毒社会工作者在与服务对象工作中发现了新的问题，比如原先预估的服务对象吸毒原因是为了减轻创作新作品而生的焦虑感，通过工作发现其更深层的原因是无法排解成名后带来的孤独感，这时我们就要改变原来的计划。有的时候，社会工作者还需要重新建立专业助人关系。总之，助人过程不是直线式的，完成一项工作后要回过头来看看上一个阶段的工作是否需要再进一步跟进。

（三）模式本身只可作为实务过程的参考

通用过程模式不可能解答我们在助人过程中遇到的所有问题。它更类似于一张地图，为社会工作者的工作方向提供重要的信息和引导，让我们能找到要去的地方。通用过程模式只给了社会工作者一些助人过程中十分关键的路标，但不是全部。因此，社会工作者必须学会在实际工作中运用自己的知识和技巧来弥补抽象模式的不足，根据实际情况随时修正工作的方法，调整工作的过程。

第二节 禁毒社会工作通用过程模式中的四大系统

在学习并开始尝试运用通用过程模式之前，还需要去了解一下四个基本系统，它们是用于分析助人情境的基本的理念工具。在接下来的各个阶段里，当讨论到某一个具体的助人阶段时，就需要灵活运用这些工具来助力服务的顺利进行。

社会工作过程是社会工作者运用各种知识与资源，与各要素系统共同努力，通过一系列具体的工作达到工作目标的改变过程。平卡斯和米纳罕将之称为"改变的努力（或变迁努力）"[1]。这个过程包含了改变媒介系统、服务对象系统、目标系统和行动系统四个基本系统。这四个基本系统不断互动，从而实现社会工作助人的目的。可以说，"四个基本系统"为社会工作者提供了一个实务工作的参考架构。社会工作者可以根据人与系统在其环境中的互动状况决定自己的工作目标，确认工作中所涉及的人和系统及其相互关系。

例如，一位从事社区禁毒工作的社会工作者要同各种家庭，或各种年龄的人、利益各异的人（诸如老年人、在职的父母、青少年、儿童、物业工作者、警察、医务工作者、其他基层政府官员、其他福利机构、志愿者、社区领袖甚至地方政府领导人）一起工作。由于涉及的人相对复杂，社会工作者在与不同的人一起工作时不得不决定什么是自己要改变的目标和要建立怎样的工作关系。四个基本系统可以作为分析工具，帮助社会工作者决定应该做什么。

---

[1] Allen Pincus, Anne Minahan, *Social Work Practice: Model and Method*, Itasca, IL: Peacock, 1973.

一、改变媒介系统

所谓"改变媒介"是指受雇于公立、志愿、非营利机构、组织、社区中的社会工作者，是"有计划变迁"的具体操作者，是促使服务对象发生改变的媒介。

改变媒介可促进个人完成生命任务及系统应对问题能力的提高，促进服务对象与资源系统之间的良性互动，达到计划变迁的目标。在具体的帮助服务对象的社会工作过程中，改变媒介往往不是由社会工作者单独行动就能奏效的，而是由具有不同专长的助人者组成，形成共同的工作团队，即改变媒介系统。在这个团队中，社会工作者往往是协调者，协调不同的助人系统进行合作，以更好地帮助服务对象。例如，社区的禁毒社会工作者是戒毒者的主要改变媒介，在引导、改变戒毒者的工作中要同时与戒毒者的家人、街道派出所的民警、社区的医务工作者、街道干部及居民委员会主任一同工作，促进戒毒者戒除毒瘾，不再复吸，重新融入社会，并协调不同部门的工作。

改变媒介系统可以是私立的，也可以是公立的，可以是营利的，也可以是非营利的。当社会工作者以个人的名义开展业务时，他自己就构成了改变媒介系统，在这里改变媒介就是改变媒介系统，两者合二为一。当服务的提供者是一个团队时，主要负责协调各个团队成员活动的人应该是改变媒介。可以看出，改变媒介系统既是服务对象改变的媒介，又是改变努力的主要行动者，是专业的助人者。

人们一般认为改变媒介的工作会受到雇用他的改变媒介系统的影响。改变媒介系统的影响可能是正面的，也可能是负面的。正面的影响在于，组织能提供资源，并监管改变媒介的服务质量。负面的影响在于，改变媒介系统有时会阻碍工作者提供良好的服务，甚至有可能对服务对象的需要反应冷淡。例如，在一些禁毒社会工作机构，为了便于行政管理，机构需要标准化工作流程，如此便可能

【课堂活动 5.4】
禁毒社会工作者李某离开服务机构后，回到自己的家乡继续开展社区禁毒服务。李某此时是改变媒介还是改变媒介系统？判断依据是什么？

之后，随着服务的增多，有越来越多的人加入他发起的社区禁毒服务，他也开始负责协调各个团队成员的活动。那么，他现在是改变媒介还是改变媒介系统？判断依据是什么？

对服务对象的个人需要不会考虑得很细致。

二、服务对象系统

服务对象系统是指社会工作服务的对象，也是社会工作服务的直接受益人。服务对象系统可以是个人、家庭、团体、组织或社区。前来社会工作机构求助的服务对象带有不同的问题和不同层次的需求。大多数服务对象在求助以前，通常都有过自己努力去解决问题的经历，当他们以个人能力无法解问题时，可能首先是求助于自己的自然助人网络，也就是使用非正式的资源系统解决自己的问题与满足需要，如亲戚、朋友、邻里等。走进社会工作服务机构可能是在其经过一段不成功的尝试后所作的最后选择。来社会工作机构求助的服务对象有以下类型：自己主动求助的；邻居、熟人、朋友介绍的；其他机构转介来的；有关司法机构要求的等。

一般来说，当服务对象前来社会工作服务机构求助，并已经使用社会工作服务时，即成为"现有服务对象。"当服务对象没有求助，但可能需要社会工作服务，或者是妨碍他人或系统社会功能的正常发挥时，他即成为"潜在服务对象。"社会工作者的任务是与潜在服务对象建立联系，使其了解接受社会工作服务对他的意义。

社会工作者与服务对象专业关系的建立，以及在助人过程中与服务对象的互动都与服务对象的类型有关。社会工作者的任务是辨别服务对象的类型，弄清楚服务对象是如何来社会工作机构求助的，并努力使"潜在服务对象"了解接受社会工作服务对他的意义，努力使潜在服务对象成为现实的服务对象。社会工作者需注意，服务对象系统的规模不是一成不变的，在社会工作过程中可能会有所改变。比如，上述讨论中的服务对象系统一开始是有吸毒行为的青少年，后来工作者发现服务对象系统的问题与其父母的婚姻关系有关，那么服务对象系统可能会扩大到孩子的父母。

【课堂活动 5.5】
李某是某中专学校的驻校社会工作者，工作中发现二年级有个男生存在吸毒问题。随着对该男生的不断了解，李某发现该男生的吸毒问题与他父母的婚姻关系有关。那么，该男生和他父母谁是服务对象系统？判断依据是什么？

三、目标系统

为了达到改变服务对象系统的目的所需要改变和影响的系统即"目标系统"。由于服务对象系统需要的满足与问题的解决经常与其所处的环境系统有关，所以，在实际工作中，在确认了服务对象系统后，社会工作者的任务通常是要与服务对象系统一起确定目标系统，即为达到改变服务对象和其社会环境的目的所要被改变与被影响的系统。

一般来说，目标系统大于服务对象系统，而且具有时效性，随着问题的发展而变化。服务对象系统与目标系统有时是一致的，有时是不一致的，有时还可能是交叉的。在介入过程中，社会工作者要注意目标系统并不一定总是支持改变的，有时也可能会不愿改变。这就需要运用一些工作策略对目标系统施以影响，如可以要求人大代表向当地政府的相关部门施加影响，制订有关加强毒品预防教育的政策。

此外，目标系统之一——公安部门就是与服务对象系统分离的。当社区居民与政府有关职能部门（如派出所民警）接触时，可能会遇到困难，如不懂如何表达、没有自信心等。这时，禁毒社会工作者需要给他们以鼓励并帮助他们准备资料、练习表达方式等。在这些活动中，禁毒社会工作者把居民看作是另一目标系统，工作目标不只是帮助他们解决抵御毒品危害的问题，而且还要增加他们的自我价值感和信心，鼓励他们参与社区生活。这对他们学会应对其他问题有很大帮助。

在课堂活动 5.5 中，驻校社会工作者发现学生吸毒行为后，学生即成为服务对象系统，他的父母成为潜在的服务对象。为达到帮助孩子戒毒的目的，就要与孩子的父母一起工作，解决孩子吸毒的问题，这时，孩子就成为孩子父母（服务对象系统）的目标系统。为了帮助与改变孩子（服务对象系统），工作者要改变孩子父母的关系，这时孩子的父母又成为目标系统。在这个例子中，服务对象

【课堂活动 5.6】

为深入推进禁毒"大扫除"专项行动，协助街道办进一步做好"无毒街道""无毒社区"创建工作，街道干部、居委会主任、社区禁毒专干与社区居民共同商讨创建无毒社区的方案。请你找出其中的目标系统？

系统与目标系统就是交叉的。

四、行动系统

行动系统是指那些与社会工作者一起工作，实现改变目标的人。为了实现与服务对象的契约，帮助服务对象达到改变的目标，社会工作者要进行各种努力，调动各种资源。社会工作者不是孤立地进行这些改变的努力，而是同与服务对象有关的人、系统一起工作，形成一个行动系统。可以说，他们是社会工作者的同盟军，是与社会工作者一起进行改变努力的系统。如课堂讨论5.6中为创建无毒社区而采取行动的人大代表就是行动系统，是与社会工作者一起工作并影响目标的系统。

在一个特定情境中，改变媒介可以与一个行动系统工作，也可以与几个行动系统工作，以完成不同的改变任务，实现不同的目标。如在创建无毒社区的例子中，为寻求改变，禁毒社会工作者在工作的不同阶段与不同的行动系统工作，每一个子系统都可以扮演不同的角色。比如，一个行动子系统可以负责有关研究、收集资料的工作，另一个子系统负责与有关政府部门的联络，在这些活动中，禁毒社会工作者是与行动系统一起工作的。

此外，在帮助服务对象改变的过程中，禁毒社会工作者也要善于将有助于服务对象改变的人员组成新的行动系统，去影响服务对象。当存在多个行动系统时，要注意协调各行动系统的工作步调。如在帮助戒毒人员回归社区的工作中，要注意协调街道社区、活动中心、卫生部门、警务部门、社保机构等行动系统的工作。同时，要随时研究、评估行动系统是否有效运作。当行动系统不能发挥作用时，应及时诊断其原因，并调整行动系统。

以上四个基本系统为禁毒社会工作者的助人活动提供了工作的介入蓝图。禁毒社会工作者要意识到，在社会工作的助人过程中这四个基本系统不断地互动，从而达到助人的目标。作为改变媒介的社会工作者是服务对象改变的重要人物，而对于各系统的分析与运用是达到助人目标的重要工具。四个基本系统将有助于社会工作者在助人过程中遇到不同的服务对象时，从复杂的关系中澄清自己的目标。

第三节 禁毒社会工作通用过程及其应用

在前面的学习中，我们了解了社会工作的不同实务模式。从社会工作实务过程出发，有平卡斯与米纳罕的接触、订立契约与结案三阶段论，有舒曼的初步接触、开始接案、落实工作与终结的四阶段论，还有萨提亚的与人接触、肯定事实、引发自我觉察、促进自我接纳、促使改变发生和巩固改变成果的六阶段论。

为了给社会工作者在助人过程中提供思考和行动指南，使社会工作服务更有效率、更科学，从通用的社会工作实务观出发，通用过程模式吸收了各种助人模式的优点和共性，将这个过程大体上划分为五个阶段，并在每个阶段总结了具体的实施与操作步骤、面对的问题与解决问题的技巧和程序。就开展禁毒社会工作实务而言，通用过程模式所划分的订立关系、预估问题、计划和签订服务协议、工作介入、评估与结束五个阶段，可以贯穿于禁毒社会工作的个案、小组、社区服务之中。当然，知道并开始能尝试运用这些步骤和技巧仅仅是作为一名禁毒社会工作者迈出的第一步。如果我们想成为一个能力卓越的禁毒社会工作者，更为重要的是在实际工作中运用知识和自己的经验与技巧来弥补其中的不足。

一、订立关系阶段

按照通用过程模式，订立关系阶段其实就是建立专业助人关系的一个过程，在这个过程中，一个人一旦成为服务对象，他便会对服务对象角色的期望和义务有所承诺，并识别出与服务对象系统相符的行为表现。也有一些学者将订立关系和建立专业助人关系分为两个部分。当一个人（求助者）寻求社会工作助人服务但还不是服务对象时，他便处于订立关系阶段。无论怎么划分，在这一阶段，求助者和社会工作者都在估量能提供的服务和想获得的服务是否吻合。只有求助者和社会工作者对服务的含义有一致看法时，社会工作服务才能开始。

因此，订立关系阶段是禁毒社会工作者与服务对象接触、建立专业助人关系的必经过程，也是其提供助人服务活动的开端。同时，订立关系阶段是整个助人过程的基础和起点，也是专业助人活动成功的前提。这一阶段涉及的工作主要有以下几个方面。

(一) 了解服务对象的来源和性质

禁毒社会工作的服务对象可能是一个人、一个家庭，也可能是一个小组，乃至于一个社区。在开展禁毒社会工作服务前，有必要对服务对象的来源和类型有所了解，这将有助于我们识别订立关系阶段可能存在的困难和可以采取的策略。

1. 服务对象的来源

服务对象的来源在一定程度上影响禁毒社会工作者应该如何组织自己的角色，如何建立与服务对象的关系。因此，禁毒社会工作者在面对不同来源的服务对象时，需要有不同的技巧。一般来说，禁毒社会工作者主要通过三个途径接触到服务对象，即：主动求助、他人转介和外展获取。

(1) 主动求助

这是指服务对象自己直接上门寻求服务。这就意味着，只有具备一定禁毒社会工作服务知识背景的人在需要相关服务时，或服务本身对他们有吸引力时，才会主动来寻求帮助。不过，在社会工作实务中会经常碰到另一种情况，就是主动求助的服务对象可能错误理解了机构的服务是否适合他们的需要，社会工作者需要把与其服务范畴不适合的服务对象筛选出去。在禁毒社会工作服务中，主动求助的服务对象并不多见，尤其是国内受"家丑不可外扬"的传统观念影响，吸毒者并不愿向外人提及自己有悖社会主流伦理观念的这一行为。这一观念会让生活在社区里的吸毒者错过获得社区提供的专业服务和救助的机会。

（2）他人转介

转介包括由机构正式转介，也可以由认识服务对象的人给予非正式的转介，如家人、朋友或邻居转介。转介的出现，源自服务对象多样化的需要，使得正在提供服务的机构不得不根据服务对象的新的需要转介给另一个更适合的服务机构。在转介过程中，社会工作者必须具有同转介来源建立良好工作关系的能力，以确保转介有助于满足服务对象的需求。

在禁毒社会工作服务中，他人转介而来的服务对象比较多见，是服务对象的主要来源之一。这些转介中，一类是来自基层政府职能部门的转介，如强制隔离戒毒所、社区居委会、医院、派出所等；另一类是来自与吸毒者有关的家人或朋友等的转介。前者是正式转介，后者是非正式转介。

（3）外展获取

不是所有的服务对象都有主动性，或都有被转介给禁毒社会工作服务机构的机会。没有寻求服务的动机并不意味着服务对象不需要服务，或者服务对象不想获得服务。这就需要禁毒社会工作者主动对外开展一些与毒品有关的校园活动和社区活动，向一些可能缺乏毒品知识的服务对象，或没意识到需要这类服务的服务对象推广禁毒社会工作服务，将社会中潜在的服务对象主动发掘出来。在外展活动中，禁毒社会工作者要让机构提供的服务富有吸引力且具有亲和力，以消除服务对象的不信任和怀疑。

2. 服务对象的类型

当助人服务面向的是个人时，从理想的社会工作服务的角度看，一个能从服务中受益的人，才是一个真正的服务对象。因此，在一个人真正具有服务对象身份前，我们都将其看成是潜在的服务对象。一旦成为服务对象后，我们便可以按服务对象寻求服务时的意愿程度加以分类。

【课堂活动 5.7】
请举例说出通过前述三种方式获得社会服务的服务对象？

（1）自愿的服务对象

这是指那些主动寻求禁毒社会工作服务的人，他们自愿成为服务对象。显然，他们大部分来自主动求助。不过，来自他人转介的服务对象和通过社会工作者外展获取的服务对象，也有可能是自愿的。比如，一些从强制隔离戒毒所出来的戒毒者就非常渴望能够重新开启自己的新生活。因此，与这类服务对象建立专业助人关系比同非自愿或不自愿的服务对象建立关系要容易得多。

（2）非自愿的服务对象

这些服务对象不必像强制隔离戒毒那样必须依法接受社区提供的一些旨在促进服务对象社会适应的专业服务，但是如果他们拒绝服务，可能会有不良的后果。这些不良的后果，可能是会错过他所在的社区提供的福利服务，也可能是要面对来自家人的压力和对其不再复吸的不信任，或者是得到一份自己心仪工作的机会。所以，就可能存在这样的现象，即服务对象表面上会表现出愿意与禁毒社会工作者面谈，但内心却不愿与他合作。

（3）强制接受服务的服务对象

这些服务对象依法要接受特定的服务，如果拒绝服务，就要面临来自法律的制裁，比如强制隔离戒毒。这些服务对象的抗拒行为会非常明显，建立信任关系非常困难。强制隔离戒毒所的禁毒社会工作者在运用权威开展服务时，必须要有非常娴熟的工作技巧，否则很难建立专业助人关系。

总的来说，对于禁毒社会工作者而言，无论服务对象从何而来以及他们带有怎样的意愿，都需要在助人服务过程中增强服务对象的自愿因素，即使服务对象抵制以及拒绝工作者提供的服务，禁毒社会工作者也要尽力而为。禁毒社会工作的一切服务都是要从戒毒者成为服务对象开始。

（二）初步评估

初步评估的任务主要是界定并确认服务对象的问题，对照禁毒社会工作服务机构的功能，确认是否接受其为服务对象或转介。在订立关系阶段，初步评估主要是用于识别服务对象最初关心的议题，以便准确了解服务对象的需要，确定是否能够为其提供服务。想要做好初步评估，需做到以下几点：

1. 确保服务对象所需的服务符合机构的工作范围

在订立关系阶段，禁毒社会工作者必须确定所提供的服务是否可以满足服务对象的需要，或解决服务对象的问题。因此，禁毒社会工作者必须粗略地掌握服务对象的需要或问题，这样才能较早地判定可提供的服务是否能满足服务对象的需要。如果服务需求超越了本身机构的工作范围，就要尽快地把其转介给另一个或许能满足其需要的机构。例如，在社区戒毒康复服务中，许多从强制隔离戒毒所出来的戒毒者面临失业、没有任何经济收入的困境，迫切需要申请低保，那么禁毒社会工作者就应该把其转介给当地社区负责审核低保的职能部门。

2. 决定紧急介入

对于禁毒社会工作者来说，对问题的迫切性具有敏感性是十分重要的。在一些危及生命健康、公共安全等特定的情形下，禁毒社会工作者必须具有能灵活处置问题的能力。例如，禁毒社会工作者发现正在接触的一个戒毒者有向其未成年孩子家暴的行为，社会工作者必须在初步评估时就决定立即介入，以尽快让未成年孩子脱离再次被家暴的风险。

3. 决定自己是否有能力处理

在禁毒社会工作服务过程中，会遇到各式各样的服务对象，他们可能有着形形色色的问题。初步评估使禁毒社会工作者有机会估量自己是否有足够的能力提供特定服务对象所要求的服务。当服务对象的问题复杂、有危险性或者工作者没有足够的信心继续服务时，就需要把服务对象转介给机构内能胜任的社会工作者或者其他机构。例如，社会工作者在一项禁毒社会工作服务中发现服务对象是一名同性恋，自己十分清楚难以面向这一人群，与其一道开展工作，那么这时就需要进行转介，转介给机构内能胜任此项工作的社会工作者，或者转介给其他能面向这一人群开展相关服务的机构。

4.决定问题的优先次序

在禁毒社会工作服务中,服务对象通常会同时面临着多重问题。若一次需要同时解决的问题太多,服务对象的行为将会陷入混乱之中。这时就需要禁毒社会工作者整理出问题的优先次序,将要解决的问题进行排序处理。在决定处理问题的优先次序时,需遵循下述原则。

（1）服务对象的倾向至关重要

这是因为只有服务对象自身认同了,才会更加主动地去寻求改变。在助人服务过程中,这也是服务对象自决原则的体现。由于接受禁毒社会工作服务的服务对象大多会被他人视为社会的负担,有时候服务对象自己也会认定自己是个无可救药的人,禁毒社会工作者在判定问题的时候争取服务对象对"问题"的认同就显得尤为重要了。

（2）优先处理容易实现的目标

一开始让服务对象处理难度较大的问题,容易让服务对象遭受到挫败感而不再愿意继续进行改变。优先处理那些容易实现的目标,不但会增强服务对象的改变动机,还会增强其解决其他问题的信心。对于禁毒社会工作服务中那些有吸毒史的服务对象而言,大多会表现出缺乏自信心、挫败感强,因此,开始阶段所要解决问题的难易程度,往往决定了他们是否还会参与后续的改变行动。

（3）前提性问题必须先处理

面对杂乱且看上去毫无关系的问题,禁毒社会工作者首先要梳理服务对象各个问题间的逻辑关系。抓住并处理好前提性问题,犹如把好方向之舵,会促使后续问题迎刃而解。在面向吸毒者的禁毒社会工作服务里,通常优先去解决的是服务对象的吸毒问题,然后才是其他行为问题。服务对象的许多行为问题,比如家暴、赌博、卖淫、偷窃、抢劫乃至零星贩毒等违法行为,很多都是出于获得毒资以满足自己吸食毒品的需求。

（4）先解决会使服务过程复杂化的问题

例如,一名新婚不久的女性瞒着自己的老公吸食毒品,期间没有使用适当的避孕用品和避孕措施。此时，禁毒社会工作者要先帮她避免意外怀孕，这样情况就不会进一步复杂化。在这之后，再处理她吸毒的问题。

（三）初步建立专业助人关系

在禁毒社会工作实务中，与服务对象建立起良好的专业助人关系是实现助人目标的重要一环。建立良好的专业助人关系可以使禁毒社会工作者和服务对象保持一种有意义的联结，会激发服务对象主动进行改变的动机，使其愿意接受禁毒社会工作者的协助，推进禁毒社会工作的服务进程。

如何让服务对象尤其是有过吸毒史的服务对象能感受到禁毒社会工作者的助人意愿并愿意接受其提供的专业服务呢？这里分享五个共同因素。

1. 力求与服务对象沟通想法和感受

禁毒社会工作者如果没有感同身受地理解服务对象的想法和感受，那么建立的专业助人关系便不会牢固。尤其是那些有着吸毒史的服务对象，更需要禁毒社会工作者能主动同理到他们的想法和感受。

2. 与服务对象彻底沟通有关他们之间的资料

为了能与服务对象做到彻底的沟通，尤其是在面对吸毒者时，禁毒社会工作者首先应该做到真诚，能适当地进行自我披露，而不只是单方面向服务对象一味地索取资料，要让服务对象感受到被关注和被接纳。

3. 与服务对象的沟通充满亲切感和关怀

换句话说，禁毒社会工作者的沟通更需要能给服务对象正面的感受。这样服务对象才会觉得受尊重、受敬重。社会工作者应该让服务对象感受得到他关怀和保护服务对象利益的真诚态度。

4. 力求使自己的角色能与服务对象互补

禁毒社会工作者在服务的过程中，要适时根据服务对象的需求变换自己的角色，形成互补，以促进双方的互动，助力服务目标的实现。如果角色不能互补，互动会变得更为艰难，助人过程便不会有效。例如，一名刚完成戒毒的服务对象迫切需要一份新的工作来

【课堂活动 5.8】

假设你是一个有复吸史的吸毒者，你想找一个专业社会工作者帮助你戒毒，在什么情况下你会与他建立工作关系并有所承诺？

重塑新生活，这时禁毒社会工作者就需要扮演一个资源整合者的角色，助力服务对象找到一份合适的工作。当服务对象对获得新工作愈发感觉到不能胜任时，禁毒社会工作者此时就需要扮演一个使能者的角色，与服务对象一起评估与问题产生有关的态度、技能和方法等因素，帮助服务对象获得个人的成长。

5. 力求与服务对象建立信任

促使自己和服务对象都看重各自的责任。要建立信任，禁毒社会工作者必须开放、真诚，并能向服务对象证明自己是负责任的、有能力的工作人员。此外，也要让服务对象了解到禁毒社会工作者也会受制于社会工作的专业守则。

（四）决定工作进程

在开始接触和初步评估之后，禁毒社会工作者便要决定如何进行以后的工作，即要决定什么样的行动步骤最为合适。关于工作进程的决定，存在以下几种可能。

1. 终结服务

如果服务对象不想进入工作关系，也没有义务接受服务，则要结束服务。例如，在某个社区开展的禁毒服务宣传活动中，前来参与的社区戒毒者对禁毒社会工作者的服务提议可能没有什么回应，因为他们可以自由选择，就不应强制他们一定要接受服务。另外一种情况是，在有些禁毒社会工作服务里，服务对象痛快宣泄压抑已久的情绪后，一下子感到前所未有的轻松，困扰自己已久的情绪压抑得以解决，就自然不觉得还要继续接受服务了。

2. 转介其他服务

在禁毒社会工作服务中，也会遇到一些服务对象的需要超越机构服务范围的情况。此时，禁毒社会工作者就需要把服务对象转介给其他有关机构提供的服务。例如，禁毒社会工作者发现正在面谈的服务对象伴有一定程度的精神抑郁症状，此时就需要及时将服务对象转介到医院或能为精神病人提供社会工作专业服务的机构。

3. 进入下一个阶段

当禁毒社会工作者确定服务对象能从机构提供的服务中受益，

并做了足够建立专业助人关系的工作后，就可以进入下一个工作阶段，即预估问题阶段。在这个阶段，禁毒社会工作者的工作重点会放到收集资料和了解服务对象的问题和忧虑上。

二、预估问题阶段

在社会工作实务中，在正式介入前通常需要先预估服务对象的问题或需要。收集与服务对象有关的详细资料，了解其问题形成的过程，依据特定情境中的事实与特点，推理出有关服务对象问题或需要的暂时性结论的逻辑过程，称为"预估"。也就是说，禁毒社会工作者在预估问题阶段的工作就是通过各种途径收集服务对象的相关资料，并将资料进行分类整理和研究，清楚而又具体地了解服务对象的问题或需要，以此为进入计划和签订服务协议阶段打下良好的基础。因此，预估问题阶段在禁毒社会工作实践中十分重要。正如《CIPP 评估模型》一书的作者，美国著名的教育评估专家丹尼尔·L. 斯塔弗尔比姆（Daniel L. Stufflebeam）所说，评估既是了解的过程，又是了解的产物，是介入行动的基础。

可见，预估所确定的服务对象的问题或需要，是卓有成效地进行介入的钥匙。想要做好预估问题阶段的工作，工作者就需要回应好以下两个问题：一个是如何开展预估，即"预估的步骤"；二是如何判断这是一个好的预估，即"预估的原则"。

（一）预估的步骤

1. 收集资料

（1）资料的来源

禁毒社会工作者能否对其服务对象的问题或需要有所了解和认识，在很大程度上取决于其收集到的资料。社会工作专业自诞生之日起，就将关注的视角放在服务对象、环境以及服务对象与环境相互作用的框架下。在资料的来源上，禁毒社会工作者除了关注与服务对象本身有关的资料外，还需要探索服务对象、环境以及两者之间的交互作用。

【课堂活动 5.9】
假设你是一名禁毒社会工作者，负责某个社区的戒毒康复工作，一个由戒毒所对接到社区的服务对象的相关资料需要你去收集，你准备收集服务对象哪些方面的资料？

① 服务对象自身。

首先，要了解服务对象个人的基本资料，如年龄、教育经历、家庭关系、社会经济地位、生活中重要的人物以及相关的社会系统等。

其次，要了解服务对象如何看待自己的问题。概括地讲，就是服务对象自己觉得问题出在什么地方，原因是什么，问题持续的时间、频率和强度，问题的后果，为解决问题所做的努力，使用的方法等。

再次，要了解服务对象解决问题的动机，如服务对象是否有不适感，服务对象对解决问题的希望等。

最后，还要了解服务对象生理、情感和智力方面的功能发挥，如健康状况、活力水平等生理方面的情况，处理情绪、挫折、愤怒等情感的能力状况，认知、抽象思考、作决定等智力方面的能力。

② 服务对象所在的特定环境。

收集与服务对象有关的环境，即服务对象生活中重要的社会系统、环境的资料也非常重要。家庭系统是服务对象最接近的环境，而延伸的环境系统可能包括学校系统、工作系统、邻居、服务对象所属的群体以及整个社区。

对于禁毒社会工作而言，社会工作者对与服务对象和服务对象的问题有重要关系的人或系统要给予特别关注。特别是对与涉及吸食毒品行为有关的前后重要事件，要更为重视。

③ 服务对象与其处境的交互作用。

服务对象的问题很有可能出自其与环境的互动上。收集资料的第三个领域便是服务对象与环境的互动方面。举例来说，禁毒社会工作者在面对一个第一次吸食毒品的服务对象时，需要收集服务对象与其周围的重要人物是怎样建立联系的、需要帮助时是否会去找这些重要人物、当服务对象请求帮助时这些人物是否会有所反应等信息。由于任何一个互动关系一般都会受到其他互动关系的影响，禁毒社会工作者需要把其他各种系统间的互动作为收集资料的重点，才能对服务对象的问题有更好的了解。

(2）收集资料的方法

收集资料的方法有很多，比如，访谈、观察、家访、问卷以及运用文献资料，都是社会工作服务中常用到的收集资料的方法。在禁毒社会工作服务中，考虑到所收集资料的敏感性，需要灵活且具有创造性地运用这些方法，以避免将自己或服务对象置身于任何可能的风险中。

2. 分析资料

第一步所收集的资料，常常是粗糙与支离破碎的，要使它们具有意义，则需要对其进行解释与分析。分析和解释资料是同步进行的，但两者的任务有细微的区别。分析是把整体分为部分，以发现整体的性质、目的或作用，而解释却是努力阐明某事的含义，或使之更易理解。我们可以将分析资料分为四个过程：排列次序、发现、探索和识别。

第一步，排列次序。一般来说，一开始所收集得到的资料不会都有用。有些不相关的资料要舍弃，而对一些较为重要的资料则应该给予足够的重视。常用的筛选方法是排列次序，就是按照优先和重要性对收集到的资料的不同组成部分进行排序。例如，在确定吸毒者复吸问题时，可能要更多地注意近期与吸毒者交往的重要人物而不是来自社区的尿检记录。同样，吸毒者与其家人的互动频率相对于家庭人数而言，是决定吸毒者与家人生活融洽程度的更为有效度的指标。

第二步，发现。也就是识别所获得的资料间的关系或形态。对于从服务对象那里获得的资料，不能简单地照单全收，而应该查看资料的各个组成部分间的关系或形态。通过发现这些关系和形态，就能从对全部问题只有零散的了解过渡到有更完整的了解。例如，禁毒社会工作者收集了服务对象强制隔离戒毒期满后的生活情况（不愿出门、社恐、对美食和游玩无兴趣等），从心理-生理-社会视角出发，发掘、梳理其中的关系时，这些零散的信息就能将服务对象以一个更为完整的形象呈现出来。

第三步，探索。所收集的资料要放到产生它的环境中去了解。

同样的行为在不同的场景可能会有不同的意义。举例来说，吸毒对第一次尝试吸毒的人所产生的影响，和对已经复吸了三次以上的瘾君子而言所带来的影响，会有所不同。因此，在整理资料时，一定要结合特定的环境来理解特定的事件或行为。

第四步，识别。具体来说，就是界定形成问题的因素，以及有可能缓解问题的因素。每个人都生活在一个日益复杂的社会环境中，不但每一个行为影响着我们所处的环境，所处的环境也在影响着我们的每一个行为。因此，对于人类社会中出现的问题，不太可能会找到一个唯一的决定因素，但是可以通过发现各个因素间的关系和形态，来确定什么看起来导致了某个特定的问题。识别会让我们从问题表面因素走向其背后隐藏的其他因素。这是资料收集与分析阶段中的重要一步，缺少了这方面的认识，后续的预估就会失去焦点。

3. 解释资料

解释资料的过程是与分析资料的过程同步进行的。当解释资料时，便给获得的资料赋予了我们的分析和认识，描述了我们理解下的服务对象的处境。举例来说，禁毒社会工作者有时会把服务对象的沉默解释为是服务对象在语言表达上不自信的反映。沉默抑或是健谈并不重要，对它的解释给了禁毒社会工作者一个重要的信息，使禁毒社会工作者能更好地了解服务对象。但是，这并不是说，禁毒社会工作者做出的所有解释都是准确的且值得信赖的。唯一能信赖的是不断跟服务对象澄清禁毒社会工作者的解释，而不是解释本身。解释的过程才确保促进理解服务对象，而不是在阻碍理解服务对象。

4. 认定问题

收集到了所需的资料，然后给予了分析和解释，接下来的工作便是认定服务对象的问题。禁毒社会工作者认定问题时应该针对下述三个基本问题展开："服务对象的问题是什么？""问题是如何发生的？或者说问题的原因是什么？""改善服务对象的处境要有一些怎样的变化或做些什么？"

要回应好上述三个问题，遵循下面的要点是关键。

（1）具体界定问题

在描述服务对象问题时，禁毒社会工作者应尽可能用清楚、具体的行为用语来界定，要能直接反映出导致服务对象寻求帮助的社会功能方面的问题，而不是用一些抽象的、高度概括性的语言来描述服务对象的问题。例如，可以这样具体描述服务对象的问题："服务对象生理脱毒后始终得不到家人的谅解、关爱和支持。他们之间的互动和沟通越来越少，也让他觉得越来越难以与家人生活在一起。"而不是简单地把服务对象的问题界定为"与其家人相处困难"。在认定问题时，越能清楚详尽地阐明服务对象的问题，预估和介入工作的内容就越具体。

（2）把问题集中到一个领域

在禁毒社会工作实践中，困难的地方并不是找不到服务对象的问题，而是问题太多，不知如何开始。把问题集中到一个服务对象关心的领域是一个可取的办法。服务对象的诸多问题中，哪些是重要的，哪些是不重要的，服务对象的关心是一个重要的依据。这是因为，它决定了服务对象是否愿意更为投入和持续地参与后续的介入行动。显然，把焦点问题放到一个对服务对象和禁毒社会工作者双方都觉得重要的特定领域是十分重要的。

（3）判断必须是专业性的，以事实为依据

预估的内容要确定可信且可行，应既能符合事物发展的逻辑，也应符合社会工作专业上的判断。预估的结果代表着专业判断，但另一方面，也要得到事实的验证。换句话说，预估应该以事实为依据，应该符合逻辑，也应该与专业上的关注点和志趣相一致。在禁毒社会工作服务中，经常会遇到服务对象突然失去联系的情况。经过社会工作者百般找寻重新联系上后，问起"消失"的原因时，给出的理由看上去都很合乎情理。比如，服务对象会告诉工作者突然找到了一份新工作不方便再联系、不想让新的朋友知道自己的吸毒经历或者是去外地与好友相聚等等原因，这个时候就需要禁毒社会工作者自身的专业判断能力了。破解的钥匙，很多时候都隐藏在那些客观事实之中。

5. 准备预估报告

预估的最后一步工作是准备预估报告，这是一项非常重要的工作。这一报告常常被用来与助人服务的利益相关方沟通禁毒社会工作者的预估。看到这份报告的可能是督导，也可能是接替工作者的社会工作者同行，还可能是医生、警察、法官等相关利益方。因此，禁毒社会工作者需保证撰写出来的预估报告能将专业判断清楚地传达给他们。下面是一个预估报告模板，它由两个部分构成。

【预估报告模板】[①]

第一部分：资料与事实，包括呈现的问题、日期与接触过的人/物以及服务对象的背景资料（家庭背景、教育背景、就业历史等）。

1. 呈现的问题（即服务对象寻求援助的问题）

2. 日期和接触过的人/物

3. 背景资料：

（1）家庭背景

（2）教育背景

（3）就业历史

……

第二部分：专业判断，包括社会工作者对资料的理解，对服务对象问题的评估，对形成问题的原因分析或理解与解释，以及判断改变的可能性与改变的益处。

1. 对上述资料的理解

2. 对服务对象的问题的预估

3. 对形成问题的原因的分析，或对问题原因的理解

4. 对可以改变什么或做什么的预估

（二）预估的原则

通过社会工作预估步骤能够确保禁毒社会工作者可以实际着手去开展预估问题阶段的相应工作。但是，如果想要做好预估，为下

---

① 秦炳杰、陈沃聪、钟剑华：《社会工作实践：基础理论》，香港理工大学应用社会科学系2002年版。

一个阶段奠定坚实的基础，还需要了解一下做好社会工作预估的一些原则。

1. 预估应该是个别化的

每个服务对象都是独特的个体，有独特的优势、劣势和经历。所以，作为禁毒社会工作者，在预估中要区别对待每个服务对象。换句话说，每个预估的结果应该是描述特定服务对象所面对的独特问题的说明。举例来说，禁毒社会工作者经常会遇到服务对象的就业问题。但在实际工作中，发现同样是因吸毒失去了工作，但服务对象对待就业却有不同的需求：有的是希望有份工作获得收入，能养活自己；而有的是希望通过工作得以重新融入社会，收入多少并不重要。

2. 预估是一个合作过程

正如前面所提到过的，服务对象的意愿非常重要。特别是当面向曾有复吸史的吸毒者时，禁毒社会工作者更需要不断提醒自己应该让服务对象来参与决定其需要改变的领域和改变的方式。不过，这并不是说服务对象的观点要左右预估过程，而是社会工作者应该考虑服务对象的想法。

3. 避免收集资料中带有偏见

为避免收集资料中带有的偏见，主观方面，禁毒社会工作者可以通过识别自身的偏见和成见的方式来化解；客观方面，可以用多种方法收集资料的方式来避免。使用多种多样的方式收集资料本身就有助于防止收集到的资料带有偏见，同时也有助于保证资料准确可信。

4. 避免对问题简单归因

每个人都处在一个复杂的社会之中，人的问题几乎不可能只是某一个单一因果关系导致的。极为常见的是，多种问题相互交错在一起而形成某个结果。在禁毒社会工作服务中，社会工作者常常会碰到这样的情形，与服务对象的前几次会谈非常顺利，会谈中服务对象也非常愿意投入，在社会工作者认为几乎已找到了阻碍服务对象改变的因素正准备介入时，服务对象却突然消失不见了。事后再去了解时，就会发现令服务对象突然消失的原因其实是各式各样的。所以，能识别出问题之间的关系，识别出问题发展的过程，对解决问题非常有帮助。

5. 预估的重点要兼顾服务对象的优势和劣势

正如前面提到过的，社会工作预估既要找出服务对象的劣势，也要发掘出服务对象的优势。劣势让禁毒社会工作者知道服务对象的问题，而优势则让其知道以后的工作可以从何处着手。只把重点放到服务对象的问题和劣势上，预估是不够完整的。因此，预估真正考验工作者的难点往往是如何发掘出服务对象的优势。关于优势的含义可参照本书第三章"优势视角理论"部分。

6. 预估渗透了专业判断

作为一名禁毒社会工作者，需要不断练习专业判断。在收集资料、分析资料以及解释资料的整个过程中，都同时伴随着专业判断。不可避免地，在这个过程中禁毒社会工作者或多或少地会给服务对象定型或贴上标签，因此，要注意给服务对象定型和标签会产生的影响。另外，通过前面的理论学习，我们也清楚地知道，服务对象的问题可能会因时间的改变而改变，社会和文化也同样会发生变迁。禁毒社会工作者应该时刻准备从这些变化中调整对服务对象问题的理解。

【课堂活动 5.10】

请扫描二维码阅读个案资料。根据能够得到的资料，请完成这一个案的预估报告。在撰写预估报告时，建议有针对性地回答这一课前面提到过的三个基本问题。

【延伸阅读】个案资料

扫描二维码阅读

三、计划和签订服务协议阶段

这一阶段是前两个阶段和后面阶段的桥梁，包括制订计划（指导介入行动的具体计划）和订立服务协议（社会工作者与服务对象达成协议，以便计划的实施互有承诺）两个部分。

根据预估的结果，禁毒社会工作者接下来就可以开始着手准备与服务对象一起商讨，以便共同制订出一个具体的服务计划。计划是一个理性思考与作决定的过程，包括制定目标、选择为了达到目标而采取的行动。计划的制订应是禁毒社会工作者和服务对象一起工作的过程。如果没有服务对象的参与，无法就计划达成共识，再好的计划也难以落实。因此，服务对象与禁毒社会工作者共同制订计划的过程，也是服务对象与工作者认同一致的合约过程。

（一）计划的内容

1. 确定目的和目标

目的和目标是社会工作介入要达到的成果。所谓目的，是期望介入工作总体要达到的方向和最后的结果；目标是较为具体的、近期的结果和指标，即具体的工作指标，是为实现最终结果而做工作的过程和中间阶段要获得的具体的、近期的、阶段性的成果。具体的目标逐个实现了，也就达到了总体目的。在制订服务计划阶段，禁毒社会工作者与服务对象共同设立服务计划的短期目标、长期目标，以指引禁毒社会工作者提供合理、有效的服务。

（1）能让服务对象清楚、明白和易懂

目的和目标描述得越清楚明白，禁毒社会工作者和服务对象双方就越能知道在介入的过程中各自努力的方向。一方面避免了因语义理解产生的歧义而带来的目标混乱，另一方面也避免了目标的含糊不清产生的相互猜忌和不信任。

（2）服务对象能做到的行为

禁毒社会工作者与服务对象共同确定的目标，最好是用期望服务对象去做到的具体行为来说明。这些行为要具体、可测量，便于服务对象和禁毒社会工作者评估所描述的目标完成的进度。例如，在一项改善服务对象与其家人关系的服务中，禁毒社会工作者与服务对象拟定的一个目标是，逐步减少与家人争吵的次数，由现在的每天都发生到每月至多发生一次。这里的目标既描述出了具体改变的行为，也给出了测量的具体指标（与家人发生争吵的次数）。

（3）可以实现的目标

禁毒社会工作者与服务对象达成的目标是要可行的。为此，禁毒社会工作者必须要考虑许多现实的因素，比如服务对象的主动性和能力，以及能用于解决问题的时间和精力等。拟定一个实现不了的理想目标，最大的伤害是会给服务对象再次带来挫败感，打击服务对象主动寻求改变的信心。就如同前面的例子，不能把目标直接定为"不再与家人发生争吵"，这样一个看上去就觉得难以实现的程度上，但是可以从"减少发生争吵的次数"上去努力。

【课堂活动 5.11】

下面是两个相当松散的目标说明。请你试着改写一下，可以虚构个案的细节，使它们符合好的目标的标准。

1. 服务对象在离开强制隔离戒毒所后，需要得到社区的支持以帮助其重新融入社会。

2. 自从服务对象沾染了毒品后，特别渴望能回到过去一家人其乐融融的生活。

（4）有完成任务的时间表

制定实现目标的时间表，最大的好处就是让禁毒社会工作者和服务对象双方都明确地知道努力的方向，能高效判断距离目标实现还需要做些什么。

（5）与服务对象的能力、机构的职能相一致

作为禁毒社会工作者，除了满足服务对象的需要外，还应清楚自己也是所工作的机构的代表。因此，要确保自己正在提供的专业服务是与机构的职能相一致的。唯有如此，才能获得来自工作机构的全力支持。

2. 关注的问题和对象

所谓社会工作介入时所关注的问题，是指在预估阶段禁毒社会工作者和服务对象共同认定的，介入工作要加以处理以便改善服务对象社会功能的问题。所谓关注对象，即介入行动中要加以改变的系统，也就是目标系统，它是介入工作的核心焦点。由于具体情况不同，工作的目标不同，所关注的对象也是不同的。禁毒社会工作的关注对象主要有以下几类。

（1）个人

当服务对象的问题成因归结为个人，或当服务对象的需要或问题可以通过对其个人的介入而解决时，可以把个人作为关注对象。例如，长期依赖吸食毒品的瘾君子希望远离毒品重新开启生活时，应以吸毒者本人作为关注对象。

（2）家庭

当服务对象的需要或问题主要与家庭有关时，可以选择家庭为关注对象。例如，某中学生沾染毒品的原因是听说吸食它可以提升专注力，这样就不用担心自己学习成绩不好而被父母嫌弃，这时就可以将其家庭作为关注对象。

（3）群体或小组

当事实表明某个群体对服务对象个人有明显影响或群体面对类似的问题时，可以选择这个群体作为关注对象或工作焦点。例如，刚刚完成生理脱毒的戒毒者，回归社区后面临共同的社会适应问

题，这时就可以将他们作为关注对象。

（4）组织

虽然组织、机构是为满足人的需要而存在的，但有时组织、机构的政策、结构或工作不能满足其成员的需要，这时组织便成为关注的对象。例如，某社区为鼓励辖区内的戒毒者能重返社会，设置了禁毒志愿者活动中心，并组织了系列活动，但鲜有戒毒者主动到禁毒志愿者活动中心参与活动，这时禁毒志愿者活动中心就成为关注的对象。

（5）社区

当社区的资源、服务出现问题，或缺乏适当的资源和服务，不能满足居民需求时，社区也会成为关注对象。例如，某个社区屡屡被当地公安查获聚众吸毒案件，社区居民担心自己的未成年孩子受此风气影响，强烈要求开展社区毒品预防教育和宣传活动，净化社区环境，这时社区便成为禁毒社会工作关注的重要对象。

3. 介入的策略

简答地说，策略是一个整体性的方法。具体来说，介入策略是指禁毒社会工作者介入服务对象问题的整体方案，是改变服务对象态度和行为的一套方法。介入策略里包含了禁毒社会工作者和服务对象各自的角色和任务，以及介入的方法和技巧。相较于方法和技巧而言，介入策略里最为核心的内容是明确禁毒社会工作者和服务对象在介入服务中各自所要扮演的角色和所要完成的任务。

（1）禁毒社会工作者的角色和任务

在具体说明禁毒社会工作者在介入中的角色和任务时，针对的是社会工作者要处理问题的类型。正如前面所提到的，不同类型的问题需要工作者扮演不同的角色，完成不同的任务。禁毒社会工作者在实务中所扮演的角色可参见第一章"禁毒社会工作者的角色"内容。

需要强调的是，在禁毒社会工作服务中，社会工作者所需要扮演的角色是无法穷尽的，但不变的是，禁毒社会工作者总会不断根据服务对象不同的问题或需要来扮演相应的角色，承担相应的任务。

（2）服务对象的角色和任务

在禁毒社会工作服务中，服务对象也应该是参与改变过程的人，所以，介入策略要详细说明服务对象要完成的任务。不过，在为服务对象挑选合适的任务时，禁毒社会工作者需要考虑服务对象的动机和服务对象的能力。

如果服务对象没有动机，就不想承担任何要求他承担的任务。服务对象的动机来自对问题的感受。如果问题让服务对象感到不舒服，他便会想要摆脱。如果服务对象感到有希望摆脱这一问题，改变的动机也就由此而产生。

除了服务对象的动机，禁毒社会工作者还要考虑服务对象实现改变的能力。这些能力包括生理上的（如服务对象的身体健全与否、智力水平、当前的健康状况等）、心理上的（如服务对象察觉变化的能力、进行逻辑思维的能力以及做判断的能力等）和情感上的（如服务对象处理人际关系的能力、忍受挫折的能力等）。

4. 协同工作的合作者

为了实现计划目标，禁毒社会工作者要善于调动不同系统的资源，与服务对象一起工作。这些系统有服务对象的家庭、朋友、邻居、同辈群体、团体和社区等。例如，当禁毒社会工作者提供服务的对象是未成年吸毒者及其家庭时，为了能够达到最终的服务目标，就需要与学校、医院以及社区等多个机构相互协作，为服务对象提供专业服务。

5. 具体工作程序和时间表

在制订计划时要对介入工作的程序和具体的工作时间进度做出相应的规定，以约束社会工作者和服务对象，更好地为实现介入目的和目标而共同努力。作为一名禁毒社会工作者需要明白的一点是社会资源并不是无限供给的，需要在工作中尽可能地去提升效率，才能有机会帮助到更多的服务对象远离毒品的伤害。

（二）制定计划的原则

在制定计划时，确保计划的可操作性非常重要。那么，一个可操作性的计划应遵循以下这些原则。

1. 服务对象的全程参与

介入计划的制订要以服务对象为中心，注重发挥其长处和优势，尊重其意愿。禁毒社会工作者应与服务对象共同制订出适宜的服务计划，注重服务对象的全程参与。

2. 计划内容与工作目的相符

计划的具体目标不能偏离工作的目的，选择的介入策略应与工作的目的、目标相一致。

3. 计划内容尽可能详细和具体

只有详细、具体的计划，才能为禁毒社会工作者和服务对象提供行动的指南，促进改变过程的进行；才可以对助人服务进行测量，使社会工作者和服务对象了解目的和目标是否实现。在整个提供助人服务的过程中，详细具体的服务计划可以起到指引的作用，使禁毒社会工作者的工作重心不偏离服务目标。

4. 能够总结和度量

计划应能够进行量化的测量评估，能够清晰地呈现改变的成果。因此，应将评估介入行动的方法纳入计划。

5. 保持与多方机构之间的信息畅通

在制订服务计划的过程中，禁毒社会工作者要与司法机关、戒毒专家等多方机构保持顺畅的沟通，以便制订适宜的服务计划内容。

（三）签订服务协议

服务协议也称服务合约，是禁毒社会工作者与服务对象经过讨论协商达成的、满足服务对象需要和解决问题的工作方案，是社会工作者和服务对象为解决问题而共同工作、投入努力的承诺。它体现了社会工作者与服务对象之间的互动合作关系，具体地标明了禁毒社会工作者和服务对象对问题的认识与界定、工作的目标及双方相互的责任。在本质上，服务协议是禁毒社会工作者与服务对象间明确的协议，是一种约束机制，将参与各方约束到一起，直至目标的实现。

签订服务协议是制订计划阶段的重要工作内容，是禁毒社会工作者与服务对象明确各自角色分工的合作计划。

1. 服务协议的内容

服务协议的内容一般包括：第一，计划的目的与目标；第二，禁毒社会工作者和服务对象各自的角色和任务；第三，为达到目的和目标所要采取的步骤、方法、技巧；第四，期望达到的结果及总结、测量的方法等。

2. 服务协议的制订原则

（1）明确性

服务协议的内容应该是明确的，文字应清楚、精简、具体，避免使用过多的专业术语，没有隐含的意思。

（2）双方认可

服务协议必须是禁毒社会工作者和服务对象双方合作、共同参与制订的，是禁毒社会工作者和服务对象双方对问题界定、工作目标、介入策略、参与者各自角色与任务的共识，是双方充分理解和认同的。

（3）具有弹性

服务协议不应是一成不变的，而应具有一定的弹性，可以根据服务对象的变化进行调整，根据服务对象的新需求重新商定。

（4）强调"奖赏"而非"惩罚"

除了一些法律强制规定的服务外，如强制隔离戒毒，一般而言，服务对象违背服务协议并不会带来严重的法律后果。因此，服务协议的基础不应建立在违反协议的惩罚上，而应建立在完成协议所能获得的好处上。

（5）必须经过双方同意才能修改

在禁毒社会工作实践中，服务对象所在时空环境处在不断变化之中，介入的目标、策略以及禁毒社会工作者和服务对象各自的角色和任务也会随之发生改变，就需要双方对服务协议灵活地加以修改。

（四）服务协议的形式

禁毒社会工作服务协议可以是书面协议，也可以是口头协议。书面协议可以明确各项工作目标、禁毒社会工作者和服务对象双方各自的义务和责任。口头协议与书面协议的效用没有明显的区别，

【课堂活动 5.12】

在课堂活动 5.10 中，我们针对服务对象的问题进行了预估。请阅读个案资料，试着草拟一个进行禁毒社会工作介入的行动计划。在课堂讨论时，把你的想法和建议分享给同学。

【延伸阅读】个案资料

扫描二维码阅读

重要的是协议的内容要得到双方的同意和认可。

四、工作介入阶段

工作介入阶段，也称为行动阶段、执行阶段或改变取向阶段。这是禁毒社会工作者运用专业知识、方法和技巧，依照服务协议内容开展具体工作和采取行动的阶段，是助人过程的重要阶段。介入如能沿着预期的方向发展，那么带来的改变就能让服务对象和工作者看到他们在一起会获得的成果。例如，禁毒社会工作者在工作介入阶段的主要任务就是按照前一阶段达成的服务协议，开展戒除毒瘾的治疗和康复工作，以协助服务对象重返社会，开启新生活。

（一）介入的特点

为恢复和加强服务对象整体的社会功能的有计划、有目的的行动，都可以视为介入。显然，我们不可能罗列出所有的介入行动，但可以总结出这些不胜枚举的介入行动的特点。

1. 介入是有目的、有计划的行动

禁毒社会工作的介入不是想当然后的随意行动。它是一个有目标、有计划、有步骤的行动，目的是实现各方共同制订的服务协议中确定的目标，增强服务对象的社会功能，远离毒品的伤害。

2. 介入不一定是一个具体的行动

大多数禁毒社会工作介入都要采取一定的具体的行动。但是，有的情形下，禁毒社会工作者不采取任何行动也能视为一种介入。举例来说，在对吸毒者开展小组工作时，会时常遇到一些沉默寡言的组员，小组工作者有意识地保持沉默数分钟，以等待那些沉默的组员的回应，就可以视为一种介入。

3. 介入可以是实质性的，也可以是非实质性的

禁毒社会工作者介入可以是向服务对象提供具体的社会福利服务，如经济援助、工作岗位、生活照顾等；也可以是非实质性服务，如对服务对象表达理解和支持、调解冲突、进行技能技巧训练、建立支持网络等。

（二）介入方式的分类

一般情况下，禁毒社会工作介入活动主要分为两类：直接介入和间接介入。直接介入和间接介入两种介入方式之间最大的区别是介入的对象不同。

1. 直接介入

直接介入，即与服务对象一起行动，是指针对个人、家庭和同辈群体采取的行动，重点是改变家庭或小群体内的人际交往，或改变个人、家庭和小群体与周围环境中的个人和社会系统相处的方式。直接介入的行动策略包括：

（1）帮助服务对象认识和运用现有的资源

在许多情况下，禁毒社会工作所面对的服务对象的问题是与他缺乏所需的资源相关的。造成这一问题的原因有许多。比如，社会根本就没有服务对象所需的资源、即使有需要的资源，也有可能并不知道以及即使知道哪里有，也有可能出于某种原因而无法得到。例如，一个强制隔离戒毒刚期满的服务对象在经济收入上很困难，本可以去社区申请就业援助，但由于担心被贴上负面标签，所以可能会拒绝申请。在这类情况下，让服务对象能积极运用现有资源就是一个恰当的介入策略。

（2）对服务对象进行危机干预、危机调适

危机是由于个人生活中的压力或突发事件使个人原有的满意的功能状况有所改变，导致出现不平衡或失去稳定的一种状态。每个人在人生的不同时刻都会有危机。当服务对象处于危机状态时，帮助其尽量将危机的时间缩短、减轻严重影响的危机干预策略是最有效的介入策略。

（3）运用活动帮助服务对象

活动是针对某些既定的目标做一些事或完成一些任务的行动。一般来说，组织活动可以更好地帮助不善于语言表达的服务对象，可以帮助他增强自信，发展能力。

（4）运用调停行动协助服务对象与环境互动

调停是指禁毒社会工作者帮助服务对象和环境中的一个系统

走到一起，找到共同点或共同利益，为带来所需要的改变而工作的介入策略。调停工作的焦点是服务对象和系统之间的互动，目的是协助他们满足共同的需要，以求达到自我实现。需要调停行动的前提，一般是人们与环境系统的沟通中断。需要调停的情境常常都有冲突。举例来说，一个18岁的高中生在一次朋友聚会中沾染上毒品，得知这一消息的父母非常生气，与他发生了激烈的争吵，以至于有数周时间彼此都未有联系。此时，就需要禁毒社会工作者进行调停行动的介入，帮助他们去看到对方的需要和关心的事情。

2. 间接介入

间接介入即代表服务对象采取行动，也称为改变环境的工作，属于中观和宏观社会工作实务。这些行动可能以个人、小组、机构和社区为关注对象。对于禁毒社会工作实务而言，就是将服务对象存在的各个社会系统作为介入对象。间接介入的行动策略有：

（1）争取有影响力的人物参与工作

有影响力的人物是指社区内或机构内有权力、有权威，能影响某些重大决定的人。需要注意的是，每个人都可以在不同的层面施加影响，不应把有影响力的人物只看作社区或机构中有权力和地位的人。只要有影响力的人有可能作为行动系统的一部分参与工作，就应该认真考虑，并能灵活地与他们合作，使他们能和禁毒社会工作者及服务对象共同去实现服务目标。

（2）协调各种服务资源与系统

将各种服务资源与系统连接起来，以达到服务目标。在禁毒社会工作服务中，在帮助吸毒者服务对象时，通常不只有一个提供服务者，而每一个服务提供者又都有自己的服务计划。在一个针对吸毒者的服务计划里，可能就会涉及毒品问题研究者、心理医生、警察、社区工作者等多个系统里的多个专业工作者。因此，需要用某种形式协调这些服务计划，以取得最佳的效果。这就要求在与不同的专业人员相互合作的情形中，清楚禁毒社会工作者的介入角色是什么。

（3）发展、创新资源，满足服务对象的需要

在具体的禁毒社会工作服务中，禁毒社会工作者常常会遇到资

源限制的问题，容易陷入沮丧情绪中。在这一情形下，所能选择的是发挥人的创造性，创新资源以打破资源限制的瓶颈。例如，在基层社区从事禁毒社会工作服务的工作者，常常感叹精力有限，无法同时兼顾所有的服务对象。有些社区就会通过创新的方式，从社区的服务对象中招募禁毒志愿者，既让服务对象融入社区，同时也帮助社区处理了大量的日常性辅助工作。

（4）改变服务对象所处的环境，达到服务的目标

正如前面所提到的，人们的社会功能与所处的环境有密切的联系。如果环境因素阻碍人们社会功能的正常发挥，那么环境就应该是改变的目标。例如，禁毒社会工作者要考虑服务对象在社区接触到的人对他吸毒身份充满冷漠、歧视还是宽容、友善。如果是前者，禁毒社会工作者就要考虑改变社区对待吸毒者的歧视性环境。

（5）改变组织与机构，更好地为服务对象服务

社会环境日新月异，人们的观念和需要也在不断变化。在这种情况下，从事社会服务的组织和机构也需要不断变革以适应变化了的外部世界，满足服务对象不断变化的需要。作为组织和机构的一员，禁毒社会工作者有义务也有责任用建设性的方式不断推动组织和机构的变革，提升其自身的治理能力，让组织和机构提供的服务变得更能回应和适应服务对象的需要。

（6）集体倡导

正如前面所提到的，社会工作者的倡导可为服务对象争取所需资源，改变社会不公正的现象，促进社会公平公正。

（三）介入行动的原则

在禁毒社会工作服务中，社会工作者在作选择时，为了采取更合适的行动，还应该考虑以下原则。

1. 服务对象自决

正如前面的学习中提到的，服务对象应该全程参与计划过程。需要什么样的介入、如何介入，不应由禁毒社会工作者单独决定。社会工作者比较恰当的做法，是尊重服务对象对选择什么介入策略的看法。服务对象对于自己有发言权且有所准备的介入行动，肯定

会有更大的动机去承担和完成。

2. 考虑服务对象的发展阶段

禁毒社会工作者的介入行动取决于服务对象系统的发展阶段。如果服务对象系统是一个个人，我们的介入行动应集中在帮助其完成个人生命发展相关阶段的生命任务上。如果服务对象系统是一个家庭或一个群体，社会工作介入行动要考虑家庭和群体发展特殊阶段的特殊任务。

3. 个别化

只有针对服务对象系统的特点采取介入行动，才有助于问题的解决。禁毒社会工作者在长期与服务对象一起工作的经历中所积累的知识和经验可以作为介入行动的指南，但却不一定适合所有的服务对象。因此，禁毒社会工作者要根据不同的服务对象采取个别化的介入行动。

4. 与服务对象紧密合作

禁毒社会工作者在采取行动时，要依靠服务对象，与他紧密合作，共同参与介入行动，最大限度地发挥服务对象系统的积极性和能动性。要做到这一点，禁毒社会工作者在采取行动时要考虑服务对象改变的动机和能力，既不能超前也不能滞后。

5. 考虑经济效益

介入就意味着社会工作者与服务对象都要付出时间和精力。因此，禁毒社会工作者的介入要量力而行，要优先考虑投入时间和精力最少的行动，以最小的成本投入获得最有效的改变结果。

五、评估与结束阶段

在禁毒社会工作实务中，常常把评估与结束放在一起，看作是社会工作实践过程的最后阶段。在这个阶段，介入的目标已经达到，服务对象的问题已获得解决，需要也已得到满足，服务对象不再需要社会工作者的专业助人服务了。

这个阶段有两项重要的工作内容，即评估服务与结束服务。

（一）评估服务

在禁毒社会工作领域，评估是指针对禁毒社会工作服务的运作过程与服务效果，运用科学的研究方法进行科学的、全方位的诊断和评价。简单来说，评估是确定禁毒社会工作助人服务所努力的目的和目标是否已经实现。

在这里不再展开说明评估的设计和方法的应用，可以在后面的学习中了解到有关评估的相关概念，包括评估类型、评估方法以及评估原则等。本章重点讨论在禁毒社会工作中评估工作主要遇到的两大困难。

1. 缺乏支持

在禁毒社会工作评估中遇到的一个困难是缺乏支持。由于用于禁毒社会工作服务的社会福利资源在我国多数地区常常比较有限，而对禁毒社会工作服务的需求又非常庞杂，很多时候评估被认为没有必要。这反映在从事禁毒社会工作服务的社会组织对于评估工作的投入上。从事禁毒社会工作服务的工作者，更看重服务的实际进展，而不是在过程中以及结束时进行相应的评估，使得评估工作难以有效进行。加之禁毒社会工作往往面对吸毒者开展相关服务，而社会中看待吸毒者的文化往往呈现负面评价，使得他们在主观上不情愿，在行动上不投入，这些都不利于作系统性评估。总之，因缺乏来自禁毒社会工作者、服务对象以及服务机构等各个层面的有效支持，使得系统性评估工作的开展变得十分困难。这在一定程度上阻碍了禁毒社会工作服务专业化发展的进程，使得服务难以得到持续性提升。

2. 技术性困难

在禁毒社会工作评估中遇到的另一个困难是技术性困难。与其他一些以科学为主的专业不同，一些助人服务的介入成果难以界定和衡量，服务对象的改变也不容易被观察到。因为很难把一个复杂的改变过程简化为一个简单的分类、指标或统计数字。另外，禁毒社会工作实践的艺术性，常常强调社会工作者个人经验和知识，使得服务更难以做到客观评估。

3. 应对评估困难的策略

针对评估中出现的困难，禁毒社会工作者可以从以下几点来改善评估工作：

一是高度认识评估的重要性。禁毒社会工作者需要深刻理解评估在禁毒服务中的核心作用，评估不仅是衡量服务效果的工具，也是推动服务改进和创新的动力。评估可以帮助禁毒社会工作者了解服务对象的需求是否得到满足，服务是否达到了既定目标，以及如何调整服务策略以更好地满足服务对象的需求。

二是创造性地发展评估的方法。例如，在面对服务对象表现出有顾虑、不愿意参与评估时，禁毒社会工作者可以采用移动应用程序或在线调查，确保评估过程的隐私性，以提高服务对象的参与度。

三是储备评估方法的基本知识。禁毒社会工作者应具备评估方法的基本知识和技能，并熟知评估过程中的伦理和法律要求。此外，禁毒社会工作者还应了解如何设计评估框架、选择合适的评估指标和工具，以及清楚如何解释和应用评估结果。

四是愿意与同事、督导分享评估的资料。事实上，评估工作的改进离不开服务机构同事间的信息共享和交流。禁毒社会工作者可在不违反保密原则的基础上积极与同事和督导分享评估的过程和资料，包括自己开展评估过程中的成功做法、遇到的挑战和提出的解决方案。通过服务机构内部的交流和反思，可以促进评估方法的不断优化和创新。同时，这种分享和交流也有助于建立一个支持性的工作环境，助力社会工作者通过评估工作实现专业能力发展。

（二）结束服务

结束服务，是指在介入计划已完成、介入目标已实现的情况下，禁毒社会工作者和服务对象终止专业助人关系、解除工作关系的阶段。这个阶段有各种各样的工作，核心是巩固已有的改变成果，增强服务对象自身解决问题的能力和信心。下面介绍一下结束服务阶段的一些十分重要的工作。

1. 评估

正如在前面提到的，评估应是结束阶段最为重要的一项工作，有助于了解介入的成效，也能帮助社会工作者不断提升专业服务水平。但是，在实际禁毒社会工作服务中，仍然面临着许多问题和挑战，如：服务对象的参与度、时间的限制、评估指标的确定、评估方法的选择、信息的收集、跨部门协作以及文化敏感性等因素都会影响评估的有效性和公正性。面对这些挑战，禁毒社会工作者需要具备灵活性、创造性和专业知识。此外，与服务对象建立信任关系、使用适合的评估工具和技术，以及与服务对象和其他利益相关者进行有效沟通，都是成功进行评估的关键因素。

2. 处理与分离相关的感受和情绪

由于结束服务也就是结束与服务对象的专业助人关系，也就意味着社会工作者要与服务对象道别。对于这个变化，社会工作者和服务对象都可能有特殊的情绪和感受，比如服务对象表现出否认这一结果的行为或者是对此表现出愤怒的情绪，又或者会表现出退步的行为。禁毒社会工作者要对此有所准备，并能妥善处理。

3. 巩固已有的改变

社会工作的终极目标是助人自助。因此，服务对象在助人过程中获得的经验和能力能够得到保留并能用于日常生活中，是十分重要的。在这个阶段，禁毒社会工作者有责任努力巩固服务对象已有的改变。通常，社会工作者会用以下途径帮助服务对象巩固已有的成果。

（1）帮助服务对象回顾工作过程

通过帮助服务对象回顾为解决问题所采取的步骤，可以让服务对象更加了解和掌握解决问题的过程，进一步强化服务对象面对问题自主去解决问题的能力。

（2）强调服务对象已取得的成绩

在回顾的过程中，社会工作者通过点明和强调服务对象自身取得的成绩来尽一切努力增强服务对象的自信。在结束阶段，重点是让服务对象认识到并相信他们拥有的力量，和他们在促进问题取得进展中发挥的作用。认识自我能力常常是进一步发展这一能力的良好保证。

（3）富于支持性的积极态度

禁毒社会工作者应该鼓励服务对象单独解决问题，肯定他们有能力这样做。即使服务对象怀疑自己是否有能力应对新出现的问题，社会工作者也要努力让服务对象确信他们拥有这样的能力且能够做到。

4. 解除工作关系

正式与服务对象解除工作关系，并不是说社会工作者绝对不能再与服务对象进行接触。如果服务对象还需要其他类型的服务，社会工作者应该进行转介服务，从而解除与服务对象的工作关系。如果社会工作者难以处理自身情绪的态度，可以转由本机构内的其他同事为服务对象提供帮助，从而解除与服务对象的工作关系。

刘继同在《中国特色社会工作实务"基本问题清单"与"通用型"社会工作实务模式》一文中首次提出中国特色通用型社会工作实务模式概念框架。

……

英美和中国社会工作实务的历史经验与实务智慧证明，人类的共同人性与共同需要为普遍适用人类社会的社工实务模式奠定了社会基础，为专业社会工作者共同体提供了共同理论基础。通用型社会工作实务模式是相对于特定型或专门型社会工作实务模式而言的，是社会工作实务与社工专业发展达到一定程度的历史产物，反映了社会工作实务体系与社工专业发展状况。通用型社会工作实务模式既是指其适用于社会工作实务各个专门领域，即适用范围普遍性，又是指普遍适用于各式各样社会工作实务项目、活动、过程和程序，即适用目标原则普遍性。需要强调的是，实际上，通用型社会工作实务模式提供了一份社会工作实务基本问题清单，这份清单基本涵盖了社会工作实务的主要问题、主要领域、主要环节、主要过程和主要活动。但是，社会工作实务基本问题清单既不完全等同于社会工作实务，又非社会工作实务的概括。

中国本土化通用型社会工作实务模式和社会工作实务基本问题清单的历史渊源深厚多样。具体来说，一是英美尤其是美国社会工

【学习研讨】

请仔细阅读材料，思考如下问题：

基于上述作者的分析，在禁毒工作领域中，有没有"可能"或者说有没有"必要"存在一种中国本土化的"通用型"禁毒社会工作实务模式？它与禁毒社会工作通用过程模式有什么区别？

作实务模式的研究成果与经验总结,提供了典型的案例。二是20世纪20年代尤其是2000年以来中国各地社会工作实务模式探索研究和实务的经验积累。三是来源于社会福利理论尤其是社会工作理论和社会工作实务理论的哲学思考和专业反思,它们既是社会工作实务理论的理论来源与理论基础,反过来又指导、发展社会工作实务理论。总体来说,三种实务来源同等重要,相互补充,共同构成中国社会工作实务基本问题清单。理论思考与专业反思是社会工作专业共同体的共同理性基础。社工实务证明理论基础越深厚,对社会工作实务问题本质与规律认识越准确,社会工作实务效果越好,社工实务能力越高。发达国家尤其是英美社会工作实务模式、实务经验智慧与历史发展规律的认识越全面、深刻,尤其是普遍适用现代社会的社会工作实务模式与实务体系,越能发现普遍性与特殊性的差异。中国本土社工实务经验、智慧、模式越丰富多彩,中国本土社工实务基本问题清单越完善。简言之,通用型社会工作实务模式概念和社会工作实务基本问题清单主体上是"中国特产"。①

……

本章小结

社会工作是一门以实践为基础的专业和学科。为了能直接处理服务对象的需要或问题,我们必须知道社会工作专业服务的一般过程以及能间接地为服务对象提供服务所涉及的实践活动。通用过程模式让我们了解了助人服务的步骤和技巧的一些基本的知识,有助于我们更好地掌握已学习过和将要学习的知识和经验,以便能够面对形形色色的服务对象,处理各种各样的问题。

---

① 刘继同:《中国特色社会工作实务"基本问题清单"与"通用型"社会工作实务模式(上)》,《社会福利(理论版)》2014年第1期。

精通通用过程模式会为我们开展禁毒社会工作专业服务打下良好的基础,并能使我们成为一个优秀的禁毒社会工作者。当然,这并不是说通用过程模式是解决禁毒社会工作服务中服务对象问题或需求的最佳模式,而是它为我们满足形式各样的禁毒社会工作服务需求奠定了基础。

推荐阅读

1. 秦炳杰、陈沃聪、钟剑华:《社会工作实践:基础理论》,香港理工大学应用社会科学系2002年版。

2. 王思斌主编:《社会工作导论(第二版)》,高等教育出版社2013年版。

3. 李晓凤主编:《禁毒社会工作实务与案例》,中国社会出版社2016年版。

4. 刘静林主编:《禁毒社会工作理论与方法》,中国社会出版社2016年版。

5. 顾东辉主编:《社会工作概论(第二版)》,复旦大学出版社2020年版。

6. 宁玉梅:《人在情境中:生态系统理论和增权理论的比较》,《学理论》2013年第25期。

7. 彭华民主编:《人类行为与社会环境(第三版)》,高等教育出版社2016年版。

8. 刘继同:《中国特色社会工作实务"基本问题清单"与"通用型"社会工作实务模式(上)》,《社会福利(理论版)》2014年第1期。

第六章

禁毒社会工作的方法

【概览】

社会工作方法是指在社会工作中实施各种服务的方式、程序与步骤,一般分为直接服务方法和间接服务方法两大类。直接服务方法是给受助者直接提供社会服务,通常包括个案工作、小组工作和社区工作。间接服务方法指对受助者实施帮助前或者帮助后的社会工作活动形式,通常指社会工作行政、社会工作督导、社会工作咨询和社会工作研究。本章我们将学习禁毒社会工作的三种直接服务方法,即禁毒个案工作、禁毒小组工作、禁毒社区工作;一种间接社会工作方法,即禁毒社会工作行政。主要学习四种工作方法的概念、特点和工作模式。

【目标】
1. 知识目标
   （1）掌握禁毒个案工作的概念、方法、特点和工作模式。
   （2）掌握禁毒小组工作的概念、方法、特点和工作模式。
   （3）掌握禁毒社区工作的概念、方法、特点和工作模式。
   （4）掌握禁毒社会行政的概念、方法、特点和工作模式。
2. 能力目标：通过本章学习，具备开展禁毒个案工作、禁毒小组工作、禁毒社区工作、禁毒社会行政的能力，同时能运用社会工作的理念和方法开展相关工作。
3. 价值目标：通过本章学习，树立助人观念和利他主义的价值观，尊重受助者的权利和选择。

第一节　禁毒个案工作

个案工作，作为现代社会工作的三大核心方法之一，其服务对象是个人或家庭，旨在协助他们更好地发挥社会功能。在个案工作的服务过程中，个案工作者发挥着至关重要的作用。他们运用深厚的专业知识、理论、方法和技巧，帮助那些社会功能失调的个人或家庭改善服务对象的个人环境，提升其生活适应能力。个案工作的目标多样且全面。首先，个案工作者会统筹服务对象的社会关系，协助他们建立良性的互动网络，从而增强社会支持。其次，个案工作者会关注服务对象的自我机能调节，促进他们的个性发展，帮助他们以更健康、更成熟的心态来认识问题、面对问题。最后，个案工作者还会指导服务对象如何善用社会资源和机遇来解决问题，增强他们的自信心，提高生活质量。

为了有效地开展禁毒个案工作，禁毒社会工作者需要掌握一系列的专业关系建立和沟通技巧。这些技巧不仅有助于建立良好的工作关系，还能提升服务的效果。在本节的学习中，我们需要深入理解并掌握个案工作的专业关系和沟通技巧，为后续的禁毒个案工作方法的学习打下坚实的基础。

一、禁毒个案工作概念

禁毒个案工作，作为禁毒社会工作最基础的方法，是禁毒社会工作者基于个案工作基本价值理念的体现。禁毒个案工作是指将个案工作的方法、技能和价值观运用于禁毒工作领域，帮助个人或家庭减少或阻断涉毒行为，改善他们与社会环境的适应状况，并最终促使其恢复正常生活的过程。

在此过程中，禁毒社会工作者将运用专业知识、方法和技巧，深入挖掘并充分利用、整合个人或家庭自身的资源及相关外部资源，帮助服务对象应对涉毒问题，改善生活状况，融入社会，正常生活。

相较于一般的个案工作，禁毒个案工作面临的服务对象问题更加多元复杂。这些问题不仅涉及心理健康、家庭关系、社会环境等多个方面，而且其产生的原因也更为复杂多样。因此，禁毒个案工作需要整合不同部门、不同学科的资源，形成合力，以更有效地解决服务对象面临的问题。

二、服务对象的确定及开立个案的条件

（一）服务对象的来源

1. 摸底排查

禁毒社会工作者对禁毒部门提供的在册吸毒人员名单进行详细摸底排查。对于无法联系到的人员，社会工作者可依托禁毒大队、派出所、街道、社区工作站等部门的协助，进一步追踪查找，确保不遗漏任何一个潜在的服务对象。

2. 美沙酮门诊协作

禁毒社会工作者应与美沙酮门诊建立紧密的合作关系。当戒毒者开始接受美沙酮维持治疗时，社会工作者可及时对其进行初步评估，收集相关资料，以确定是否需要为其开立个案。同时，社会工作者与美沙酮诊所保持定期沟通，了解服务对象的操守情况，为医生调整美沙酮剂量提供依据。这种合作机制确保了禁毒社会工作服务的连续性和有效性。

3. 戒毒所无缝接轨

社会工作者在戒毒所内开展无缝接轨项目，即在戒毒期满前为即将出所的戒毒者制定个性化服务方案。通过宣传活动，社会工作者向戒毒者普及禁毒知识和禁毒社会工作服务内容，帮助他们更好

地了解戒毒社会工作，从而增强他们的戒毒信心和意愿。

4. 社区、学校禁毒宣传

校园是禁毒宣传教育的主要阵地之一。社会工作者应积极与学校教师、管理人员等建立联系，推动教育局的参与，共同制订禁毒宣传计划。在新学年开学前，社会工作者应争取与学校领导合作，制定全年禁毒宣传方案，提升师生的禁毒意识和能力。

（二）开立个案的条件

在符合一定条件的情况下，禁毒社会工作者应及时为服务对象开立个案，以提供更具针对性的服务。这些条件包括：

1. 吸毒史

服务对象曾经或现在是吸毒者，无论是正在吸毒还是已经戒断，都是社会工作者服务的重点对象。

2. 接触意愿

当社会工作者与服务对象面对面交谈时，如服务对象表现出愿意交流的态度，社会工作者可考虑为其开立个案。需要注意的是，仅凭他人描述而未与服务对象直接接触过的情况，不论描述多么紧急，都不应作为开立个案的依据。

3. 潜在服务需求

禁毒社会工作者应敏锐地察觉服务对象的潜在需求。无论是服务对象主动提出还是社会工作者通过观察发现的需求，如需要协助戒毒或就业等，都是开立个案的重要依据。

4. 其他适合开案的条件

对于吸毒高危人群或曾经接触过的服务对象家属，如他们对禁毒社会工作者态度友好并表现出合作意愿，对服务对象的戒毒工作持支持态度或有所改善，诸如此类，也可以作为开立个案的考虑因素。

三、个案工作的主要模式

个案工作的服务模式，既是指导禁毒社会工作者开展服务专业化的理论基础，也是帮助禁毒社会工作者确定个案工作程序和服务方式的重要基础。主要包括心理社会治疗模式、行为修正模式、联合家庭治疗模式、危机介入模式等。

（一）心理社会治疗模式

1. 心理社会治疗模式的内容

（1）理论假设

心理社会治疗模式具备广泛的开放性，其核心理论假设主要体现在以下四个方面。

第一，关于人的发展的假设。心理社会治疗模式坚信，人的发展深受生理、心理和社会三大因素的影响，这些因素在特定的社会环境中相互作用，共同塑造个体的成长轨迹。

第二，服务对象问题假说。心理社会治疗模式认为，服务对象所面临的问题往往与其感受到的压力密切相关。这些压力可能源于成长早期未能满足的愿望或情绪冲突，也可能由当前社会环境的过度压力引发，或是由于服务对象在应对外部环境时缺乏足够的理性处理能力和情绪控制能力等。

第三，人际交往的假设。心理社会治疗模式强调，人际交往是保障个体间有效交流与沟通的基础，同时也是形成健康人格的关键因素。

第四，关于人的价值的假定。心理社会治疗模式坚信，每个人都具有独特的价值，其目标在于帮助服务对象发掘自身潜在的能力，促进其全面而健康地成长。

（2）治疗技巧

心理社会治疗模式的治疗技巧主要分为两大类：直接治疗技巧和间接治疗技巧。

直接治疗技巧主要针对服务对象进行直接的辅导和治疗，包括反思性直接治疗和非反思性直接治疗。反思性直接治疗注重通过与服务对象的沟通和交流，引导他们正确分析和认识自身存在的问题；非反思性直接治疗则侧重于向服务对象提供必要的服务，帮助他们应对各种挑战。

间接治疗技巧则通过改善服务对象的周围环境或对第三方进行

辅导，间接影响服务对象。这种方法的应用对象广泛，包括服务对象的家人、朋友、同事等，有助于拓展个案服务的介入点。

2. 心理社会治疗模式的特点

心理社会治疗模式将服务过程划分为研究、诊断和治疗三个阶段，特点鲜明。

在研究阶段，该模式注重从人际交往的场景中深入了解服务对象，从初次接触到收集问题相关资料，都体现了对服务对象个体性和社会性的全面考量。

在诊断阶段，该模式运用综合诊断方法，全面分析服务对象问题的成因和变化过程，包括心理动态诊断、原因诊断和分类诊断等多个方面，确保对问题的深入理解。

在治疗阶段，该模式采用多层次的服务介入方式，旨在帮助服务对象调整和修复心理困扰和人际关系失调的问题。这些介入方式包括缓解不安情绪、减少系统功能紊乱、增强应变能力、开发潜在能力以及改善人际关系等，体现了对服务对象全面发展的关注。

（二）行为修正模式

1. 行为修正模式的内容

行为修正模式包括行为分析评估、行为矫正策略和环境与支持系统优化几部分内容，围绕着对服务对象行为的全方位剖析与积极干预，从内到外、从个体到环境，全方位地促进服务对象的行为改变。它始于对服务对象不良行为的外部诱因、内在机制及其发展脉络的细致探讨，理解并引导服务对象调整或矫正这些不良行为，以更好地融入并适应外部环境。

2. 行为修正模式的特点

行为修正模式作为一种以科学原理为基础的心理干预方法，要求对服务对象行为的精准评估，对不良行为进行针对性修正，并对修正效果进行系统性评估。所以，行为修正模式的特点在于其精准评估、针对性修正和系统性评估的有机结合。这些特点共同构成了行为修正模式的有效性和针对性的基础，使其成为一种科学、高效的心理干预方法。

3. 行为修正治疗的方法

（1）放松练习

通过引导服务对象进行生理放松，缓解其紧张情绪，进而克服焦虑感。其中，松弛放松法是一种常见方法，通过使服务对象体验肌肉紧张与放松的对比，使其学会自我放松，从而缓解身心紧张与焦虑。

（2）系统脱敏法

系统脱敏法是一种专门用于治疗恐惧症等焦虑相关问题的行为疗法。其核心在于逐步引导服务对象在放松状态下，与原本引发其恐惧的对象进行接触和适应，从而逐渐降低或消除焦虑反应，最终达到克服恐惧症状的目的。

（3）满灌疗法

满灌疗法是一种极具挑战性的心理治疗策略，又被称为暴露法或快速脱敏法，其核心在于"暴露"与"快速脱敏"的紧密结合，目的在于通过一种更为直接且激进的方式，帮助服务对象直面其内心深处最为恐惧或焦虑的情境、物体乃至思想，从而迅速达到脱敏效果，即消除焦虑症状，在短时间内实现心理状态的显著改善与适应能力的提升。满灌疗法的效果往往与个体的心理承受能力、治疗师的专业技能和治疗环境的设置密切相关。

（4）自我管理

在行为修正的过程中，自我管理发挥着至关重要的作用。它要求服务对象积极投身行为改变的全过程，不仅参与其中，更要对自身的行为变化负起责任。这种自我驱动的方式，相较于外界强加的干预，更能激发服务对象的内在动力，促进行为的持久改变。禁毒社会工作者在此过程中主要扮演指导者和监督者的角色，协助服务对象制定并执行行为改变计划，并评估其改变状况。具体步骤包括目标设定、行为监测、环境调整、成效评估和成果巩固。

（5）厌恶型疗法

厌恶型疗法是一种特殊的行为修正手段，其核心在于建立服务对象不适应行为与厌恶性刺激之间的紧密联系。当服务对象展现出某一不适应行为时，工作人员会立即引入一个厌恶性刺激，如令人不适的气味、味道或轻微的电击等。通过反复呈现这种厌恶性刺激，服务对象会逐渐形成条件反射，将不适应行为与厌恶感紧密关联起来。这种关联需要多次重复和强化。工作人员会根据服务对象的反应调整厌恶刺激的强度和频率，确保其在不造成过度伤害的前提下，能够有效促进行为改变。通过厌恶型疗法，服务对象可以逐渐克服那些根深蒂固的不适应行为，实现行为的积极转变。

（6）模仿疗法

模仿疗法是一种有效的行为修正方式，结合了榜样示范与服务对象的模仿练习。这一疗法主要是通过观察和模仿正确的行为模式，帮助服务对象逐渐改变自身的不良行为。通过持续的榜样示范和模仿练习，服务对象能够逐渐掌握正确的行为模式，并将其融入自己的日常生活中。这种疗法不仅有助于改善服务对象的行为表现，还能够提升其学习能力和自我管理能力。

（7）代币管制法

代币管制法是一种行为修正技术，其核心理念在于通过代币这一中介物，将原本没有强化效果的刺激物与真正的强化物相联系，进而赋予其强化效果。这一方法巧妙地将代币作为强化手段，与直接强化相区别，能够在正确行为出现后迅速给予强化，有效消除了直接强化可能存在的滞后现象。代币管制法的实施过程中，每当服务对象展现出正确的行为时，便会获得相应数量的代币作为奖励。代币管制法通过引入代币这一中介物，成功地将强化效果与正确行为相结合，促进了服务对象行为的积极转变。这一方法不仅提高了行为修正的效率，也为服务对象带来了更为丰富和多样的奖励体验。

（8）果敢训练

果敢训练，也称为决断训练或自信训练，是一种专注于人际关系调整的行为疗法。其核心目的在于帮助服务对象在人际交往中更自如地表达各种积极或消极的感受，进而提高其人际关系质量。果敢训练需要识别并确认那些需要通过果敢训练来解决的问题，提高服务对象参与果敢训练的动力。通过果敢训练，服务对象能够逐步克服在人际交往中的障碍，提升自我表达和自信水平，从而建立起

【延伸阅读】认知行为疗法下的戒瘾康复治疗个案

扫描二维码阅读

更健康、更和谐的人际关系。

（三）联合家庭治疗模式——以系统理论为基石的萨提亚模式

联合家庭疗法，也称为萨提亚模式，是一种深深根植于系统理论的心理治疗方法。在此模式下，我们视个体本身、家庭以及个人和家庭所处的环境为三个相互独立但又紧密相连的系统。

1. 联合家庭治疗模式的理论基础

联合家庭治疗模式的核心理论基础在于系统理论，它强调个人系统与家庭系统之间的紧密关系。个人系统的形成深受家庭系统的影响，同时，个人与家庭系统之间相互作用，共同塑造着特定的家庭氛围和情境。这种关系并非简单的线性因果，而是循环往复的因果链条，即个人与家庭系统相互影响、相互决定。系统理论关注的焦点在于"关系"而非"实体"，这种转变使我们能够从更全面的视角理解和干预家庭问题。

2. 联合家庭治疗的主要内容

联合家庭治疗模式主要的治疗内容集中在家人和家庭系统两个方面。

（1）家庭成员的自尊

自尊，即自我评价，是家庭成员内在价值感的体现，其重要性不言而喻。过低的自尊不仅会对个人产生负面影响，更可能引发家庭层面的问题。当家庭成员的自尊感不足时，他们往往表现出对家庭的过度依赖，甚至在婚恋选择上展现出恋母或恋父的倾向。在现实中，自尊心过低的家庭成员常表现出一些显著特征。他们往往自我否定，难以与他人建立有效的交流；害怕失败，胆小怕事，缺乏面对挑战的勇气；在遇到困难时，他们倾向于寻求权威的庇护，而不是自主解决问题；同时，他们的心理防御机制也较为明显，容易对外界产生抵触和逃避的态度。这些特征为评估家庭成员的自尊心提供了重要依据。通过观察和分析这些特征，可以更准确地了解家庭成员的自尊状况，进而为他们提供有针对性的支持和帮助。

（2）家庭沟通

家庭沟通的形式深刻反映着每个家庭成员的自尊程度。家庭沟通的不良，并非主要缘于沟通技巧的欠缺，而更多的是因为成员自尊心不足导致的沟通偏差。沟通是一个涉及自我、他人和情境三个维度的复杂过程。有效的沟通要求这三个方面都能够畅通无阻，相互协调。然而，在实际沟通中，常常发现一些典型的错误模式，如讨好型、超理智型和打岔型。这些错误的沟通方式不仅阻碍了信息的有效传递，也加剧了家庭成员之间的误解和冲突。社会工作者的任务在于帮助服务对象建立积极的自我评价，促进他们进行真实、坦诚的亲情交流。通过提升成员的自尊水平，改善沟通技巧，可以推动家庭沟通向着更健康、更和谐的方向发展。这样，家庭成员不仅能够更好地理解彼此，也能更有效地解决家庭中的问题。

（3）家庭规则

家庭作为一个社会单位，自然会形成一系列具体的规则。这些家庭规则为家庭成员提供了行为指南，引导他们如何与彼此相处，如何处理家庭事务。因此，每个家庭成员都深受家庭规则的影响。良好的家庭规则对于家庭成员的成长至关重要，能够培养积极健康的家庭氛围，促进成员间的相互尊重与理解，从而推动家庭的和谐发展。同时，负面的家庭规则也会阻碍家庭成员的积极发展，甚至对家庭的整体健康产生不良影响。社会工作者有责任帮助家庭成员识别并纠正这些不恰当的家庭规则，引导他们分析规则中存在的问题，并共同制定更加合理、人性化的家庭规则。只有这样，才能真正推动家庭成员和家庭的良性发展，营造一个健康、和谐的家庭环境。

（4）人对事物的反应

人作为一个复杂的系统，其对事物的反应同样是一个复杂且多层次的过程。这种反应的正确与否，直接关系家庭成员的情绪状态和行为表现。正确的反应能够激发积极的情绪和正确的行为，而错误的反应则可能导致消极的情绪和错误的行为。在对事物的反应过程中，服务对象的主观感受往往会使最终的行为反应与事件的本来面目产生偏离。因此，社会工作者的任务在于深入剖析事件的本质，帮助服务对象识别和纠正主观上容易产生的偏差，引导他们树立正确的思想认识，对事件产生正确的主观认识和主观感受。通过这样的过程，可以促进服务对象对事物的正确反应，从而维护家庭的和谐与稳定。

3.联合家庭治疗模式的具体干预

家庭联合治疗模式的具体干预主要表现在社会工作者的专业角色、主要干预技巧和干预过程等几个方面。

（1）社会工作者专业角色

在联合治疗模式中，社会工作者扮演着多重专业角色，发挥着不可或缺的作用。

首先，社会工作者是解释者。他们向服务对象深入剖析家庭成员自评、家庭规则等关键问题，帮助服务对象认清自身处境，并引导他们采取积极有效的应对策略。

其次，社会工作者是示范者。在治疗过程中，他们注重展现自身的专业素养和魅力，将真实的自我呈现在服务对象面前，以此激发服务对象的自觉性和自决能力。

最后，社会工作者是引导者。他们通过提供专业的指导和建议，帮助服务对象解决众多实际问题，推动家庭治疗取得实质性进展。

通过这三种身份，社会工作者不仅能为服务对象创造一个安全、支持的环境，让他们敞开心扉，还能在家庭成员之间建立起信任和支持的关系，增强他们改变自我的信心。同时，通过示范和引导，帮助服务对象学习积极健康的思想观念、情感表达和行为方式，促进他们的自我发展。

（2）干预技巧

在社会工作中，社会工作者的人性力量对服务对象的影响力，往往超越单纯的工作技能。治疗者的"自我运用"是产生治疗效果的核心。在日常实践中，虽然许多社会工作者倾向于过分强调专业方法和技能，但实际上，自我建设的重视将带来事半功倍的成效。

社会工作本质上是社会工作者与服务对象心灵之间的深度对话。没有一颗崇高的心灵作为支撑，仅凭技术是无法触动服务对象灵魂深处的改变的。因此，除了不断磨炼专业技能，社会工作者更应注重自我提升与人性修养，以真挚的情感和深厚的同理心去理解和帮助服务对象。

此外，除了这种内在的、看不见的治疗要求，社会工作也积累了一些被实践证明行之有效的专业技术。这些技术包括家庭重构、家庭图、家庭年表、自我环等。家庭重构是一种利用家庭知道的实际已发生事件的信息推算人口有关数据的人口统计分析方法。家庭重构不仅涉及对家庭成员互动与关系的系统解释，而且强调个人的改变依赖于家庭整体的改变。家庭图是一种表明亲缘与婚姻关系的图表，通常根据不同情况采用不同的样式，以直观地展示家庭成员之间的关系和结构。家庭年表是一种以时间轴为基础，记录家庭重大事件和变化的工具。自我环是萨提亚心理学中的一个工具，以八个同心圆的形式展示了自我曼陀罗所包含的身心相互作用的八个层面，包括身体、智力、情绪、感觉、互动、营养、情境和灵性，这八个层面共同构成了个体的完整自我。

采用这些技术能够帮助社会工作者更系统、更深入地了解家庭状况，识别问题所在，并制定相应的干预策略。这些技术的运用，结合社会工作者的人性力量，能够共同促进服务对象积极改变和家庭的健康发展。

（3）干预过程

从实际干预过程出发，家庭联合治疗模式划分为三个阶段，每个阶段的治疗方法和目标各有侧重。

第一阶段：接触期。这是联合家庭治疗的起始阶段，其核心任务有三个：首先是建立与服务对象家庭的信任关系，为后续治疗奠定情感基础；其次是观察服务对象家庭的交往互动方式，以深入了解其家庭结构和互动模式；最后是与服务对象进行有效沟通，了解其需求和期望，为后续治疗提供方向。

第二阶段：换挡期。这是整个治疗模式中的关键阶段，其核心目标是帮助服务对象认清自我。在这一阶段，主要运用以下专业方法：一是追溯服务对象以往的生活经验，以探寻其当前行为偏离的原因；二是以全新的视角转换旧经验，为服务对象打开新的认知世界；三是引导服务对象将新的理解落实到行为选择上，实现真正的转变。

【延伸阅读】家庭治疗模式在个案工作中的运用

扫描二维码阅读

第三阶段：巩固期。此阶段的目标在于巩固治疗效果，帮助服务对象整合治疗经验，并提醒其未来可能面临的挑战。当以下目标达成时，即可宣布结案：家庭成员间能实现表里一致的沟通；家庭成员间能够相互接纳；成员能明了彼此间的相互看法；摆脱过去的负面影响；相互支持；家庭规则富有弹性；成员能自由选择自己的行为。这些结案标准从专业的角度确保了服务对象家庭的真正健康状况。

（四）危机介入模式

1. 危机介入模式的主要内容

危机介入模式是一种针对性的工作方法，旨在帮助个体应对由意外危险事件导致的正常生活破坏和身心错乱状态。尽管该模式尚未形成完整系统的理论依据，但在不断吸纳其他理论的过程中，形成了一些关键的理论假设和基本概念，并积累了丰富的实践经验。

危机介入模式的核心在于对危机工作进行有效的调整和治疗，其重要原则包括：首先，及时处理原则，强调在危机发生后的第一时间进行干预，以减轻个体的心理压力和损害程度；其次，限定目标原则，即在危机介入过程中，明确设定短期、具体且可实现的目标，以引导个体逐步走出危机；第三，输入希望原则，通过给予个体积极的期望和鼓励，帮助他们重燃生活的信心和希望；第四，提供支持原则，为个体提供情感、物质和信息等多方面的支持，以帮助他们渡过难关；第五，恢复自尊原则，关注个体在危机中的自尊受损问题，通过肯定其价值和能力，协助他们重建自尊和自我认同；第六，培养独立能力原则，通过危机介入过程，帮助个体提升自我应对危机的能力，使其在未来能够更好地独立面对挑战。

这些原则共同构成了危机介入模式的核心内容，为危机工作提供了有效的指导和支持。

2. 危机介入模式的特点

危机介入模式的特点主要体现在以下四个方面：

第一，快速了解服务对象的主要问题。在危机介入模式中，社会工作者需要迅速且准确地识别出服务对象当前面临的主要问题和挑战，以便为后续的介入提供明确的方向。

第二，迅速做出危险判断。在应对危机情况时，快速而准确地判断是否存在潜在的危险至关重要。危机介入模式要求社会工作者具备敏锐的洞察力和判断力，能够迅速评估服务对象的状况，并采取必要的措施来确保他们的安全。

第三，有效稳定服务对象的情绪。危机事件往往会导致服务对象出现情绪上的波动和混乱。危机介入模式强调社会工作者通过专业的技巧和手段，帮助服务对象稳定情绪，缓解焦虑和恐惧，使他们能够更冷静地面对和处理问题。

第四，积极协助服务对象解决当前问题。危机介入模式不仅关注服务对象的当前状况，还致力于协助他们解决当前面临的具体问题。通过提供必要的支持和资源，帮助服务对象找到解决问题的途径和方法，促进他们尽快恢复正常的生活状态。

这四个特点共同构成了危机介入模式的核心要素，使其在面对危机情况时能够迅速、有效地介入，帮助服务对象渡过难关。

3.危机介入的过程

危机介入的过程可分为三个阶段：开始阶段、中间阶段和结束阶段。

（1）开始阶段

在危机介入的起始阶段，首要任务是收集服务对象的基本信息。在此过程中，会谈的焦点应放在当前正在经历的危机事件上，通过深入交流，了解服务对象的困境和需求。随后，要进一步澄清服务对象面临的最大问题，以便聚焦于核心目标，找出真正需要解决的问题。在危机干预的初期，与服务对象建立稳固的专业关系至关重要，这有助于取得他们的信任，为后续工作奠定良好的基础。

（2）中间阶段

进入危机介入的中间阶段，社会工作者需继续收集资料，以加深对服务对象的了解。此时，应尝试将服务对象当前遭遇的危机与其过去的生活经历相联系，揭示两者之间的内在联系。通过这一过程，可以帮助服务对象纠正认识上的偏差，重新审视自己的问题，为解决问题找到新的途径。

（3）结束阶段

危机介入的最后一个阶段是结束阶段。在这一阶段，社会工作者与服务对象共同回顾双方当初约定的目标及执行情况，评估危机介入的成效。通过总结经验和教训，确保已达到预定的目标，并为服务对象提供必要的后续支持。此时，也应对整个危机介入过程进行反思，以优化未来的工作方法。

4. 禁毒社会工作中常见的危机及处理

在禁毒社会工作中，戒毒者常常面临复吸、自杀、感染艾滋病或其他传染疾病等危机。针对这些危机，我们需要采取相应的处理措施。

（1）复吸危机的处理

复吸是戒毒者面临的一大挑战。在应对复吸现象时，禁毒社会工作者应注意以下几点：

第一，面对服务对象可能出现的复杂情绪反应，社会工作者需保持高度敏感，实时作出处理，避免服务对象因负面情绪膨胀而做出伤害自己或亲人的行为。

第二，在建立信任的基础上，运用同理心、接纳、反映感受和正面鼓励的技巧，协助服务对象将负面情绪宣泄出来，以减轻其心理压力。

第三，重建服务对象对戒毒的自信心至关重要。社会工作者应鼓励他们将复吸视为一个学习过程，而非单纯的失败，从而激发其继续戒毒的动力。

第四，协助服务对象反思如何实施已订立的戒毒计划，对复吸进行深入的自我反省。在此基础上，制定更加具体、可行的戒毒方案，确保戒毒工作的顺利进行。

第五，社会工作者还需协助服务对象的家人或身边重要的人认识到复吸也是戒毒过程中的一个环节，并了解复吸的正面意义。鼓励他们继续支持服务对象，帮助服务对象认识到自己在拒绝毒品诱惑方面的弱点。同时，让家人或身边重要的人明白他们的关爱和支持是服务对象从失败中站起来的最大动力。

（2）自杀危机的处理

在介入戒毒康复人员的复吸预防工作时，社会工作者必须高度重视并及早介入戒毒者的自杀预防工作。

介入初期，社会工作者应细致询问服务对象是否有过自杀倾向或行为。这样的询问并非触发自杀，而是帮助社会工作者明确服务对象是否存在自杀危机，从而进行有针对性的预防介入。同时，深入了解服务对象的自杀动机和原因，及时化解其悲伤绝望情绪和烦恼，是预防自杀危机的重要手段。

社会工作者应保持高度警觉，以便及时察觉服务对象的自杀征兆。这些征兆涉及认知、情绪、行为和生理等多个方面，如性格突变、情绪不稳定、体重下降、失眠、疲劳，言语中透露的死亡意愿，社交活动的减少，以及对心爱物品的送出等。

一旦发现服务对象因困扰或麻烦产生自杀倾向，社会工作者应立即启动危机干预机制。若服务对象已经开始或即将实施自杀行为，社会工作者应迅速通知其家属，稳定家属情绪，并避免对自杀行为进行批评和责骂。同时，通知相关服务机构、用人单位，必要时向警方报告，并根据情况决定是否需要留院观察。

在非危机情况下，社会工作者应以非批评的态度倾听服务对象的感受，引导他们表达内心的苦闷、无助等情绪，并提供陪伴和支持。此外，社会工作者还需详细了解服务对象的自杀计划，评估其致命性和危害性，帮助他们远离自杀工具，并鼓励其告知家人自杀情况，以增进家人的关心和支持。

社会工作者还需与家人商讨如何协助服务对象，如安排专人陪同，避免其独处。在过渡期内，社会工作者应持续联络、走访服务对象，提供必要的支持和关心。若不幸发生自杀事件，社会工作者应安抚家属，协助处理后事，并储备相关知识和资源，以应对可能出现的困难。

此外，社会工作者还应了解社区资源，为经济困难的家庭提供必要的帮助和支持，以减轻他们的负担，共同助力服务对象走出困境，重获新生。

（3）艾滋病或其他传染病介入

当服务对象在社会工作者的服务期间不幸感染艾滋病或其他传染病时，社会工作者应采取以下措施进行干预。

第一，社会工作者需要深入了解服务对象得知感染后的所思所感，及时给予安抚和支持，以减轻其心理压力；第二，社会工作者应详细了解服务对象感染病毒的过程，协助其分析原因，避免再次犯错，并提供必要的预防知识和建议；第三，社会工作者还需澄清服务对象对传染病的错误认识，解答其关于就诊方面的咨询，消除其疑虑和恐惧；第四，社会工作者应帮助服务对象树立积极向上的思想，鼓励他们按照医生的指示，定时定量服药，定期接受检测和复诊，以确保病情得到有效控制；第五，社会工作者还需教会服务对象如何避免将病毒传染给家人或其他人，如正确使用避孕套等防护措施，以保护其家人的健康；第六，社会工作者应协助服务对象建立并维护健康的生活方式，包括合理饮食、适量运动、保持良好的作息习惯等，以提高其身体免疫力，促进康复。

通过以上措施的干预，社会工作者可以帮助服务对象更好地应对艾滋病或其他传染病的挑战，维护其身心健康。

四、禁毒个案工作的基本技巧

禁毒个案工作是一项专业而复杂的任务，要求工作者不仅具备深厚的理论知识，还需掌握一系列实用的工作技巧。这些技巧是禁毒社会工作者将个案工作的价值观念转化为具体行动和操作方式的关键，有助于推动服务对象的积极转变。

禁毒个案工作的技巧主要包括以下几个方面：

（一）沟通技巧

沟通作为一种交叉式的信息交流方式，其核心在于信息反馈式的双向交互。在禁毒个案工作中，沟通传递的内容不仅涉及知识信息，还包括价值信息的传递。因此，有效沟通是开展禁毒个案工作的不可或缺的条件。

1. 个案会谈技巧

个案会谈是禁毒社会工作者与服务对象之间进行的针对性、专业性的面对面交流，也称为个案面谈。其技巧主要包括支持性技巧、引领性技巧和影响性技巧。

（1）支持性技巧

支持性技巧是禁毒社会工作者通过口述和肢体语言，运用一系列方法，如专心致志地倾听、深入共情、共同勉励等，使服务对象感受到被理解、被认可。这种技巧有助于建立良好的信任关系，为后续工作打下基础。

（2）引领性技巧

引领性技巧则体现在禁毒社会工作者通过澄清疑问、对焦关键问题、摘要总结等方法，主动引导服务对象深入探索其以往的经验和感受。这有助于服务对象自我觉察，发现自身潜能。

（3）影响性技巧

影响性技巧是禁毒社会工作者通过提供信息、自我披露、提出反对意见等方式，为服务对象提供必要的信息或建议。这有助于服务对象从不同的角度理解和解决问题，促进其行为和态度的积极转变。

2. 个案工作访视技巧

在禁毒个案工作的推进过程中，禁毒社会工作者需对服务对象日常生活的环境及其相关人员进行专业性的走访。这种走访旨在深入了解服务对象的生活状况，促进其在各方面的适应与融入。为确保访视的顺利进行，以下是一些关键的走访技巧。

（1）明确走访的目标和目的

在进行访视前，禁毒社会工作者应清晰地设定此次走访的具体目标，如了解服务对象的生活状况、评估其社会支持网络等。明确的目标有助于工作者在访视过程中保持专注，确保收集到有效的信息。

（2）做好走访准备

走访准备包括了解服务对象的基本信息、准备必要的访谈工具、制定访谈提纲等。充分的准备工作能够帮助工作者在访视过程中更加自信、从容，同时也能确保访谈的顺利进行。

（3）注意走访礼仪

讲究走访礼仪也是至关重要的。在访视过程中，禁毒社会工作者应遵守基本的社交礼仪，如尊重服务对象的隐私、保持礼貌的言谈举止等。这不仅有助于建立良好的人际关系，还能增强服务对象对工作者的信任感。

（4）把握来访态度

把握来访态度也是一项重要的技巧。在访视过程中，禁毒社会工作者应保持客观、中立的态度，避免对服务对象进行主观判断或施加压力。同时，还应展现出关心、理解和支持的态度，让服务对象感受到工作者的真诚与善意。

禁毒社会工作者应掌握并运用这些技巧，以更好地了解服务对象的生活状况，促进其适应与融入社会。

（二）建立关系的技巧

建立关系，即社会工作者与服务对象的初次接触，旨在为后续个案工作的顺利开展奠定坚实的基础，并构建相互信任的专业合作关系。为达成这一目标，需掌握以下关键技巧。

1. 感同身受

禁毒社会工作者在与服务对象接触时，应深入了解其所面临的具体情境，设身处地地站在他们的角度，感受其压力与挑战。这种情感共鸣有助于建立同理心，为后续的沟通与合作打下良好基础。

2. 建立积极表达的关系模式

禁毒社会工作者需协助服务对象明确共同目标，期望达成的结果，以及各自的角色和作用，从而构建一个有助于服务对象主动表达自我、分享经验和感受的关系模式。这种模式能够促进双方的互动与理解，推动个案工作的顺利进行。

3. 营造良好氛围

禁毒社会工作者在与服务对象初次见面时，应选择合适的地点、布置舒适的环境，以营造轻松愉快的氛围。这样的氛围有助于缓解服务对象的紧张情绪，促进双方之间的信任与合作。

4. 积极主动的态度

禁毒社会工作者应展现出友善、热情的态度,主动与服务对象进行交流,了解其需求和期望。这种积极主动的行为能够缓解服务对象的不安情绪,增强他们改变现状的信心和动力。

(三)收集资料的技巧

资料的收集是禁毒个案工作中至关重要的环节。社会工作者通过一系列技巧,如观察、调查、会谈以及利用现有资料,全面、深入地了解服务对象的问题及其发展变化。以下是收集资料过程中涉及的主要技巧。

1. 会谈

与服务对象进行会谈是禁毒社会工作者直接获取信息的有效途径。通过面对面的交流,工作者能够深入了解服务对象的所思所感、生活状况以及问题的具体情况。会谈时,工作者应掌握倾听技巧,引导服务对象充分表达,同时保持耐心和理解,确保信息的完整性和真实性。

2. 调查表

采用调查表的方式,禁毒社会工作者能够系统地收集服务对象的个人信息、问题表现、需求等方面的资料。调查表设计应简洁明了,便于服务对象填写。通过调查表,工作者可以收集到一些涉及隐私或不便于当面表达的材料,从而更全面地了解服务对象的情况。

3. 观察

通过观察服务对象与身边其他人的沟通方式和交往过程,禁毒社会工作者能够直接了解服务对象的行为模式、情绪状态以及问题的实际表现。特别是观察服务对象与周围环境的交互过程,有助于工作者把握问题的根源和发展趋势。

4. 现有资料的运用

禁毒社会工作者可以通过查阅相关机构或个人的记录、报告等现有资料,了解服务对象的历史背景、家庭状况、社会支持网络等信息。这些资料可以为工作者提供有价值的参考,帮助工作者更全面地评估服务对象的问题和需求。

（四）方案策划技巧

在禁毒个案工作中，制定一个优质的服务工作方案是确保服务介入工作顺利开展的关键。社会工作者在策划方案时，需掌握以下技巧。

1. 确保目标清晰且现实

禁毒社会工作者应以服务对象期望达成的具体行为为标准，结合服务对象的实际情况和能力，制定明确的任务完成时间表。这样的目标设定能够确保工作方向明确，同时符合实际可行性。

2. 明确服务对象的范围

服务对象范围在服务介入过程中可能会发生变化。因此，禁毒社会工作者需要根据实际工作要求，灵活调整服务对象的范围，有时需要更加聚焦于服务对象本身，有时则需要将关注点转向服务对象的家庭成员。

3. 制定合理的策略

服务工作方案应包含服务介入工作的基本方法、技巧、步骤和时间进度。一个好的工作方案不仅要求服务策略与目标保持一致，还要求各服务策略之间能够相互协作，形成合力，共同推动服务介入工作的顺利进行。

方案策划技巧在禁毒个案工作中至关重要。禁毒社会工作者应熟练掌握这些技巧，以确保制定出的服务工作方案既具有针对性，又具备实际可操作性，从而有效推动服务介入工作的开展。

（五）评估技巧

在服务介入总结结束阶段，评估作为重要环节，需对整个服务介入过程进行全面检查和反思。为确保评估的有效性和准确性，需掌握以下关键技巧：

1. 正确运用评估类型

评估类型主要分为两种：一是对介入活动的效果进行评估，旨在衡量服务介入所取得的成果；二是对所运用的策略、方法和技巧的评估，以检验服务过程中采用的方法和技巧是否得当、有效。

2. 合理运用评估方法

常用的评估方法有三种：基线评估、任务完成情况评估和对服务对象影响的评估。基线评估关注变化过程，需确定变化起点，并与变化后的状态进行比较；任务完成情况评估侧重于目标的实现，评估任务完成的程度和质量；对服务对象影响的评估则注重服务对象的主观感受，鼓励其自我陈述服务过程对其产生的影响和作用。

3. 确保服务对象的积极参与

禁毒社会工作者在评估过程中应提供足够的空间，让服务对象自由表达所思所感。通过采用不在场、不记名等方式，为服务对象创造轻松的评估环境，促进他们积极参与到评估中来，从而提高评估结果的准确性和可信度。

评估技巧在服务介入总结结束阶段具有重要意义。禁毒社会工作者应熟练掌握这些技巧，以确保评估工作的有效性和科学性，为后续的服务工作提供有力支持。

【课堂活动 6.1】
根据你对个案工作含义的理解，谈谈禁毒个案工作的特点和作用主要有哪些？

第二节　禁毒小组工作

禁毒小组工作是禁毒社会工作的核心方法之一，其目标是针对小组或团体成员，通过组织各类活动，提供救助帮扶、戒毒康复等社会服务。禁毒小组工作在预防和减轻毒品危害、促进吸毒人员社会康复以及发挥团体或组织的社会功能等方面具有重要的作用。

一、禁毒小组工作概述

（一）小组的概念及其特征

小组是由两个或两个以上人组成的一个集合体。这个集合体不仅具有明确的规范和氛围，还以共同的目标和利益为导向。在小组中，成员们相互影响，扮演着各自相应的角色，并共同维护着一种整体意识。

小组具有以下显著特征：

第一，由至少两人以上的成员构成。这是小组形成的基本前提，也是其作为一个集合体的基础。

第二，小组成员之间拥有相同的目标和愿景。这种共同的目标和愿景是小组凝聚力和行动力的源泉，它促使成员们齐心协力，共同追求和实现小组的目标。

第三，小组成员对小组具有强烈的认同感。这种认同感来源于对小组规范、氛围以及共同目标的认可和接纳，它使得成员们愿意为小组的发展贡献自己的力量。

第四，小组成员之间相互影响又互相依存。在小组中，成员们通过交流、合作和竞争等方式相互影响，共同成长。同时，他们也相互依存，共同面对挑战和困难，形成了一种紧密的关系。

第五，小组中还存在社会控制的方式。这种社会控制方式可以是明确的规章制度，也可以是隐性的文化习俗或道德规范。它有助于维护小组的秩序和稳定，确保成员们能够按照小组的要求和期望行事。

综上所述，小组是一个具有特定规范和氛围的集合体，以共同的目标和利益为导向，成员之间相互影响、相互依存，并共同维护着一种整体意识。这些特征使得小组在禁毒社会工作中发挥着重要的作用。

（二）小组工作功能

小组工作发挥着综合与具体两大方面的功能。

1. 综合功能

从综合功能来看，小组工作具备三大显著作用。第一，它有助于组员在集体环境中学习并积累经验，通过互动与交流，提升个人成长与发展。第二，小组工作有助于建设和谐的人际关系，培养团队合作精神，使组员在积极的团队氛围中收获良好的团队体验，增强归属感和凝聚力。第三，小组工作极大地丰富了社会资本，通过组员间的互助与合作，促进了社会资源的共享与利用，增强了社会整体的凝聚力与向心力。

2. 具体功能

小组工作还具备一系列具体功能。第一，在预防方面，能够预测可能发生的困难，并为组员提供必要的环境支持，帮助他们提前应对挑战。第二，在矫正方面，小组工作针对违反社会秩序、侵犯他人利益或思想道德偏差的组员，协助他们改变价值观、行为和态度，使其回归社会主流认知的正常范畴。第三，在康复方面，小组工作运用专业技巧，帮助有问题的组员在情绪、意识、态度和行为等方面恢复到正常状态。第四，小组工作还注重能力建设，通过教育和技能培训提升服务对象的自信心和生活技能；鼓励组员参与社会运动，培养他们的领导、服从、参与和决策能力，并承担社会责任；协助组员学习社会规范和人际关系技巧，实现社会化；鼓励组员实现社会价值，增强社会责任感；同时，社会工作者还协助组员发现问题，通过民主决策找到解决问题的途径，实现问题的有效解决。

（三）禁毒小组工作概念

禁毒小组工作，其核心在于以团体或小组的形式，针对禁毒领域内的特定对象开展工作。这一工作模式主要将具有相似或共性需求的药物滥用者聚集起来，形成两人及以上的小组群体。这些小组可以是同质性的，也可以是异质性的，但共同的目标是推动个人成长与康复。

禁毒小组工作注重利用小组集体活动的形式，为成员提供一个相互支持、共同学习的平台。通过参与小组活动，成员们能够增强与周围环境的互动能力，提高自我认知和社会适应能力。同时，禁毒小组工作致力于发展和完善服务对象的社会功能，帮助他们重新建立健康的人际关系，掌握必要的生活技能。

禁毒小组工作的最终目标是最大限度地帮助服务对象实现社会康复，促使他们顺利回归社会。通过小组工作的方式，可以有效地减轻毒品对个人和社会的危害，促进社会的和谐稳定与发展。

综上所述，禁毒小组工作是指社会工作者以两个或两个以上的吸毒人员所组成的小组为工作对象，通过有目的的小组活动和组员之间的互动、引导，从而帮助小组成员共同参与集体活动，以获得相关经验，协调组员之间、组员与小组之间以及组员与环境之间的关系问题，促成组员行为的改变，恢复与发展社会功能，最终实现开发个人潜能，使个人获得成长。

（四）禁毒小组的分类

禁毒小组工作的分类是开展实务操作的基础，其划分主要依据小组的目标、形成方式、实际需求、服务对象特点、参与动机以及所采用的结构等多个维度。不同的小组工作类型在运用技巧、理论模式和最终目标上均有所差异。

从小组目标的角度出发，禁毒小组工作可以划分为以下四类。

1. 成长小组

（1）宗旨

成长小组的核心宗旨在于协助组员全面认识与探索自我。通过这一过程，组员能够充分发掘和启动自身的内在资源，同时有效整合外在资源，从而最大限度地释放个人潜能。这种潜能的发挥不仅有助于解决当前存在的问题，更能推动个人朝着健康、正常的方向发展。

（2）适用范围

成长小组主要适用于各类学生及边缘群体的辅导工作。无论是处于成长关键期的青少年，还是面临生活困境的边缘群体，成长小组都能提供有针对性的辅导与支持，帮助他们更好地应对毒品的诱惑和挑战，实现个人成长。

（3）典型实例

近年来，针对不同人群的需求，成长小组衍生出了多种形式的"体验小组"。其中，青少年的野外拓展训练营通过一系列户外挑战活动，帮助青少年提升自我认知、团队协作和解决问题的能力；而为戒毒康复人员设计的"历奇"小组则通过独特的体验活动，引导他们在康复过程中实现自我价值的重塑和正向改变。在禁毒社会工作中，"历奇"通常指的是一系列设计独特、富有挑战性且旨在促进个人成长、团队合作和情感体验的活动或经历。这些活动往往超越了日常生活的常规，让参与者置身于新颖、刺激或稍微超出其舒适区的环境中，以激发其潜能，促进自我反思，增强自信心，并培养解决问题的能力。

（4）服务焦点

成长小组的服务焦点始终聚焦在个人的成长与正向改变上。通过提供专业的辅导和支持，成长小组致力于帮助组员突破自我局限，实现潜能的最大化发挥，进而促进个人全面、健康的发展。

2. 教育小组

（1）宗旨

教育小组的核心宗旨在于帮助小组组员学习并掌握新方法、新知识，以弥补相关知识的不足。通过这一过程，组员能够纠正原有的不正确看法和解决方式，进而实现个人的发展目标。

（2）适用范围

教育小组在社会工作成熟的地区得到了广泛的应用。无论是社区、学校还是医院等场所，都可以见到教育小组的身影。这些小组为不同领域的人群提供了宝贵的学习机会，促进了个人和社区的持续发展。

（3）典型实例

在教育小组的实际应用中，可以找到许多典型的例子。比如家属教育小组，通过这一平台，家属们学习如何更有效地与吸毒人员沟通，改善家庭关系，促进康复进程。此外，还有毒品预防教育小组，它们致力于提高公众对毒品的认识，预防毒品滥用问题的发生。

（4）工作重点

在教育小组的工作过程中，需要特别关注以下几点：第一，促进小组组员确立新的视野和观念，使他们能够从不同的角度看待问题，拓宽思维和视野；第二，协助小组组员认识到自身存在的问题，并激发他们自我解决问题的需求，增强自我成长的动力；第三，开展有针对性的干预服务，通过降低小组组员的问题行为特征，帮助他们逐渐改变自我，实现个人成长和进步。

3. 支持小组

（1）宗旨

在支持小组中，社会工作者的主要任务是引导组员深入讨论生命中的重要经历，并表达他们真实的情绪感受。通过这一过程，社会工作者旨在帮助组员建立起一个能够相互理解、彼此支持的共同体关系。在小组活动中，社会工作者鼓励组员积极分享经验，并协助他们解决彼此面临的问题，以促进个人成长和小组凝聚力的提升。

（2）适用范围与效果

支持小组通常由具有某一共同性问题或挑战的组员组成。通过组员间的信息分享、建议交流、相互鼓励以及情感支持，支持小组旨在帮助组员解决特定问题，并推动他们实现积极的改变。在小组活动中，社会工作者注重通过互动和引导，拉近组员间的距离，建立良好的沟通渠道，为组员提供一个安全、支持性的环境。

（3）社会工作者的角色定位

需要注意的是，支持小组的动力主要来源于组员的共同目标和需求。因此，在小组形成后，社会工作者通常扮演推动者和协调者的角色，而不是主导者。在某些情况下，由于支持小组的自助性质较强，社会工作者在小组建立后可能不必过多介入其日常运作过程，而是让组员在相互支持中自然成长。然而，即使社会工作者在"边缘化"的位置，他们仍需保持对小组的关注和监督，以确保小组活动的顺利进行和目标的达成。

（4）典型实例

支持小组在实际应用中有很多典型的实例，如"艾滋病患者小组"、"单亲家庭自强小组"、吸毒青少年的家长小组以及针对吸毒人员的"同伴治疗小组"等。这些小组都充分发挥了支持小组的优势，为组员提供了一个相互支持、共同成长的平台。通过这些小组活动，组员们不仅能够获得情感上的支持和鼓励，还能够学习到新的知识和技能，以更好地应对生活中的挑战和问题。

【案例】

上海自强社的女子戒毒沙龙和同伴互助戒毒小组是禁毒领域中的杰出范例。其中，尤为引人瞩目的当属"上海静安区同伴自助小组"，该小组自 2005 年 7 月成立以来，一直活跃在戒毒康复的舞台上。

这一同伴自助小组的运行遵循着明确的活动原则，即"政府提供支持、社会工作者帮助指导、戒毒人员自主运作、吸毒人员少量参与"。这种原则确保了小组在自主性和专业性之间取得了平衡，既保证了戒毒人员的主体地位，又得到了政府和社会工作者的有力支持。

在小组的组织架构中，成功戒毒人员担任小组组长，负责召集组员、策划活动主题，他们的经验和成功故事为小组注入了正能量。社会工作者则担任小组社会工作者的角色，对小组活动进行专业的指导和监督，确保小组活动的顺利进行。此外，小组还设有帮教志愿者、同伴示范员等角色，共同为小组的健康发展贡献力量。

虽然上海静安区的"同伴自助小组"模式与严格意义上的小组工作在某些方面可能存在一定的差异，但其在帮助吸毒人员戒毒方面的独特作用已得到了实践的验证。这一模式不仅提高了戒毒人员的自我管理能力，还促进了他们之间的互助与合作，为戒毒康复工作开辟了新的途径。

上海静安区的"同伴自助小组"模式具有较高的推广、借鉴与学习的价值。它为我们提供了一个有效的戒毒康复模式，有助于推动禁毒工作的深入发展，为更多吸毒人员提供有效的帮助和支持。

4. 治疗小组

（1）宗旨

在治疗小组中，禁毒社会工作者需要帮助组员深入了解自身存在的可能复吸毒品的问题及其背后的社会原因，通过利用社会支持网络或资源整合，促进组员在小组中交流和分享经验。通过这种方式，工作者能够实现对小组组员的心理和社会行为问题的治疗，促成其行为的改变，恢复与发展社会功能。

（2）适用范围

治疗小组主要适用于那些因社会环境不适应或社会关系网络断裂破损而导致行为出现问题的吸毒人群。这些人群可能面临戒断毒瘾、心理困扰、社会适应困难等问题，需要专业的治疗和支持。

（3）社会工作者的角色和素质要求

在治疗小组中，社会工作者通常被视为专家或权威人士，他们与成员一起诊断问题，共同制定治疗目标，确保治疗过程的有效性和针对性。治疗小组对禁毒社会工作者的素质有着严格的要求。首先，禁毒社会工作者必须具备扎实的社会工作理论知识和娴熟的实务操作技能，以确保能够为组员提供专业的指导和服务。其次，禁毒社会工作者还应具备一定的医学、心理学、禁毒学等方面的专业训练和临床经验，以便更好地理解和应对组员的心理和社会行为问题。

（4）典型实例

在实际应用中，治疗小组有着丰富的实践案例。例如，为社区矫正对象开展的"星星点灯小组"，通过专业的治疗和引导，帮助矫正对象重新融入社会；为吸毒人员提供服务的"美沙酮治疗小组"，通过药物治疗和心理辅导相结合的方式，帮助吸毒人员戒除毒瘾、恢复健康；以及针对家庭暴力受害者开展的治疗小组，通过提供心理支持和社会资源，帮助受害者走出阴影、重建生活。这些典型实例充分展示了治疗小组在解决个人和社会问题方面的专业性和有效性。

二、小组工作的价值观和实践原则

（一）小组工作的价值观

小组工作者不仅需秉承社会工作者的普遍价值观，还需特别坚守一套适用于小组工作实务过程的价值观。禁毒社会工作中的小组工作，其价值观主要围绕"助人自助"这一核心理念展开，并体现在多个方面。

1. 赋权

小组工作者应协助组员建立自信，鼓励他们勇敢面对困难、迎接挑战，并相信未来会变得更加美好。通过提高小组成员的自主能力，帮助他们树立积极的人生态度，实现自助和生活的改变。

2. 尊重与接纳

小组工作者在小组工作中应尊重每一位成员的人格、权利和隐私，不论其过去的经历如何，都应给予平等的对待和尊重。接纳成员的多样性，包括其文化背景、性格特点、吸毒经历等，不歧视、不排斥，努力营造一个包容、温暖的小组环境。小组工作者应利用小组的力量，帮助组员与不同背景的人建立关系，增进彼此之间的尊重和欣赏。

3. 保密与信任

遵守职业道德规范，对小组内的讨论、个人信息和敏感内容严格保密，以增强成员的信任感和安全感。建立和维护小组成员之间的信任关系，鼓励成员开放地分享自己的经历和感受，促进相互之间的理解和支持。

4. 鼓励与支持

鼓励成员积极参与小组活动，勇于面对自己的问题，尝试改变不良行为和思维方式。在成员遇到困难或挑战时，提供必要的支持和帮助，包括情感支持、信息支持、资源链接等，以增强其应对能力和自信心。

5. 合作与参与

倡导小组成员之间的合作与互助，通过共同的目标和任务来增强小组的凝聚力和向心力。鼓励成员积极参与小组决策和规划过程，提高其自主性和参与感，从而更好地融入小组生活和社会环境。

6. 自助与互助

强调成员的自我成长和自助能力，通过学习和实践来提升自己的应对技能和自我管理能力。鼓励成员之间相互帮助、相互支持，形成一种良性的互助机制，共同应对毒品问题和生活中的挑战。

7. 尊重专业伦理

禁毒社会工作者在小组工作中应严格遵守专业伦理规范，包括尊重人权、保护隐私、公正公平等原则，确保小组工作的合法性和有效性。

禁毒社会工作中的小组工作价值观是一个综合性的体系，这些价值观不仅指导着禁毒社会工作者的实践行为，也为小组成员提供了积极的成长环境和支持力量。

(二)小组工作的实践原则

小组工作的实践原则,旨在指导社会工作者的介入行为,确保他们在运用知识、经验、道德规范和才智时,能够明智地判断介入的时机、方式和程度,甚至在必要时对既定原则进行灵活调整。

1. 尊重与接纳

(1) 尊重与理解

禁毒社会工作者应尊重每位小组成员的尊严、权利和个性差异,理解他们因毒品问题所经历的困境和挑战。

(2) 无歧视原则

无论小组成员的背景、身份或成瘾程度如何,都应被平等对待,避免任何形式的歧视和偏见。

2. 保密与隐私

(1) 保护隐私

禁毒社会工作者应严格遵守保密原则,保护小组成员的个人隐私和敏感信息,确保他们的权益不受侵犯。

(2) 安全环境

禁毒社会工作者应为小组成员创造一个安全、无威胁的交流环境,使他们能够放心地分享自己的经历、感受和需求。

3. 目标导向与计划性

(1) 明确目标

禁毒小组工作应设定明确、可衡量的目标,这些目标应与小组成员的需求和康复计划相契合。

(2) 制定计划

禁毒社会工作者应根据小组目标和小组成员的具体情况,制定详细、可行的介入计划和活动安排。

4. 互动与合作

(1) 促进互动

禁毒社会工作者应鼓励小组成员之间的积极互动和合作,通过共同参与活动、分享经验等方式增强小组的凝聚力和归属感。

（2）团队协作

禁毒社会工作者之间也应加强协作，共同为小组成员提供全面、专业的支持和帮助。

5. 自助与互助

（1）助人自助

禁毒社会工作者应秉持助人自助的理念，帮助小组成员发掘自身潜能和优势资源，培养自我解决问题的能力。

（2）同伴支持

禁毒社会工作者应鼓励小组成员之间建立同伴支持网络，通过相互鼓励、监督和帮助来共同应对毒品问题。

6. 专业性与灵活性

（1）专业介入

禁毒社会工作者应具备专业的知识和技能，能够运用科学的方法和技术为小组成员提供有效的介入服务。

（2）灵活调整

在禁毒小组工作过程中，禁毒社会工作者应根据实际情况和小组成员的需求变化，灵活调整介入策略和方法，确保工作的针对性和有效性。

7. 评估与反思

（1）定期评估

禁毒社会工作者应定期对小组工作的效果进行评估，了解小组成员的康复进展和存在的问题，以便及时调整工作计划和介入策略。

（2）持续反思

禁毒社会工作者应不断反思自己的工作实践和经验教训，总结经验、提升能力，为更好地服务小组成员提供有力支持。

需要注意的是，以上原则并非孤立存在，而是相互关联、相互支持的。禁毒社会工作者在实际工作中应综合运用这些原则，根据具体情况进行灵活调整和应用。同时，工作者还应不断学习和提升自己的专业素养和实践能力，以更好地满足小组成员的需求和期望。

三、小组工作模式

小组工作的三大基本模式为：社会目标模式、治疗模式和互动模式。

（一）社会目标模式

社会目标模式旨在实现社区归属与社会整合，核心关注社会秩序与社会价值观的塑造。它借助一系列原则和方法，培养成员的社会责任感、意识及良知。

1. 理论基础

社会目标模式的理论基础源于社会变迁理论和社会系统论等社会学原理。社会系统由个人和群体构成，彼此间相互影响。系统功能失常往往导致个体和群体功能失调。因此，社会冲突和问题可通过制度改革和完善，或社会互动关系的优化来化解，进而推动社会结构与过程的变迁。该模式致力于激发组员的社会责任感，推动社会整合与变迁。在此模式下，社会工作者扮演影响者的角色，着重激发组员的社会意识，增强他们民主参与的行动力。

2. 适用范围

社会目标模式早期关注处理小组内的社会秩序与价值问题，现代社会中则具有广泛适应性，可应用于各社会结构层次，如社区。它通过制度化集体行动，在社区共同利益驱动下实现社区行动。服务对象主要为社会边缘群体或具有共同特点的人群，比如同一社区内有吸毒史的人群。

3. 小组成员特点

社会目标模式小组通常吸引同一社会阶层、居住区域或具有相似背景的民众。小组具有开放性，允许组员自由进出，组员因共同志愿和目标相聚，可因共同理想求同存异。小组工作认为每个人都有民主参与的潜能，因此鼓励社会边缘群体参与。

4. 小组工作目标

社会目标模式的核心目标是培养成员的社会归属感，恢复与发展社会功能。具体目标包括：提升社会意识与潜能，促进社会回归；增强社会能力与自尊心；培养社区领袖，引领社会变迁。

5. 小组性质

此类小组多为任务小组，旨在发现问题、提出新概念与解决方法，满足参与者、组织及社区的需求。在社会工作者引导下，小组成员能共同设定目标并采取社会行动，实现自我完善与发展。

6. 社会工作者角色

社会目标模式中的小组工作者具备影响力，全程陪伴小组成员，扮演多变角色，如组织者、引导者等。他们具备禁毒与社会工作知识，灵活运用个案、小组和社区工作方法，关注个人与环境互动，整合多方资源，协助小组成员再社会化。他们推动成员分享、表达与行动，以身作则，树立榜样。在特定任务小组中，工作者角色可事先明确，确保组员积极响应。

（二）治疗模式

治疗模式，又称预防与康复模式或临床模式，其核心任务在于治疗小组成员，同时为他们提供预防和康复的干预手段。此模式作为社会工作的传统工作模式之一，致力于向不同需求的人群提供服务。

1. 理论基础

治疗模式的核心理论基础在于通过个体的行为改变，促进其恢复与康复。这一模式主要建立在精神分析理论、人类行为发展理论和小组动力理论之上。

精神分析理论关注个体内心的冲突和动力，认为通过深入剖析个体的潜意识，可以帮助其解决心理问题，实现恢复和康复。治疗模式采纳了精神分析理论的这一观点，注重通过小组工作帮助成员认识和解决内心的困扰。

人类行为发展理论强调个体行为的发展和变化过程。治疗模式借鉴了这一理论，认为通过了解个体行为的发展规律，可以更有效地制定治疗方案，促进个体的恢复和康复。

小组动力理论也是治疗模式的重要理论基础之一。它关注小组内部成员之间的互动和影响，认为通过优化小组氛围和互动方式，可以提高治疗效果，促进个体的康复。

治疗模式吸纳了精神医学、心理治疗等领域的重要理论和技术，形成了自己独特的理论基础。这些理论为治疗模式的小组工作提供了科学依据和实用指导，帮助个体实现戒毒和康复的目标。

2. 适用范围

治疗模式的应用范围广泛，涵盖了多个领域。在心理治疗领域，治疗模式被用于协助个体解决深层次的心理问题，促进心理康复。对于青少年越轨行为，治疗模式通过小组工作的方式，帮助青少年认识并改正不良行为，引导他们回归正轨。在精神病治疗方面，治疗模式也发挥着重要作用，通过小组活动，帮助精神病患者恢复社会功能，提高生活质量。除了以上领域，治疗模式还广泛应用于不良习惯的矫正。例如，在戒毒服务机构中，针对毒瘾人群设立的戒毒小组，就是治疗模式小组工作的一种典型应用。通过小组治疗，帮助毒瘾人群戒除毒瘾，重建健康的生活方式。

此外，治疗模式的小组工作还可用于提升个体的社交技巧或新角色的适应技巧。通过小组互动，个体可以学习如何与他人有效沟通、建立良好关系，同时也可以学习如何适应新的社会角色，更好地融入社会。

3. 小组工作的目标

治疗模式的小组工作目标层次分明、逻辑清晰，既关注个体的成长与能力提升，又注重解决实际问题，为组员提供全面而有效的治疗支持。小组工作治疗模式的核心目标是针对个人进行治疗，而非仅仅解决小组内成员所面临的问题。其真正的目标在于促进个体的成长，并提升他们当前以及将来应对问题的能力。

治疗目标的设定主要遵循以下三个原则：

第一，当小组是为某一特殊群体而设立时，特定的治疗目标将成为该小组的核心目标。这体现了治疗模式在应对不同群体需求时的灵活性和针对性。

第二，社会工作者会综合考虑小组中每个成员的治疗目标，从而界定整个小组的治疗目标。这一原则确保了小组工作的目标能够真正反映每个成员的需求和期望。

第三，社会工作者致力于通过改变组员的功能丧失和行为偏差，协助他们恢复社会功能并矫正不良行为。这一目标的实现有助于组员更好地融入社会，提升生活质量。

4. 小组工作的性质

小组工作治疗模式，本质上被视为一个再教育的过程，其核心聚焦于矫治、治疗以及人格重建等多个环节，多属于治疗或教育小组。这一模式特别关注小组组员的心理与行为问题，认为这些问题并非仅仅是个体层面上的困扰，而更多的是社会关系失调的体现。因此，治疗模式强调通过小组活动的方式，来解决组员在社会化过程中出现的缺陷，帮助他们重建社会关系网络，进而恢复并发展其社会功能。

治疗模式不仅关注当前组员的心理状态与行为表现，还深入探索其过去的经历，包括潜意识中的动力与影响因素。有些治疗小组专门针对那些存在情绪与行为障碍、妨碍个人正常功能的组员，其工作目标在于促进个体人格结构的转变。由于这一转变过程通常需要较长时间，因此治疗小组往往具有较长的持续时间。

值得注意的是，由于组员的特殊性和复杂性，治疗模式在实践中往往更加依赖专家的判断与指导。在这种模式下，小组并非给予成员自主决策的权力，而是将其作为一种治疗工具来运用。社会工作者的工作目标是诊断每个组员的具体情况，通过改变小组的结构与过程，最终实现个人的转变与成长。因此，在治疗模式中，小组的角色更多的是作为一个治疗平台，而非一个自主运作的体系。

5. 小组成员的特点

参与小组治疗的组员通常具有特定的需求与特点。他们往往需要的是矫治性的治疗，而不仅仅是发展性和预防性的帮助。这些组员通常属于行为失范的人群或具有特定问题，例如存在严重的情绪问题、行为障碍、人格问题、精神异常或偏差行为。治疗小组的主要任务是协助组员深入挖掘潜意识中的动力，提供情绪宣泄的途径,并引导他们逐步认识和理解过去那些干扰其生活功能的抉择。通过领悟和学习,组员能够逐步恢复其社会功能。

然而,并非所有病例都适合加入治疗小组。社会工作者对治疗小组组员的入组评估至关重要。具体来说,具有以下情况的戒毒人员不宜入组:严重抑郁患者、处于狂躁状态的患者、精神分裂症急性期患者、反社会人格障碍者、偏执人格障碍者以及极端分裂人格障碍者。通过严格的入组评估,治疗小组能够确保为合适的组员提供有效的治疗环境,促进他们的康复与成长。

6. 社会工作者的角色

在治疗模式中,社会工作者的角色至关重要。他们通过精心设计和引导小组过程和结构,致力于促进个别成员的转变。社会工作者将小组视为一个治疗环境或工具,核心任务在于研究和诊断治疗需求。他们应具备足够的能力来诊断个人的需求,制定治疗计划,并有效控制小组的发展进程。

在治疗模式的小组工作中,社会工作者通常是领导者,扮演着积极的角色,类似于家长式的、有知识和指导式的领导。社会工作者常采用逐步解决问题、任务取向或行为治疗的方法,以协助小组成员实现个人成长和康复。

治疗模式下的社会工作者通常是专家,具备专业的临床背景,如临床心理学家、精神医学家或临床社会工作者。他们具备深厚的心理学、精神病学理论与技术知识,能够灵活运用各种治疗方法,为小组成员提供个性化的治疗支持。

治疗模式作为小组工作的传统模式之一,具有较长的发展历史。它对心理学、精神病学理论与技术的采纳和应用,已经建立了丰富的治疗体系。在禁毒社会工作领域,美沙酮治疗小区便是一个典型的治疗模式应用案例,社会工作者在这里发挥着不可或缺的作用,帮助吸毒者戒除毒瘾,实现康复和重新融入社会。

(三)互动模式

互动模式,又称互惠模式,是建立在人与环境互动基础之上的一种特定的小组工作模式。该模式的核心在于通过多层次的互动关系——包括组员之间、组员与小组及社会环境之间，以及小组与社会环境之间的互动——来推动组员的成长。这些互动关系为组员提供了一个相互依存、共同成长的平台。在互动模式中，组员的成长并不仅仅是个人的事情，而是与整个小组及其所处的社会环境紧密相连。通过参与互动，组员能够增强自身的社会功能，提升发展能力。这种模式的焦点在于互动关系及其产生的积极效果，它强调了互动对于个人成长和社会融入的重要性。因此，互动模式不仅关注组员的个人需求，还重视他们与周围环境之间的互动过程。通过促进这种互动，该模式主要是帮助组员更好地适应社会、发展自我，并最终实现个人和社会的双赢。

1. 理论基础

互动模式是建立在坚实理论基础之上的，主要包括社会系统理论、场域论、互动论和交换论、人格理论。这些理论为互动模式提供了有力的支撑和指导。

社会系统理论强调个体与周围环境之间的相互依存和相互影响。在互动模式中，这一理论被应用于分析小组成员与小组环境以及社会环境之间的关系，从而揭示互动过程对个人成长和社会功能的影响。

场域论关注个体在不同社会场域中的行为和互动。在互动模式中，我们重视小组成员在不同社会背景下的互动过程，以理解其行为模式和发展动力。

互动论和交换论也为互动模式提供了重要的理论依据。互动论强调个体之间的相互作用和相互影响，而交换论则关注个体在互动过程中的资源交换和互惠关系。这两个理论共同构成了互动模式的核心思想，即通过组员之间、组员与小组及社会环境之间的互动关系，促进组员的成长和发展。

人格理论也对互动模式的构建具有重要意义。它关注个体的心理特征和行为模式，为理解小组成员之间的互动过程提供了心理学层面的支持。

互动模式的理论基础涵盖了多个领域，这些理论相互补充，共同构成了互动模式的完整框架。它们不仅关注小组成员与周围环境的关系,还强调小组成员之间的沟通和互动,为小组工作提供了有力的指导。

2.适用范围

互动模式在小组工作中的应用极为广泛,这主要得益于其强调利用群体互动的力量来实现自助与助人的核心理念。该模式不仅适用于不同生命周期的个体,还能灵活应对多种情境和问题,凭借其广泛的应用范围和灵活的适应性,在小组工作中发挥着重要的作用。它能够帮助不同生命周期的个体解决各种问题,促进他们的成长和发展。

(1)在成年人中的应用

对于成年人而言,互动模式可以有效地帮助他们应对工作、生活中的压力问题。通过小组成员之间的互动和支持,成年人可以共同面对挑战,分享经验,从而找到解决问题的新方法,减轻心理压力。

(2)在儿童、青少年中的应用

互动模式也特别适合用于解决儿童、青少年在成长过程中遇到的问题。通过参与小组活动,孩子们可以学会与他人合作、沟通,提升解决问题的能力,同时也可以在互动中增强自我认知和社会适应能力。

(3)在特殊群体中的应用

互动模式在特殊群体如戒毒康复人群中也有着重要的应用价值。这类人群往往因为过去的吸毒史而难以融入社会,互动模式可以通过小组成员之间的互助和支持,帮助他们重新建立社会关系,增强社会功能,实现康复和回归社会的目标。

3.互动模式的目标

互动模式的目标在于通过小组成员间的互动和合作,实现个人和社会的共同发展。这包括促进组员在社会归属和相互依存中得到满足,增强个人和社会的功能,以及实现预防性、补充性和复原性的小组工作目标。这些目标的具体内容通常由小组成员通过交谈和讨论共同决定，以确保小组工作的针对性和有效性。

互动模式是以人与环境及人际关系为基础展开的，在此过程中，人既是被塑造的对象，同时也是塑造他人的主体，所以，小组工作的目标具有多层次和综合性的特点。

第一，互动模式致力于满足组员在社会归属和相互依存中的需求。通过小组活动，组员能够体验到归属感和相互支持的力量，从而满足其社交和情感需求。

第二，互动模式强调组员在团体中应具备平等互惠的动机和能力。这意味着每个组员都应以平等和互惠的态度参与小组活动，共同促进小组的发展和成长。

第三，互动模式还认识到人是由生理、情绪、精神等要素综合而成的，这些要素在与他人的相互作用中得以展现和发展。因此，小组中个人的变化不仅受其他组员的影响，还受到小组性质、氛围、规范、习俗等多种因素的影响。同时，每个组员也对小组的形成和发展产生积极的影响。

4. 互动模式中小组的性质

互动模式强调个人在健全、合适的群体生活中才能获得健康全面的发展。其中，小组系统被视为解决问题的关键环境，是一个具有共同目标、互助性质的系统，通过提供特定的环境和机会，促进成员的个人成长和社会功能的提升。

小组的性质主要体现在以下几个方面：

第一，小组成员之间呈现出相互依赖、互相帮助的特点。在小组中，成员们不是孤立的个体，而是共同构成了一个紧密联系的整体。他们相互支持，共同面对挑战，通过合作与互助实现个人和小组的共同成长。

第二，小组的决策是共同做出的。这体现了小组成员的平等参与和集体智慧。在小组中，每个人都有发表意见、提出建议的权利，而最终决策则是通过集体讨论和协商达成的。

第三，小组是个人和社会功能得到培育和协调的地方。在小组中，成员们可以学习如何与他人有效沟通、合作解决问题，同时也可以提升个人的社会适应能力和责任感。

一个健全的小组必须具备以下要素：它应为组员提供彼此认同的机会，让他们感受到温暖和归属感；组员应享有选择朋友的自由，同时也要对不得不接纳的组员负起责任；小组应鼓励组员表现自己、表达自我，并维护他们在群体中的独立性；此外，小组还应为组员提供学习和独立生活的机会，以及展现个性和与他人分享的平台。

5. 小组成员

在互动模式中，每个小组成员都享有平等的地位，通过互惠的动机和能力实现共同目标，并通过分享和交流促进小组的和谐发展。这意味着每个组员都被视为具有独特价值和贡献的个体，他们在小组中享有同等的权利和机会。

作为小组的成员，个人具备互惠的动机和能力。他们希望通过与他人的互动和合作，实现共同的目标和利益。在小组中，组员们通过积极的交流和互动，建立起联系和共识，从而共同解决问题和获得帮助。

在小组中，成员们会共同确定目标，并分享和追求这些目标。他们通过共同决策的方式，决定小组的行动的方向和方式。这种决策过程不仅涉及工作者与组员之间的交流和协商，还涉及组员与组员之间的合作和讨论。

此外，分享在互动模式中扮演着重要的角色。无论是社会工作者与组员之间，还是组员与组员之间，都会进行积极的分享和交流。这种分享有助于增进彼此的了解和信任，促进小组的凝聚力与合作效果。

6. 互动模式中社会工作者的角色

在互动模式中，社会工作者扮演着多重角色，他们既是中介者、启发者和引导者，又是协调者和服务提供者，他们的专业能力和角色定位对于小组工作的顺利进行和组员的个人成长具有重要意义。

社会工作者需要启发组员主动思考问题，澄清并明确组员的需求与期待，寻找共同的目标，挖掘小组的正向动力，鼓励组员主动思考和解决问题,并强化小组的发展目标。

社会工作者应向组员说明自己在小组中所扮演的角色以及小组的作用,确保组员对小组运作有清晰的认识。作为协调者,社会工作者还需诚实地向组员提供必要的信息,包括概念、事实和价值观念,协调组员间的关系,充分利用社区资源为小组目标的实现提供有力支持。

社会工作者需协助机构或组织接纳组员,确保组员能够顺利融入小组,并根据其在社区中的角色提供持续而有效的服务。社会工作者还需协同小组与和小组有关的系统进行接触和谈判,确保组员能够得到全面而周到的服务。

四、小组工作的技巧

(一)沟通技巧

在小组工作中,沟通技巧至关重要。有效沟通不仅有助于社会工作者与组员间达成谅解,更是推动助人过程顺利进行的关键。小组社会工作者在整个进程中需持续与组员沟通,确保信息传递的准确与高效。

为达成有效沟通,社会工作者需掌握以下五种技巧:

1. 语意简述

社会工作者需具备准确且非评断性地简述说话者信息感受和内容的能力。这有助于避免误解,确保双方对沟通内容的准确理解。

2. 信息含义的磋商

当社会工作者对说话者的信息内容含义感到困惑时,应耐心与对方协商交流,直至信息得到正确理解和共识。这体现了对沟通对象的尊重和对沟通质量的追求。

3. 营造轻松、安全的氛围

社会工作者需通过热情、友善的语言和亲切的表情等方式,为小组营造一个轻松、自由、开放和安全的沟通氛围。这有助于组员放松心态,更好地表达自己的想法和需求。

4. 积极地倾听

投入地倾听是社会工作者表达对说话者尊重和兴趣的关键。在倾听时，社会工作者应以点头、共情式回应等方式让谈话者感受到关注；同时，用眼睛扫视全体成员，倾听和观察他们的语言和非语言姿态，特别是面部表情和身体移动；还需用语言和非语言方式，将听到的内容适度表达出来，让全体成员了解。

5. 专注的行为

专注的行为是沟通技巧的重要组成部分。社会工作者可通过语言和非语言方式展现专注，如使用"对对……"等语言语调反映倾听状态，或用话语引导、鼓励对方分享更多信息。非语言方面，如肢体语言，也需保持专注，以传递出积极、认真的沟通态度。

（二）小组工作过程所需要的技巧

小组工作的过程包括小组筹备、开始、中期转折、后期成熟、结束五个阶段。每个阶段都需要社会工作者掌握适合阶段特征的技巧。

1. 小组工作早期历程的技巧

小组工作早期历程的技巧主要包括真诚、同理、温暖和示范四个方面。

（1）真诚

真诚是小组社会工作者在与组员交流时的重要技巧。社会工作者应真实地呈现个人感受与资料，让小组成员感受到其并非扮演专家或权威角色，而是与他们直率、合宜地互动。真诚不仅要求社会工作者表达温暖，还需适度披露自己，并在小组进程中注意避免防卫态度，正确处理敌意反应，诚实面对问题，并鼓励组员自主思考。

（2）同理

同理是站在组员角度理解其内心感受并传达的沟通方式。初层次同理主要用于建立关系和澄清问题，使社会工作者与组员产生共鸣，促进开放和信任的关系。高层次同理则要求社会工作者深入理解组员的隐含意义，关注其经验与行为中被忽视的方面。

（3）温暖

温暖表现为非占有的温馨，包括积极尊重和重视。尊重意味着认可组员的努力，即使失败也能表达遗憾和肯定。积极重视则体现对组员的关心与兴趣，营造接纳氛围。

（4）示范

示范是小组社会工作者通过自身行为引导组员的重要方法。在初次聚会时，社会工作者应示范友善、包容的态度，并通过提问技巧、表达满足感及给予反馈等方式，引导组员模仿和学习。

2. 小组工作中期历程的技巧

（1）小组形成时期的技巧

在小组形成的关键阶段，社会工作者需采用一系列技巧来推动小组发展。首先是支持与鼓励参与，确保每个成员都能积极参与并感受到支持。其次是增强互动模式的稳固性，社会工作者作为媒介者，不断促进组员间的互动，并引导他们为实现共同目标和任务而努力。此外，协助整合过程也是至关重要的，它有助于组员融入团体导向的行为中，从互惠契约逐步过渡到互助契约。

在这一时期，社会工作者需要主动扮演角色，积极引导并强化组员间的互动。具体来说，可运用以下三种技巧：一是组织，通过干预手段维持小组正常互动，避免不良或不适当行为；二是链接，将组员沟通中的共同点联结起来，强调相似性，减少社会工作者与组员间的沟通，增加组员间的交流；三是设限，设定界限以确保小组互动有框架，避免偏离目标。在使用设限方法时，工作者需保持敏锐、温和但坚定、直接的态度，并综合考虑成员和小组的反应。

（2）小组冲突时期的技巧

面对小组冲突，社会工作者需运用一系列技巧来化解矛盾。首先是稳定系统，以和谐的态度表达温暖、接纳、诚恳、尊重和同理，调和组员关系。其次是善于利用冲突，澄清冲突本质，支持组员解决紧张情绪。最后，把论题抛回小组也是关键，社会工作者不应作为最终决策者，而应鼓励组员表达不同看法，通过共同参与达成共识。

在冲突处理过程中，社会工作者还需随时运用其他技巧，如避免助长输赢情境、维持与整个小组的关系、设立标准和基本规则，以及澄清和解释过程。

（3）小组维持时期的技巧

在小组维持阶段，社会工作者需继续采用有效技巧来保持小组活力。首先是鼓励表达差异性，促进组员间的多元交流。其次是导引支持，通过支持增强小组的自我引导和自我管理能力，确保小组能够持续、稳定地运行。这些技巧的运用将有助于小组维持良好的氛围和动力，推动小组朝着既定目标前进。

3.小组工作结束阶段的技巧

在小组工作进入结束阶段时，社会工作者需要运用一系列技巧来确保过程的顺利进行。这些技巧主要包括：准备小组分离、引导成员感受的表达和催化小组结束。

（1）小组结束成员分离的技巧

为了实现小组的有序解散，社会工作者需要确保分离过程具有离散性、个别化和低凝聚性。为此，可以采取多种手段来刻意消除凝聚力，确保成员能够平稳过渡。此外，社会工作者应提前规划好结束时间，并告知组员，以便他们做好心理准备。在结束阶段，通常还会举行一些仪式，如拍照留念、临别感言、颁奖、赠书、赠送礼物或分别聚餐等，以表达对成员们的感谢和祝福，同时也有助于成员们流露自然感情，减轻分离带来的情感压力。

（2）小组工作记录技巧

在小组工作的整个过程中，保持完整的小组记录至关重要。这不仅有助于社会工作者回顾和总结工作，还能为未来的小组工作提供借鉴和参考。小组工作记录主要分为两种类型：小组过程记录和小组总结记录。

①小组过程记录。

这种记录方式注重详细叙述每次活动的过程和细节，包括活动内容、参与情况、讨论重点、互动情况等。通过详细记录，可以清晰地了解小组工作的进展和成员们的表现，为后续的工作评估和总结提供依据。

②小组总结记录。

小组总结记录又称小组摘要记录或小组编年记录，它主要对小组工作的整体情况进行概括和总结。对于长期小组而言，每逢适当的阶段都应进行一次总结记录，以避免因时间过长、节数过多而导致信息混乱。对于短期小组，如十节以内的小组，通常只需进行一次总结记录，并结合每次的聚会记录进行整理。通过总结记录，可以全面了解小组工作的成果和不足，为今后的工作提供宝贵的经验和教训。

（三）主持小组讨论的技巧

在主持小组讨论时，需要掌握一系列技巧，以确保讨论的顺利进行和取得预期效果。以下是几个关键技巧：

1. 总结技巧

总结在小组讨论中发挥着至关重要的作用。社会工作者可以通过总结来检查小组成员传达的信息是否准确，并对其进行正确的解释。此外，总结还可以用来处理难题或问题，将其拆分成不同部分，使讨论更加深入和易于理解。最重要的是，总结能够帮助小组集中注意力，引导成员将精力放在特别重要的议题上。因此，社会工作者应不断总结讨论内容，确保小组成员对他们所讨论和赞同的内容有清晰的印象。

2. 关切技巧

关切技巧旨在让小组成员感受到工作者的关注，无论是语言还是非语言的沟通，社会工作者都应密切关注并避免对小组成员进行判断和评价。这种技巧能够高度鼓励小组成员积极参与讨论，并促进更加开放和坦诚的交流。

3. 集中焦点技巧

为了保持讨论的连贯性和有效性，社会工作者需要掌握集中焦点的技巧。通过建立规则限制，工作者可以引导小组成员围绕议题展开讨论。一种有效的方法是建议小组每次只处理一个问题或议题，并在讨论过程中密切关注是否偏离议题，要求成员只做与任务相关的陈述。

4. 阻挠与支持技巧

在小组讨论中，有些成员可能会倾向于主导讨论，而其他成员则可能保持沉默。社会工作者需要运用阻挠技巧来中断主导行为，确保其他成员有机会表达自己的观点。对于沉默的成员，工作者应运用支持技巧，如鼓励和奖励，以激发他们参与讨论的积极性。

5. 保证公平参与技巧

公平参与并不意味着每个成员都要有相同的发言机会。公平参与应基于小组成员的期望和能力，包括信息、知识以及对讨论的贡献。社会工作者需要根据成员的能力和角色，确保每个人都能在讨论中发挥应有的作用。对于新成员，他们需要时间来适应环境，因此不能期望他们立即有过多参与。同时，对于担任讨论领导者的成员，其他成员可以期待他们有更多的参与和贡献。

6. 质询技巧

质询技巧用于指出小组成员言行不一致的情况。通过运用这一技巧，社会工作者可以帮助成员认识到自己的矛盾之处，并促进他们进行更深入的思考和反思。

7. 回应感觉技巧

在小组讨论中，社会工作者需要关注并回应小组成员的感受。通过表达同理心，工作者能够培养信任关系，并鼓励成员进行更深层次的思考和探索。这有助于创造一个更加积极、开放和包容的讨论氛围。

【延伸阅读】禁毒宣传教育小组活动

扫描二维码阅读

【延伸阅读】小组工作过程

扫描二维码阅读

第三节 禁毒社区工作

社区工作是社会工作的三大传统方法之一，与个案工作和小组工作并驾齐驱。作为社区工作者，他们的工作对象是整个社区的所有居民，致力于通过专业的技巧和方法，对社区内的各项事务和复杂的人际关系进行高效而规范的协调，以确保社区能够保持健康、有序和良性的发展态势。

在规划社区工作项目时，社区工作者必须紧密结合社区居民的实际需求。这要求他们将自己视为社区的一分子，深入体验和理解社区的需求，充分尊重每一位社区成员的人格尊严和平等权利，不仅要关注社区的整体发展，更要关注每一位居民的个体需求和福祉。

社区工作的基本原则之一是积极实现社区参与。这意味着社区工作者要激发并增强社区居民对社区事业的热情和参与度，引导他们发现并解决社区面临的核心问题。同时，社区工作者还需致力于培养居民的自助能力，通过设定共同的工作目标和计划，推动社区的整体进步和发展。

禁毒社区工作是社区工作中的重要一环。在这一领域，社区工作者需要整合家庭、社区、公安、卫生以及民政等多方面的力量和资源，对吸毒人员实施一系列人性化的管理和治疗措施。这些措施旨在为他们创造一个有利于戒毒的环境，促进他们在身体、精神、心理以及社会功能上的全面康复，防止复吸，并帮助他们重新融入社会。

禁毒社区工作不仅有助于解决社会治安问题，更在深化社会治安综合治理方面发挥着积极作用。通过这一工作，我们不仅能够保护社区居民的生命安全和财产安全，还能够提升社区的整体形象和居民的生活质量，进一步推动社区的和谐与稳定。

一、禁毒社区工作的概念

禁毒社区工作，作为社区工作的重要组成部分，特指将社区工作的理念和方法深入应用于禁毒社会工作的各个环节。其核心概念包含广义和狭义两个层面。

从广义上看，社区工作的目的是提升社区福利，促进社区和社会的协调发展。任何在社区内从事助人活动和服务的个人或组织，如政府、党组织、各类社团以及企业等，都被视为广义社区工作的参与者。这些活动和服务能满足社区居民的需求，解决社区面临的问题，推动社区的整体进步。

狭义上，社区工作特指专业社会工作机构及社会工作者对于社区工作的理论、方法、技能加以应用的过程。它主要以社区和社区居民为工作对象,通过社会工作者的专业介入,明确社区的问题与需求,发掘并整合社区资源,动员和组织社区居民实现自助、互助和社区自治。这一过程有助于预防和解决社会问题,提升社区服务质量和福利水平,进而推动整个社会的进步。

综上所述,禁毒社区工作是指社会工作者运用专业的理念和方法倡导建立无毒社区,开展预防教育,帮助吸毒人员进行戒毒治疗,调动社区资源、协调社会关系,化解社会矛盾,提供社会支持,缓解压力,以使其顺利回归社会,正常生活。

二、禁毒社区工作的特征

(一)以社区为服务对象

禁毒社区工作的核心在于以整个社区为服务对象,而非仅限于个人、家庭或小组。地域性上,它主要聚焦于社区戒毒和社区康复人员;功能性上,它旨在解决社区内的毒品问题,通过一系列社区工作手段,控制毒品在社区的扩散并最终实现禁绝。

(二)宏观分析与广泛介入

禁毒社区工作在分析问题时采取宏观的视角,认为问题的产生既与个体相关,也深受社区环境、社会制度及整体社会结构的影响。因此,它注重拉近居民个体、居民群体与社会三者之间的关系,引导社区居民深刻认识毒品问题对个体和社会发展的双重危害。

(三)强调居民的集体参与

禁毒社区工作致力于鼓励居民全员参与,共同解决社区问题,并为社区的发展贡献力量。通过集体参与,居民能够更加深刻地认识到自身的责任,行使权利,增强信心。毒品问题作为社会问题,需要以社区为单位,广泛发动居民积极参与禁毒工作,形成合力解决毒品问题的良好氛围。

(四)结果目标与过程目标并重

禁毒社区工作既关注结果目标,即改善社区生活环境、解决社区问题、争取居民应有的资源和权利;也注重过程目标,即让居民在参与社区工作的过程中获得成长，提高社会意识。这两者相辅相成，共同构成了禁毒社区工作的双重目标。通过禁毒社区工作，我们期望不仅能够提高居民的禁毒意识，还能改善社区戒毒康复人员的生活环境，推进相关制度建设。

三、社区工作关系建立与维系的原则

社区工作之精髓，在于构建以"社会网络"为核心的价值理念，紧密围绕居民需求，强调协同合作，为居民创造相互支持、平等关怀的社会环境。为此，社会工作者在建立与维系工作关系时，应恪守以下原则。

（一）深入洞察，精准动员

在推进禁毒工作的过程中，群众参与的动机呈现多元化特征。部分群众追求实际利益，期望通过参与获得实质性回报；有的则怀揣奉献精神，致力于为社会作出贡献；还有一些群众，参与禁毒工作旨在提升个人能力、增长技能。因此，必须深入了解每个参与者的真实动机，才能制定出针对性的组织动员策略，实现事半功倍的动员效果。通过精准识别不同动机，可以为群众提供更加符合其需求的参与机会和平台，进一步激发其参与禁毒工作的热情和积极性。

（二）成效显现，激发热情

以往，群众对社区集体事务的参与热情不高，往往认为参与只是形式上的，缺乏实际效果。因此，应让群众深刻认识到，他们的积极参与不仅能够推动社区问题的转变，更能为社区带来希望和进步。为了更直接地激发群众的参与热情，可以采用"角色示范"的方法，邀请有经验的"过来人"现身说法，分享他们的参与经历和成效，从而引导更多群众积极投身社区事务，共同为社区的繁荣和发展贡献力量。

（三）个人成长，共同进步

群众积极参与社区事务，不仅为社区发展贡献了力量，更对参与者自身产生了深远的影响。这一过程不仅是对社区事务的助力，更是一次难得的锻炼机会。通过参与，群众能够提升自信心，丰富生活体验，并获取更多的禁毒知识。这些积极的变化有助于促进个人的进一步完善和发展，使他们在社区建设中发挥更大的作用。

（四）精选对象，高效动员

在任何社区中，都难免存在一部分态度冷漠、消极甚至抗拒的成员。这些成员往往不是理想的动员对象，因此，不能单纯地期望所有居民都会积极参与禁毒工作，这种期望是不切实际的。为了提高禁毒工作的成效，社区社会工作者需要精心挑选动员对象。首先，应重点关注那些态度积极、工作热情的社区成员，他们往往能够迅速响应号召，积极参与各项工作。同时，也不能忽视那些虽然对禁毒工作有兴趣，但尚持观望态度的成员。对于这部分人群，社会工作者需要通过耐心沟通、解释工作意义等方式，逐步激发其参与热情，引导他们积极投身到禁毒工作中来。通过精心挑选动员对象，社区社会工作者能够更有效地提升禁毒工作的参与度，确保各项措施能够落到实处，取得实效。

（五）肯定成就，增强自信

在推动社区禁毒工作的过程中，让参与者感受到成就感是至关重要的。这种成就感不仅能够增强他们的自信心，还能够进一步提升他们参与的积极性。为了实现这一目标，需要根据参与者的兴趣和意愿，为他们分配合适的任务。当参与者完成任务后，应给予他们充分的肯定与认可，让他们深刻感受到自己的价值和贡献。这样的正面反馈不仅能够让参与者体验到成就感，还能够激励他们更加积极地参与到禁毒工作中来。通过这种方式，不仅能够提高参与者的自信心，还能够进一步激发他们的参与热情，推动社区禁毒工作取得更加显著的成效。

（六）优化参与，降低代价

居民的参与积极性普遍不高，其中一个重要原因就在于参与所需付出的代价过大。长时间的会议、繁琐的流程，使得参与变得低效而乏味，严重影响了居民的参与意愿。为了激发居民的参与热情，社会工作者应当深入优化居民的参与体验，降低参与所需的代价。具体而言，可以通过合理安排参与项目，减少会议时间，简化参与流程，确保居民能够在付出较少的时间、金钱和精力的同时，获得有效的参与体验。通过这样的优化措施，不仅能够降低居民的参与代价，还能够提升他们的参与满意度，从而进一步激发他们的参与热情，推动社区工作取得更好的效果。

（七）提升素养，树立榜样

社会工作者的工作成效及其自身的素质能力，对于引导居民积极参与社区事务具有至关重要的影响。社会工作者所展现出的专业素养与积极形象，不仅能够吸引居民的关注，更能够产生强烈的号召力与吸引力，激发他们参与社区事务的热情与积极性。因此，社会工作者应当重视自身素质的提升，努力在居民心中留下积极、专业的初步印象。社会工作者应主动与居民沟通，让居民充分了解自身的个人特质、信仰和价值观，同时展示自己能够为社区带来的丰富资源以及解决禁毒等社区问题的能力。通过这样的交流，居民能够对社会工作者产生信任感，进而思考参与禁毒等行动的可行性，并调动起参与的积极性。

此外，与居民建立稳固的工作关系也有助于社会工作者深入了解社区居民的生活和需求，从而更好地实现自身的工作动机和效果。通过不断提升自身素质，社会工作者能够深化对居民参与的影响力，推动社区工作的顺利开展。

【课堂活动 6.2】
你觉得作为一名社区禁毒工作者，应该具备什么样的素质条件？

四、社区工作模式

在禁毒社区工作中，社区工作模式常见的有地区发展模式、社会策划模式和社区照顾模式。

（一）地区发展模式

1. 概念界定

地区发展模式是指社会工作者致力于激发社区成员的自主性，共同解决社区面临的问题。其核心在于提升社区成员对社区的认同感，鼓励他们通过自助和互助的方式推动社区进步。

2. 地区发展模式适用情境

地区发展模式适用于社区成员对社区事务缺乏关心、邻里关系疏远以及缺乏解决社区问题的能力等情形。

3. 地区发展模式的目标设定

地区发展模式旨在达成多个维度的目标，既聚焦实质性问题的解决，又重视解决问题的过程与方法，同时提升个体解决问题的能力，并培育社区共同体的团结合作精神。

（1）任务目标

在社区发展中，任务目标直接指向需要解决的具体问题和待完成的工作项目。在禁毒社区工作中，这些任务目标包括推动社区戒毒康复医疗卫生和福利服务的发展，促进社区禁毒教育和文化的繁荣，加强社区戒毒康复人员职业技能的教育培训，以及深化社区禁毒意识形态的发展等。

（2）过程目标

过程目标侧重于社区具体项目的建设过程，通过社区工作者的精心组织和教育引导，以及社区居民的广泛参与，旨在实现个人、人际关系和社区整体等多个层面的持续发展和增强。在禁毒社区工作中，具体的过程目标包括重建禁毒相关的社会网络，增进居民间的交流互动，改善邻里关系，减少对戒毒康复人员的歧视，强化居民和团体之间的联系，提升居民对禁毒工作的认识与责任感，以及增强居民对社区的认同感和投入度等。

4. 地区发展模式的工作策略与实施方法

地区发展模式的工作策略着重于鼓励居民积极参与社区事务，并合力解决共同面临的问题。倡导通过协商的方式，加强社区居民与各利益团体之间的沟通交流，共同讨论并达成共识，以推动社区的整体发展。

在实施这一策略时，可采取一系列具体做法。第一，创造更多的互动机会，为居民提供交流合作的平台，增强彼此之间的了解和信任。第二，深入分析社区面临的共同问题，明确问题的性质和根源，为制定解决方案提供科学依据。第三，注重培养社区领袖，发挥他们在社区建设中的引领作用，通过他们的示范和带动，激发更多居民参与社区事务的积极性。第四，积极推动协商、互谅、互助的精神，倡导居民之间以平等、尊重的态度进行对话与合作，共同推动社区的发展和进步。

通过这一工作策略及其实施方法，构建充满活力、和谐共处的社区环境，让每一位居民都能积极参与社区事务，共同为社区的美好未来贡献力量。

5.地区发展模式的工作方法

在地区发展模式中，工作方法的选择和实施至关重要。在进入社区阶段，通常采取一系列措施与当地居民建立联系，为后续工作奠定基础，具体包括：访问社区关键人物，通过与他们的深入交流，了解社区的基本情况和需求；与居民进行正面接触或深入访谈，听取他们的意见和建议，获取第一手资料；积极参与公共集会和公益活动，与居民共同参与社区事务，增强彼此之间的互动与信任；通过事件的介入和焦点小组等方式，针对社区具体问题展开深入讨论，寻求解决方案。

在禁毒社区工作中，社区调查是了解社区状况、制定有效禁毒策略的重要手段。调查的范围和内容广泛，既涵盖一般内容，如人文风俗习惯、自然资源和人力资源、社区规范、价值和动力体系以及资本动员能力等，又重点关注禁毒情况，包括社区毒情形势、涉毒人员底数和情况、无毒社区建设情况、禁毒宣传教育情况以及戒毒康复人员帮扶情况等。这些调查内容有助于全面了解社区禁毒工作的现状和挑战。

为了获取准确、全面的调查数据，可采用多种调查方法：一是社区行走观察法（实地考察），能够直观了解社区环境和居民生活状况；二是文献研究法，搜集和分析已有资料，为调查提供背景信息；三是深入访谈和问卷调查，直接获取居民的意见和看法，为制定禁毒策略提供有力依据。

6.地区发展模式工作计划的构成

（1）社区问题的识别与评估

在这一环节中，主要引导居民明确思考问题的标准，界定哪些现象属于社区共同面临的问题，并深入描述这些问题的现状、影响范围以及给居民带来的焦虑程度。随后，启发居民分析问题的成因，探讨解决问题所面临的挑战，并提出可接受的行动方案。

（2）社区发展的目标与任务设定。

在此阶段，社会工作者与居民共同讨论他们在社区发展中的需求，并将这些需求转化为具体的社区发展蓝图和目标。这样，能够确保工作计划与居民的实际需求紧密相连，实现社区发展的共同愿景。

（3）居民组织策略的选择

社区发展的策略通常分为内部和外部两部分。对于外部组织，强调团结、合作、沟通和协商的重要性；而在内部，注重沟通、协商和民主决策的实践。当然，在面临关键阻力时，也不排除采取竞争或对抗策略来推动社区发展。

（4）社区发展项目的评估规划

在工作计划中，将工作努力、工作产出等要素以具体、可操作的指标进行描述，以便日后进行准确的评估。评估方法可包括过程评估、工作努力评估、效果评估以及效益评估等方面，从而全面衡量项目进展和成效，为未来的工作提供有力支持。

7. 地区发展模式中社会工作者的角色定位

在地区发展模式的实践中，社会工作者扮演着多重角色，每个角色都承载着特定的职责和功能，共同推动着社区的发展和进步。

（1）使能者

在地区发展模式中社会工作者作为使能者，协助居民清晰地表达他们的诉求和需求，鼓励居民积极参与社区活动，组织起来形成有力的集体，为实现社区的共同目标发挥催化作用。通过使能者的角色，社会工作者能够激发居民的积极性和创造力，推动社区向更好的方向发展。

（2）教师

在地区发展模式中社会工作者扮演教师的角色，协助居民掌握解决问题的技巧和方法，注重培养居民的参与意识和自助能力。通过教育和培训，社会工作者帮助居民提升自我管理和解决问题的能力，培养他们互助互爱的精神，增强社区的凝聚力和向心力。

（3）中介者

在地区发展模式中社会工作者作为中介者，在协调各方面团体和个人的关系中发挥着关键作用，促进不同群体之间的沟通与合作，化解潜在的矛盾和冲突，为社区的和谐稳定提供有力保障。通过中介者的角色，社会工作者能够搭建起沟通的桥梁，推动社区各方共同参与社区建设和发展。

（二）社会策划模式

1. 概念阐释

社会策划模式，是指社区工作者通过深入剖析工作机构的理念、政策、资源及发展方向，明确社区工作目标。在这一过程中，社区工作者采用理性分析方法，从多个备选方案中挑选出最为理想的工作策略，根据社区的实际需求，合理分配资源，并在工作执行中灵活调整计划，确保计划能够按照既定目标稳步推进。工作结束时，对计划的执行情况进行全面审视和反思，以不断完善和优化未来工作。

2. 适用社区状况

社会策划模式主要适用于存在一系列问题的社区，如房屋、医疗、就业、福利娱乐设施等方面的不足。在禁毒社区工作中，社会策划模式尤为关键，主要工作聚焦于社区戒毒康复专业帮扶和美沙酮门诊治疗等方面，旨在通过系统策划和精准实施，有效解决禁毒领域面临的复杂问题。

3. 目标设定

在社会策划模式下，针对社区存在的社会问题，进行需求评估和目标设定。通过深入分析居民需求，设计并提供具体的社会服务项目，以满足社区居民的多元化需求。在禁毒社区工作中，社会策划模式的主要目标在于帮助吸毒人员顺利完成社区戒毒康复过程，以及提供有效的美沙酮门诊治疗服务，从而推动社区整体禁毒工作的深入开展。

4. 社会策划模式的工作措施

社会策划模式中的策略措施层次分明，既涵盖了理性技术性层面，又注重社会关系的处理。

（1）理性技术性措施

理性技术性措施强调发现事实和分析技巧的运用，包括深入调查社区存在的问题，收集翔实的事实资料，以便对比分析不同方案的利益得失。在此基础上，选择最优方案，并通过组织管理、方案落实、执行监督以及成效评估等一系列步骤，确保方案的有效实施。

（2）社会关系措施

社会关系措施是指根据具体情境灵活选择冲突性或共识性策略。当面对复杂、敏感或需要迅速应对的问题时，会采用冲突性措施，如游说、倡导、谈判、竞争、抗议等，以争取更多支持和解决问题；在需要建立长期合作关系、共同推动社区发展的情境下，更倾向于采用共识性策略，如协商、沟通、对话、合作等，以促进各方达成共识，共同推动社区进步。

5. 社会策划模式的工作方法

在社会策划模式下，工作方法应紧密围绕工作步骤展开，确保每一步骤都有明确且对应的工作方法。具体而言，包括以下几个方面：

（1）社区问题和资源调查的方法

社区问题和资源调查的方法是社会策划模式的基础。通过采用科学的调查方法，能够全面、准确地了解社区存在的问题和资源状况，为后续的工作提供有力支撑。

（2）服务方案制定和决策的方法

服务方案制定和决策的方法是社会策划模式的关键环节，需要综合运用问题识别、需求分析、SWOT分析、关键路径分析等多种分析工具，以及目标设定、方案制定、资源分配、风险评估与应对、执行与监控和效果评估等决策方法，结合社区实际情况，制定出切实可行的服务方案，确保方案的科学性和有效性。

（3）方案的实施管理方法

方案的实施管理方法是社会策划模式中的重要组成部分，包括规划服务进度表，确保各项工作有序进行；监视服务进展，及时发现问题并采取措施加以解决；以及反馈调整服务方案，根据实施过程中的实际情况对方案进行必要的调整和优化。

（4）方案的评估方法

方案的评估方法多种多样，包括定性评估方法、定量评估方法和综合评估方法等。在选择评估方法时，应根据方案的特点和评估目的进行选择，并结合多种方法进行综合评估，以提高评估结果的准确性和可靠性。通过对方案实施效果的评估，能够了解方案的成效和不足，为今后的工作提供宝贵的经验和教训。

6.社会策划模式的服务方案构成

一个完善的社会策划模式服务方案应包含以下五个关键组成部分，以确保方案的逻辑性和层次性。

（1）目标

服务方案的核心在于目标的设定，其可划分为综合目标与具体目标这两个层面。综合目标是针对整个服务项目所进行的长远、宏观以及综合性的价值评判。具体目标则更加明确且能够量化，涵盖完成的时间安排、目标的优先顺序等，以此来保证方案在实施过程中的清晰性与可操作性。

（2）服务对象

服务方案要明确地界定服务对象，包括对目标群体在性别、年龄、地区、种族、身体健康等自然条件方面的考量，还有对收入、工作、教育程度、服务交费或供款、家庭支持状况等社会条件的评定。并且，还需要预先估计服务对象的数量、集中程度以及服务的频次，以保证服务方案可以精准地契合目标群体的需求。

（3）服务的形式和手段

服务的形式与手段属于服务方案的关键组成部分。按照服务对象的需求，规划具有针对性的服务形式与手段，涵盖医疗、康复、合法的性生活等生理方面的需求，吃、穿、住、用、行等物质层面的需求，接纳、归属、爱、肯定、赞扬等情感上的需求，以及社交网络、团体、自助团体等社交性质的需求。根据具体的需求，设计出相对应的服务形式与手段。

（4）财力安排和人力安排

财力安排与人力安排是保证服务方案顺利开展的关键所在。就财力安排而言，需要规划好筹资途径、筹资数额以及财政分配的预算。人力安排方面，则需要展开岗位设置的分析，明确人员的素质结构和数量，拟定招聘方式，以及筹划人员的培训与激励方式等，以此确保人力资源的合理运用和高效配置。

（5）服务时间进度表

服务活动时间进度表是控制和评估方案实施进度的重要依据，需要根据服务的时间要求，制定详细的时间进度表，并列出相应的具体表格，以便于在方案实施过程中进行进度控制和评估。

7. 社会工作者在社会策划模式中的角色

社会工作者在社会策划模式中扮演着多重角色，这些角色共同构成了他们在社区工作中的核心地位。

（1）项目规划者

社会工作者是项目规划者，负责规划整个项目的发展蓝图，制定详细的项目计划，包括项目的目标、任务、时间节点等。同时，他们还要负责项目的整体管理，包括人员调配、资源分配、进度控制等，确保项目的顺利进行。

（2）方案实施者

社会工作者是方案实施者，负责将策划好的方案付诸实践，组织社区资源，协调各方力量，确保方案的顺利实施。在方案实施过程中，密切关注进展情况，及时解决出现的问题，确保方案能够取得预期的效果。

（3）技术专家

社会工作者作为技术专家，拥有专业的知识和技能，能够深入分析和理解社区问题，提出科学、合理的解决方案，为社区发展提供技术支持和智力保障。

（4）监督实施

在方案实施过程中，社会工作者担任监督实施的角色，负责对方案执行情况进行监督和评估，及时发现问题并提出改进意见，对方案的效果进行客观评价，为未来的工作提供经验教训。

（三）社区照顾模式

1. 概念阐述

社区照顾，作为一种社会服务机制，是通过正式或非正式的社会服务网络，为社区内有身体或精神需求的人群（如老年人、儿童、弱能者及残障者）提供必要的援助性服务与支持。根据服务方式和责任主体的不同，社区照顾可细分为"在社区照顾"和"由社区照顾"两大类。

在禁毒社区工作的实践中，社区照顾的理念得到了充分体现。具体体现在社区戒毒、社区康复以及强制隔离戒毒等多种模式之中。从某种程度上讲，社区戒毒和社区康复工作更多地属于"在社区照顾"的范畴，即在社区环境中为戒毒人员提供必要的帮助和康复支持；而强制隔离戒毒则更倾向于"由社区照顾"，即社区作为一个整体，通过制定和执行相关政策和措施，对特定戒毒人员进行强制性的隔离和治疗。

2. 社区照顾模式的目标

（1）塑造新公民社会意识

社区照顾致力于重塑新公民意识，通过倡导社区内部的互助互爱关系，激发居民在社区中的参与热情，从而对抗个人主义导致的疏离与孤立文化。

（2）政府与社区形成合作伙伴

在社区照顾的实践中，服务的模式并非以家居照顾完全替代院舍照顾，而是正规与非正规服务的有机结合，实现高效、优质的照顾服务。这体现了政府与社区在照顾工作中的互补关系，彼此协作，共同为社区成员提供最好的支持。

（3）促进服务对象融入社区生活

社区照顾旨在帮助服务对象建立自己的生活方式和社交关系，通过协助他们正常融入社区，使他们能够在社区中找到归属感，建立稳定的生活和社交网络。

（4）鼓励服务使用者表达意愿

除了提供直接的照顾服务外，社区照顾还鼓励服务使用者积极参与并表达他们的需求和期望，同时支持他们扮演倡议者的角色，为自己的权益发声。

（5）构建充满关怀的理想社区

建立理想社区的关键在于将社区内分散的资源进行有效整合，形成强大的支持网络。通过居民的积极参与，不仅能够发展个人的潜能，还能增强对社会的积极影响，共同构建一个充满关怀和活力的社区。

3. 社区照顾的策略

社区照顾策略的核心在于通过一系列精心设计的举措，建立服务使用者与服务者之间的信任关系，并构建完善的社区照顾服务网络，从而有效完成社区照顾任务，实现既定的服务目标。

明确社区照顾的服务对象群体。确定其居住地点，了解他们的内在潜能与资源，社会工作者致力于帮助他们建立自信心，进而建立起与服务对象之间的互信关系。这一步骤至关重要，是后续社区照顾工作得以顺利开展的关键。

构建多元化的社区照顾网络和自助组织。在社区层面，根据服务对象的实际需求，在三个关键层面构建自助组织，以满足不同群体的需求：直接服务的自助组织服务系统，主要由与被照顾者关系紧密的人员组成，他们直接参与到照顾服务中，确保被照顾者的基本需求得到满足；同类型服务对象的互助组织服务系统，相同类型的服务对象可以相互分享经验、交流感受，从而增强他们的互助意识，提升生活信念；社区危机处理的自助组织服务系统，主要针对社区中可能发生的突发事件，当个人或家庭面临危机时，可以迅速向社区危机处理小组求助。

4. 社区照顾的专业技巧与服务方式

社区照顾的专业技巧与服务方式，依据其应用层面的不同，可划分为社区层面与个人家庭层面两大类别。

在社区层面，采用一系列技巧与服务方式来推动社区照顾工作的高效进行。包括：资源调动，即合理调配和整合社区内外的各种资源，以满足不同服务对象的需求；社区联络，通过建立有效的沟通渠道，加强社区内部及与外部机构之间的合作与交流；社区教育，通过举办各类教育活动，提升社区居民对社区照顾的认识与参与度；社区照顾训练，为社区工作人员提供专业的培训，提高他们的服务水平和能力等。

在个人家庭层面，主要提供微观的服务方式，以满足家庭成员的具体需求。包括：个案管理，针对家庭中的个别成员或整个家庭，进行一对一的深入了解和评估，制定个性化的服务计划；家庭访视，社区工作者或专业人员定期访问家庭，直接观察家庭成员的生活环境和互动情况，提供及时的咨询、指导和支持；心理支持与辅导，为家庭成员提供心理健康支持，包括情绪管理、压力缓解、心理危机干预等；生活技能培训，针对家庭成员在日常生活、健康护理、家务管理等方面的需求，提供必要的技能培训；家庭关系协调，通过专业的家庭治疗或家庭咨询，帮助家庭成员改善关系，解决冲突，建立更加和谐的家庭氛围；紧急援助与危机干预，在家庭成员遭遇突发事件或危机时，迅速提供紧急援助和危机干预服务；信息提供与咨询，为家庭成员提供关于社区服务、政策、资源等方面的信息，帮助他们更好地了解和利用社区资源等。

5. 社会工作者在社区照顾模式中的角色

（1）治疗者

在社区照顾模式中，社会工作者作为治疗者，专注于为有需要的个人和家庭提供心理治疗、家庭治疗或小组治疗，通过个案或小组的方式参与治疗过程，运用专业知识和技能，帮助服务对象解决心理困扰，恢复健康状态。

（2）辅导者

在社区照顾模式中，社会工作者还扮演着辅导者的角色，为有需要的家庭成员提供辅导服务，以辅导者或教师的身份介入服务过程。此外，他们还可以为社区内有共同需求的多个家庭提供小组训练课程，帮助他们提升自我照顾能力，改善家庭关系。

(3) 倡议者

在社区照顾模式中，社会工作者还是倡议者。积极为有需要的个人或家庭争取合适的服务，以倡议者的身份参与服务过程，努力争取资源，推动政策制定，确保服务对象能够获得及时、有效的支持。

(4) 顾问

在社区照顾模式中，社会工作者扮演着顾问的角色，和有需要的个人与家庭建立伙伴关系，提供活动和发展方向上的意见。这些意见仅供参考，社会工作者不介入决定过程，尊重服务对象的自主权和选择权。

【课堂活动 6.3】

社区工作的主要模式有社区发展模式、社会策划模式和社区照顾模式。请结合禁毒工作，谈一谈几种模式怎样应用于禁毒社区工作中？

五、社区工作关系的建立

社区工作关系的建立是一项目标明确的活动，要求社会工作者在进入社区时，应当有充分的计划和准备。这一过程的重点在于与居民以及政府部门的接触，以共同推动禁毒目标的实现和任务的完成。

（一）与社区居民的接触

居民不仅是禁毒工作的宝贵资源，也是社区工作的核心对象。为了顺利开展禁毒工作，需要依托居民的力量，确保禁毒工作的成果能够惠及他们。社会工作者与居民的接触方式丰富多样，既可以是正式的会议或活动，也可以是日常的闲谈或访问。

1. 接触的目的

社会工作者与居民接触的目的在于两方面：一是深入了解居民和社区的情况，为制定工作计划提供依据；二是与居民建立深厚的关系，激发他们参与社区工作的热情，共同推进禁毒工作。

2. 接触的过程

（1）准备阶段

明确接触目标，制定访问提纲，预设可能遇到的问题和困难。在选择访问对象和时间时，要充分考虑实际情况。同时，注意穿着得体，提前了解访问场所的环境。

（2）接触阶段

主动与居民建立联系，通过自我介绍、展开话题和维持谈话等方式建立信任。在信任的基础上，引导谈话内容向禁毒工作方向深入。

（3）结束阶段

初次接触时间不宜过长，确保任务目标得到实现。结束时，肯定居民的配合，留下联系方式，鼓励他们主动与社会工作者保持联系。

（4）接触后总结

记录访问过程中的重要信息，总结目标完成情况，评估访问对象的变化，反思自己的表现和不足，以便进一步改进。

3. 接触的注意事项

在与居民接触时，社会工作者的态度和行为至关重要。社会工作者需要耐心聆听居民的想法，用友善的目光和语言消除沟通障碍，展现自己的人格魅力，以真诚、热情、认真而开放的态度保持与居民的顺畅沟通；通过提出有深度的禁毒问题，引导居民深入思考，感受禁毒工作的紧迫性。同时，帮助居民认识到不同选择和行动带来的后果，鼓励他们积极探讨解决问题的方案，发挥自身的潜能和智慧。

社会工作者应全身心投入工作，用热情感染居民，真诚了解他们的需求和心声，与他们建立深厚的信任关系，熟悉他们的情感和心理特点，将关爱传递给每一位居民。与居民的接触是禁毒工作的基石，良好的工作态度比技巧和方法更为关键。

（二）与地区团体和政府部门的接触

任何组织都无法自给自足，必须与其他组织和机构合作。社会工作者在禁毒工作中需要了解不同组织和机构的运作模式，与他们建立紧密的合作关系，以便更好地为服务对象提供服务。同时，社会工作者还需要积极争取政府、企业、基金会等各方资源，为禁毒工作提供强大的后盾。此外，与社区内的其他机构保持良好的合作关系也至关重要，通过集中优势、克服困难，共同推动禁毒工作的发展。

在当前社会竞争激烈、资源相对短缺的背景下，扩大对外交往、与相关政府、企事业单位和各种组织建立友好合作关系、增加社会资源，是保持组织活力和发展的关键环节。作为组织的领导者，社会工作者需要认真思考并解决这些问题，为社区禁毒工作吸引更多的资源。

六、禁毒社区工作的介入策略

禁毒社区工作的介入策略对于日后社区禁毒工作的顺利开展至关重要。因此，在进入社区之初，必须明确工作方向，制定有效的介入策略。

（一）工作前期的重点规划

在工作前期，禁毒社区工作需着重关注以下几个方面：

1. 筹划工作机构规模

为确保禁毒工作的顺利进行，首先需筹划办公经费、选定办公地点，并组建一支专业的工作者队伍。这三者缺一不可，是开展禁毒工作的基础。

2. 建立人事管理制度

建立健全的工作制度，明确人员培训、分工与角色安排，为员工提供稳定的工作环境，增强归属感，为禁毒工作提供制度保障和人员保障。

3. 深入社区，建立信任关系

通过家访调查、开展地区性活动、提供咨询服务等方式，与居民建立信任关系，提高他们对禁毒工作的支持和参与积极性。

4. 加强地区联络，搞好地区关系

积极参与地区活动，加强与其他组织的联络，形成良好的地区关系，为禁毒工作争取更多的资源和支持。

5. 了解社区需求

结合社区毒品形势，通过访谈社区居民及工作人员，分析社区对禁毒工作的需求，确保工作方向与社区需求相契合。

（二）进入社区建立关系的具体方法

建立关系、介入社区是禁毒社区工作的基本功。社会工作者需有计划、有步骤地逐层展开工作，充分调动居民参与的热情，为禁毒工作的开展建立坚实的社区工作关系。可以采取以下方法：

1. 开展全区性活动

可以在社区组织文艺演出和体育比赛，将禁毒元素融入其中，通过歌曲、舞蹈、小品、戏剧等艺术形式，或者篮球、足球、羽毛球等体育比赛，传递禁毒信息，增强居民的禁毒意识。

2. 举办大众化的参与性活动

通过更具人情味和凝聚力的活动，加深社会工作者与居民之间的联系。例如，以家庭为单位，通过亲子游戏、互动问答、手工制作等形式，让家长和孩子一起参与禁毒宣传，增进家庭成员之间的沟通与互动，同时培养孩子们的禁毒意识和自我保护能力。

3. 宣传咨询活动

社区可以通过举办讲座、展览、播放宣传片等形式，向居民普及毒品的危害、禁毒法律法规以及防范毒品侵害的知识；还可以结合实际情况，邀请禁毒专家、警察或社区内的成功人士分享他们的经验和故事，增强活动的吸引力和影响力。

4. 利用社区媒介展开宣传动员

在社区内的显眼位置设置宣传栏和展板，定期更新禁毒知识、法律法规和社区禁毒动态等内容，方便居民随时了解和学习；也可以利用社区广播、电子显示屏等媒介，循环播放禁毒宣传语和宣传片，提高宣传效果。

5. 介入社区事件

禁毒社区工作者可通过解决社区中的纠纷和问题，了解居民心声，促进政府与居民的沟通与合作。

6. 访问家庭

禁毒社区工作者有针对性地对相关家庭进行访问和关注，结合活动资料了解居民情况，选择访问对象，并进行综合分析。

7. 深入社区

禁毒社区工作者多在社区内出现，与居民交谈，介绍禁毒社区工作计划，征询意见，加深彼此间的了解和信任。

七、禁毒社区工作的组织方法

（一）社区宣传教育

社区宣传教育作为提升居民意识和能力的重要手段，旨在通过有效的教育传播方法，推动社区成员对禁毒工作的了解与参与。

1. 目的与意义

社区宣传教育的目的在于提高全体社区成员的素质和生活质量，推动社区建设与发展，是终身教育的重要形式，更是构建学习型社区的基础。通过禁毒知识的宣传教育，能够增强居民对禁毒工作的认识，激发其参与禁毒活动的积极性。

2. 指导思想和目标

社区宣传教育工作以教育理论为指导，遵循终身教育原则，结合社区实际，坚持正规教育与非正规教育协调发展。其总体目标是统筹教育资源，满足社区成员对教育的多样化需求，促进教育社会化和社会教育化，构建终身教育体系。

3. 对象与重点

社区禁毒教育的重点应放在成人教育上，通过多样化的教育服务，满足不同群体的需求，提高居民对禁毒工作的认识。

4. 宣传动员方法

宣传动员可采取线上线下相结合的方式进行。线下通过宣传资料、宣传栏、标语等方式提高知晓率；线上则利用有线电视、网站、社交软件等平台扩大影响。同时，发动社区党员、居民代表等力量参与宣传，组织专题活动，提高居民参与度。

（二）传播媒介运用

传播媒介作为连接社区与外界的桥梁，在禁毒工作中发挥着重要作用。通过传播媒介，可以扩大禁毒工作的影响力，激发居民参与热情。

1. 制定媒介策略

根据社区实际情况和工作重点，制定精准媒介策略，强化针对性与实效性。对社区的人口结构、文化背景、媒介使用习惯等进行全面调研，明确目标受众及其信息接收偏好，确保信息精准送达。结合传统媒体（如电视、广播、报纸）与新媒体（如社交媒体、短视频平台、直播软件等）的优势，构建覆盖广泛、形式多样的传播矩阵。通过不同渠道的互补，实现禁毒信息的全方位覆盖。注重内容创作的质量与创新，采用故事化、情感化、互动化的表达方式，使禁毒信息更加贴近群众生活，易于接受和理解。

2. 抓住特别事件

需要捕捉特别事件，放大宣传效应。围绕国际禁毒日、重要纪念日等时间节点，策划举办禁毒主题讲座、展览、文艺演出等活动，为媒体提供丰富的报道素材。建立快速反应机制，针对社区内发生的与禁毒相关的突发事件，及时、准确、透明地发布信息，引导舆论走向，展现社区禁毒工作的决心与成效，提高社区禁毒工作的关注度和影响力。

3. 运用传媒途径和技巧

运用采访报道、记者招待会、人物专访等传媒途径和技巧，有效宣传禁毒工作，扩大社区影响。邀请主流媒体深入社区，对禁毒工作一线人员进行深度采访，挖掘感人故事，展现禁毒工作的艰辛与成果。定期举办记者招待会，邀请媒体记者参与，就禁毒工作的最新进展、成效、挑战及未来规划进行权威发布，增强透明度与公信力。通过人物专访的形式，讲述成功戒毒者的心路历程、社区禁毒志愿者的无私奉献等，用真实案例触动人心，传递正能量。

（三）组织居民活动

群众参与是社区禁毒工作的基石，通过参与，群众能够有效表达自身需求，参与制定影响自身生活的政策与措施，这也是民主精神的体现。

1. 发动群众

发动群众广泛参与禁毒工作，不仅能够提高居民对禁毒工作的认知，还能增强他们的参与意识和能力，进而加深对禁毒问题的理解。同时，这也有助于增强居民的归属感、满足感和安全感，促进社区内部的和谐与互助。

（1）发动群众的步骤

第一步，做好准备工作。明确动员区域和目标对象，进行自我介绍并讲解任务，预估群众反应并制定应对策略。在接触过程中，要倾听群众想法，建立信任关系，并探讨社区问题。

第二步，邀请群众参与。在准备充分后，邀请群众参与，留下联系方式，告知行动步骤和准备事项。若未得到及时回应，可给予一定的考虑时间。

第三步，提醒群众参与。活动前通过家访或电话提醒群众参与，确保活动顺利进行。

第四步，欢迎群众参与。对参与者表示欢迎，促进相互认识，营造团队氛围。

（2）发动群众的方法

发动群众的方法可分为直接接触和间接发动。直接接触包括信函通知、电话联络和上门拜访等方式；间接发动则通过大众传媒、广告宣传等手段进行。在动员过程中，应根据实际情况灵活处理，确保发动工作的顺利进行。

（3）发动群众的注意事项

发动群众是社区禁毒工作的关键，只有得到群众的积极参与和支持，才能确保禁毒工作的有效开展。因此，在发动过程中，要注重掌握方式方法，了解群众心理，以积极的态度和技巧吸引更多有识之士的加入。

2. 召开居民会议

召开居民会议是禁毒社区工作的重要组成部分，可促进居民的集体参与，共同讨论社区问题并制定行动方案。会议可分为一般工作会议和居民大会两种形式，但基本程序相同。

会议通常包括会前准备、会议进行、会后促进和行动四个步骤：

第一步，会前准备。在会前准备阶段，需明确会议目的、内容和程序，确定参会人员并下发通知，做好场地设备安排和接待工作。

第二步，会议进行。会议进行中要控制会场气氛和时间，确保议程顺利进行，并经过讨论后谨慎通过决议。

第三步，会后促进。会后促进阶段要整理会议记录并明确任务分工，向未出席者传达会议内容。

第四步，行动。执行会议决定，做好下次会议报告行动的准备，并随时通报工作进展。

在召开居民大会时，重点要做好会前的宣传及动员工作。通过海报、宣传单、展览和走访等方式，广泛宣传会议目标和内容，吸引更多居民关注和参与。这不仅有助于提高居民对禁毒工作的认识和关注程度，还能为会议的顺利召开奠定良好基础。

（四）社区领袖助力禁毒社区工作

1. 培养社区领袖的意义

在禁毒社区工作中，社区领袖的作用至关重要。他们不仅是团体行动的引领者和决策者，更是代表社区意愿、反映社区需求的核心人物。一个好的社区领袖能够准确把握社区的希望和要求，为禁毒工作的顺利开展提供有力支持。

2. 社区领袖具备的素质

一个优秀的社区领袖通常具备多项特质：第一，善于聆听，能够耐心听取社区居民的意见和建议，深入了解居民的需求和关切；第二，勤奋工作，不怕吃苦，勇于担当，能够带领社区居民共同应对各种挑战；第三，乐于助人，关心他人，能够积极帮助社区居民解决实际问题，增强社区的凝聚力和向心力。

3. 社区领袖的遴选

在鼓励居民参与禁毒工作的过程中，社区工作者要细心观察，留意有较强的领导才能和组织能力，具有高度的责任感和使命感，能够积极参与社区事务等的居民，为社区发展贡献力量。

4. 社区领袖的培养

发现这些潜在的社区领袖，社区工作者应采取适当的措施进行培养。第一，可以通过组织培训课程，向他们传授领导技能、沟通技巧和团队协作等方面的知识，帮助他们提升领导能力和综合素质。第二，可以安排他们参与一些实际的项目或活动，让他们在实践中锻炼自己的领导才能和组织能力。第三，社区工作者还应给予他们充分的信任和支持，鼓励他们大胆尝试、勇于创新，为社区禁毒工作贡献自己的力量。

5. 发挥社区领袖作用

社区领袖能够发挥榜样作用，带动更多居民积极参与禁毒工作。他们还能够发挥桥梁作用，将社区居民的意见和需求及时传达给相关部门和机构，推动问题的解决和改进。

（五）社区资源整合

社区资源整合是城市基层管理体制深化改革和利益格局重新调整的关键环节。在禁毒社会工作中，高效整合和利用各类资源，不仅有助于优化资源配置，提升资源使用效益，还能进一步推动社区居民的共建共享，形成禁毒工作的强大合力。

1. 发挥政府的作用

在禁毒社区工作中，发挥政府的主导作用至关重要。政府作为社会管理的核心力量，应充分利用其行政资源，协调各方力量，把控社区发展的方向。在禁毒工作中，政府应明确其主导地位，通过政策引导、资金支持、法规制定等方式，推动社区资源整合工作的顺利开展。同时，政府还应加强与其他社会组织和居民的沟通协作，形成合力，共同推进禁毒工作。

2. 发挥社区居委会作用

社区居委会作为基层自治组织，在禁毒社区工作中应发挥着主体作用。社区居委会应深入了解本社区的资源状况，包括人力、物力、财力等方面。通过统一管理和协调，将分散的资源整合起来，形成层次分明、覆盖广泛的社区服务网络。同时，社区居委会还应积极研究资源利用的可能性，制定长远的规划和近期的安排，明确资源共享的目标、重点和责任,分步骤实施,确保禁毒工作得到有效推进。

3. *发挥社区单位的作用*

在禁毒社区工作中,发挥社区单位的协同作用同样重要。社区内的单位和居民是资源共享的重要力量。这些单位不仅应履行共驻共建、责任共担的义务,还应充分行使资源共享、利益共享的权利。通过加强单位与社区之间的合作与交流,可以共同推动禁毒工作的开展,实现资源共享的最大化。

4. *发挥信息技术的整合作用*

在禁毒社区工作中,信息技术的整合作用也不容忽视。在信息化时代,利用信息技术手段整合社区资源,可以大大提高工作效率和资源使用效益。通过整合各街道社区服务的项目资源和服务队伍资源,创建社区服务信息的品牌,可以促进社区呼叫中心平台与禁毒活动的专项热线和网络平台的建立。同时,加强社区信息化建设,接入信息网络,建设管理与服务系统,使用各类信息终端,整合各类服务队伍,可以为禁毒工作的开展提供有力的信息技术支持。

【延伸阅读】禁毒社区工作之资源整合案例——社区-政策合力扶持

扫描二维码阅读

第四节 禁毒社会工作行政

一、禁毒社会工作行政概述

(一)禁毒社会工作行政的含义

禁毒社会工作行政是一个综合性的过程,旨在将社会禁毒政策转化为具体的禁毒社会服务,进而实现政府或特定社会福利的既定目标。这一过程主要依据行政程序进行,通过有效地协调并应用各类资源,促使社会行政与社会服务之间的顺利转化。这一转化的实现,不仅确保了禁毒政策得以落地生根,也促进了禁毒社会服务的专业化和精细化。

(二)社会行政的构成

在社会政策转化为社会服务的活动过程中,社会行政扮演着至关重要的角色。为确保这一转化过程的顺利进行,社会行政需要具备一系列基本的构成要素。这些要素共同构成了社会行政的框架和基础,确保了禁毒社会工作行政的规范性和有效性。通过对这些要素的深入理解和运用,社会行政能够更好地实现禁毒政策与社会服务之间的衔接与融合,为社会的和谐稳定做出积极贡献。

1. 社会政策

社会政策在社会行政和社会服务中发挥着至关重要的作用,不仅为宏观层面的政策实施提供了指导,也为微观层面的具体服务活动提供了法律保障和操作规范。

（1）宏观层面

从宏观层面分析,社会行政实质上是国家、政府实施社会政策的过程。这一过程的实现,离不开相应的组织和机构的支持,需要依法动员各类社会资源,并辅之以一系列具体的行动措施,即社会行政。宏观层面包括社会保障政策、收入分配政策、教育政策、医疗卫生政策、社会安全政策等。

（2）微观层面

从微观层面来看,在具体的社会服务活动中,社会政策的制定至关重要。它是构建社会福利服务传输系统的基础,是制定有力制度以确保提供高效服务的先决条件。在中国的实践中,禁毒社会行政和禁毒社会服务主要围绕禁毒方面的相关政策法规展开。这些政策法规包括但不限于《禁毒法》《麻醉药品精神药品管理条例》《戒毒条例》《治安管理处罚法》等,它们共同构成了禁毒工作的法律框架。此外,《青少年药物滥用预防计划指导原则》《戒毒药物维持治疗工作管理办法》以及《关于加强禁毒社会工作者队伍的意见》等文件,也为禁毒社会工作的具体实施提供了指导。

2. 社会福利资源

社会福利资源,作为社会行政的核心组成部分,其形式、数量及类型对社会行政过程具有深远的影响。这些资源不仅是组织资源、传输资源等行政活动的基础,更是实现社会政策目标的关键所在。

社会行政的本质在于依据社会政策,为困难群体、弱势群体及其他有需要的人群提供必要的物质与服务支持。在这一过程中,资源扮演着至关重要的角色。简而言之,资源是指能够满足人们某种需求的物质或服务,尤其是指那些旨在改善特定人群不利处境的资源。

因此,社会福利资源,即社会中存在的那些可以用来改善困难群体、弱势群体及其他有需要人群不利处境的物质与服务的总和,成为社会行政工作不可或缺的一部分。通过对这些资源的有效配置和利用,社会行政得以更好地实现其政策目标,为社会福祉的增进贡献力量。

3. 社会服务机构

社会组织与社会服务机构,作为社会福利输送的主体,承担着关键的角色,通过实施较大规模、有组织的社会服务计划或项目,彰显了社会福利服务"组织化"的核心特征。

在现代社会,特别是在市场经济较为发达的背景下,社会福利的组织系统主要划分为三个层次:非正式社会福利系统、正式社会福利系统和社会性的社会福利系统。这些系统各自扮演着不同的角色,共同构成了社会福利的完整体系。

政府部门之间、政府部门与社会服务机构之间以及各社会服务机构内部,都需要通过紧密的合作与协调,为众多社会服务对象提供复杂且有序的服务活动。这一过程便是社会行政的核心内容。通过有效的组织与管理,社会行政确保了社会福利资源的高效利用,促进了社会服务的专业化与规范化。

4. 社会行政人员

社会行政人员作为社会政策执行系统和社会服务机构的重要组成部分,发挥着举足轻重的作用,主要负责政策实施的设计,并对服务活动进行协调与督促,确保政策得以有效落实。

具体而言,社会行政人员包括多个层面的工作人员。第一,政府工作人员和政策实施框架的设计人员，是推动社会政策实施的关键力量。他们负责制定政策实施方案，确保政策能够与社会现实紧密结合，为政策的有效执行奠定坚实基础。第二，在服务活动中具体从事组织、协调、监督和管理工作的行政人员。他们负责协调各方资源，确保服务活动的顺利进行；同时，他们还负责监督服务活动的实施情况，及时发现问题并进行解决，以促进服务的有效落实。

社会行政人员是社会政策执行和社会服务的重要支撑力量。他们通过精心设计和有效执行，确保社会政策得以顺利实施，为社会的和谐稳定与发展贡献着自己的力量。

5. 社会服务人员

社会服务人员是与社会服务对象直接接触的工作人员，他们在社会服务机构或社会服务项目中扮演着关键角色，位于行政人员与服务对象之间，肩负着将社会福利资源直接传递给服务对象的重要任务。

社会服务的效果，很大程度上取决于社会服务人员与服务对象之间的互动状态。这种互动的质量直接影响了服务的质量和效果，因此，社会服务人员需要具备良好的沟通能力和专业素养，以确保服务的顺利进行。

在传统科层化的行政模式下，社会服务人员往往被视为政策转化为服务过程中的最后一个环节，处于被管理和被支配的地位。然而，尽管他们处于这样的位置，但社会服务人员仍然肩负着重要的职责。他们需要根据实际工作的需要，积极倡导政策的制定和修订，促使政策不断完善，以更好地满足服务对象的需求。

因此，社会服务人员既是社会福利资源的传递者，也是政策倡导和完善的重要力量。他们的工作对于提升社会服务水平、增进社会福利具有重要意义。

二、服务项目管理

社会工作服务项目是基于明确的服务目标、内容和要求，通过合理利用时间和资源，精心设计与实施的服务活动。对这类项目的管理，涵盖多个关键环节，确保项目从始至终顺利进行。主要包括项目需求调查、项目服务策划、项目服务过程管理、项目评估以及项目危机干预等方面。

（一）项目需求调查

在项目实施过程中，前期项目需求调查占据着举足轻重的地位，不仅是社会工作项目服务策划的基础和指南，更直接关系到项目实施的针对性和有效性。通过对收集到的调查资料进行深入分析，我们可以准确判断项目是否符合相关政策及政府职能部门的要求，同时评估机构或社会工作者团队在解决项目中存在问题时的能力。一个科学合理的项目需求调查，能够确保社会工作服务更加精准地满足服务对象的实际需求，进而提升服务的专业化和职业化程度。

以禁毒社会服务项目为例，其需求调查的步骤主要包括以下几个方面：

1. 明确调查范围

这涵盖了项目主导方、服务对象以及社会环境等多个层面。项目主导方如区县禁毒办，其下辖的乡镇人民政府街道办事处禁毒部门则成为关键的主导单位之一；服务对象的调查内容需涉及对象数量、性别、教育程度、区域分布、吸毒史、管控状态及问题需求等核心信息；此外，还需对社会环境进行深入调查，了解某地区外流贩毒、药物滥用、制毒等问题的严重程度，以便因地制宜地制定应对措施。

2. 选用合适的调查方法

调查方法包括资料分析法、访谈法、实地观察法以及问卷调查法等，每种方法都有其独特的优势和适用场景，需要根据实际情况灵活运用。

3. 项目需求分析

项目需求分析分为两部分：一是服务区域毒情分析，主要对目标区域的政策、经济、社会背景和社区戒毒、康复工作背景等进行深入剖析；二是服务对象需求分析，社会工作机构需运用适当的调查方法，全面了解服务对象在基本生活、就业、毒品认知、社会融入等方面的情况，并在此基础上对其问题和需求进行深入分析。这些分析结果为设计项目服务方案提供了重要的依据。

（二）项目方案策划

项目方案策划是在深入明确项目需求的基础上，针对服务对象及其具体处境，有系统、有计划地制定解决方案的一系列活动。这一环节对于项目的成功至关重要，不仅是项目执行过程的指导纲领，也是确保项目持续、良性运行的关键所在。同时，项目方案策划还是各方行动和问责的重要依据。

具体来说，方案策划的要素包括以下几个方面：首先要找出项目中存在的核心问题，进而分析问题的产生原因；其次，根据问题的性质，研究有效的解决策略；再次，基于策略制定具体的实施方案，并对其进行精准的预算；最后，确定组织实施的方式，并对可能出现的风险进行控制。

在项目方案策划过程中，还应坚持以下几种导向：一是问题导向，即始终围绕解决核心问题展开策划；二是需求导向，确保策划内容能够回应服务对象的实际需求；三是成效导向，注重策划方案的可行性和实施效果；四是科研导向，积极借鉴和应用相关领域的研究成果，提升策划的科学性和专业性。

项目策划书则是将策划内容以文字形式进行表述的重要文件。它详细描述了项目的背景、需求分析、实施策略、执行方案、执行措施、项目预算、项目管理、风险控制及项目评估等内容，为项目的执行提供了全面的行动指南。通过认真编制项目策划书，确保项目的顺利实施，并达到预期的效果。

（三）项目实施过程管理

项目实施过程管理旨在运用全面且系统的项目管理方法，对项目从启动到结束的整个流程进行高效管理。为了确保项目在规定的时间范围内达到预定目标，必须采用一套科学的知识、工具和技术，合理规划、组织并管理各种资源。通过这一过程，社会工作者能够清晰掌握各项任务的完成时间，从而避免因项目管理者之间经验差异导致的效果落差。

过程管理主要分为三个阶段：项目启动阶段、项目执行阶段和项目结项阶段。每个阶段都有其特定的管理重点和要求，以确保项目能够有序进行。

在过程管理的范围方面，主要关注以下几个方面：一是目标管理，确保项目始终围绕既定目标展开；二是任务管理，对项目的各项任务进行分解和分配；三是人员管理，包括对项目成员的管理和项目相关方的协调；四是时间管理和成本管理，确保项目在预算和时间限制内高效完成。

过程管理的内容涵盖了多个方面：首先，需要落实项目人员，组建高效的项目团队；其次，分配任务给团队成员，明确各自的职责和分工；再次，合理分配项目资金，确保资源的有效利用；最后，对项目实施过程中可能出现的风险进行控制，确保项目的顺利进行。

通过这一系列的管理措施，社会工作者能够实现对项目实施过程的全面把控，确保项目能够按照预定目标高效完成。

（四）项目评估

项目评估是项目实施过程中的重要环节，涉及评估类型、评估方法、评估内容以及评估注意事项等多个方面。评估类型可以根据项目的特性和需求进行分类，例如过程评估、结果评估等，每种类型都有其特定的评估重点和方法。评估方法则包括定量评估和定性评估等多种方式，根据项目的具体情况选择适合的评估方法至关重要。评估内容主要围绕项目的目标、实施过程、效果等方面展开，通过对这些内容的评估，可以全面了解项目的执行情况和成效。

在进行项目评估时，还需要注意一些事项。首先，要确保评估的客观性和公正性，避免主观偏见对评估结果的影响。其次，要注重评估的及时性和有效性，及时发现并解决问题，确保项目能够顺利进行。最后，还要关注评估的反馈和改进，通过评估结果来优化项目方案和执行策略，提升项目的整体效果。

为了更深入地了解项目评估的具体内容和方法，建议参考本书第八章"禁毒社会工作评估"的内容，该章节详细阐述了禁毒社会工作评估的各个方面，对于开展项目评估具有重要的指导意义。

（五）项目危机管理

在项目执行过程中，可能会遭遇多种危机，需要提前做好危机管理规划，确保项目能够平稳进行。

1. 项目可能面临的危机

（1）来自项目购买方的风险

来自项目购买方的风险，包括政策变动、领导调整、资金拨付延迟以及执行难度增加等，这些因素都可能对项目执行产生不利影响。

（2）来自社会工作机构的风险

社会工作机构自身也可能面临风险，如突发事件、资金链断裂或人力问题导致项目目标无法实现，进而可能引发购买方解约的风险。

（3）来自服务对象的风险

服务对象方面，由于禁毒服务对象的特殊性，部分服务对象可能对社会工作者的介入持有排斥态度，不愿接受相关服务，这也是项目实施中需要特别注意的危机点。

（4）来自团队内部的危机

项目团队内部也可能出现危机，如项目管理者独断专行或团队成员关系紧张，这些都可能导致项目执行进度受阻。

2. 危机处理措施

为了有效应对这些危机，我们需要采取适当的危机处理措施：

（1）危机处理原则

确立危机处理原则，包括提前制定预案和根据具体问题采取具体分析方法，以确保危机发生时能够迅速、准确地作出反应。

（2）危机处理方法

在实际操作中，我们可以通过与项目购买方建立良好关系、完善社会工作机构的管理机制、关注并满足服务对象的需求以及优化项目团队的管理等方式来应对各种潜在的危机。通过这些措施，我们可以降低危机发生的概率，并在危机发生时迅速恢复项目的正常执行。

三、人才与团队管理

社会工作服务机构要确保其目标和各项任务能够保质保量地完成，关键在于科学合理地进行人才配置。人才配置是一项系统工程，涉及项目工作目标和任务的深入分析，社会工作者的正确选择、合理使用，以及科学考评和培训等多个环节。

（一）人才架构

1. 管理人才

在禁毒社会工作中，政府通过购买服务的方式直接聘用专职工作人员，随着专职工作人员队伍的不断壮大，适当配置管理人才显得尤为重要。这些管理人才在禁毒部门的主导和专人管理下，负责戒毒人员的管理、教育、服务和行为矫治，同时开展禁毒宣传工作。在一个社会工作机构中，通常设有一名总干事作为机构负责人，负责制定战略决策。对于规模较大的机构，还会设置总干事办公室人员以协助处理各项事务。机构内部进一步细分为人力资源部、行政部、项目管理部、品牌战略部、财务部及科研部等部门，每个部门都设有主管及若干工作人员。在禁毒社会服务项目中，每个项目都配备一名主管，负责该项目区域内多个站点的社区戒毒和社区康复管理工作。每个区县设立多个站点，每个站点均配备站长和副站长各一名，以及若干一线禁毒社会工作者，共同负责站点所辖乡镇和街道的社区戒毒和社区康复工作。

2. 技术人才

禁毒社会工作涉及心理学、法学、医学、教育学等多个学科领域，因此，在人才配置上需要注重专业社会工作知识背景，并辅以相关专业的技术应用背景。这样的配置能够确保禁毒社会工作的专业性和有效性，更好地满足服务对象的多样化需求。

3. AB 角设置

AB 角设置是一种在团队管理和项目执行中常用的策略，通过为关键岗位或任务分配两名或多名成员（分别称为 A 角和 B 角），来增强工作的灵活性、连续性和效率。AB角设置的目的在于防范风险、确保公平公正、实现时间互补、技术互补以及相互督促。这种设置方式在禁毒社会工作和精神健康社会工作中得到了广泛应用，特别是在禁毒社会工作服务项目中，设置AB角更是不可或缺。通过设置AB角，可以有效应对各种突发情况，确保工作的连续性和稳定性，同时促进团队成员之间的合作与交流，提升整体工作效率。

4. 人才招聘

在人才招聘方面，首先，需要进行招聘岗位的细致设置，确保每个岗位都有明确的职责和要求。随后，通过线上或线下的渠道发布招聘信息，吸引符合条件的应聘者。在招聘过程中，我们会严格筛选，通过面试等方式，最终录用表现突出、面试成绩较好的人员。这一环节旨在确保我们招聘到的人才能够胜任工作，为机构的发展贡献力量。

5. 人才培养

人才培养是我们重视的关键环节，其目的在于促进团队成员的成长成才，避免人才资源的浪费，并储备相关领域的优秀人才。为实现这一目标，需要制定全面的培养计划，包括职业规划、理论培训、实务训练以及潜能激发等多个方面。通过这一系列的培养措施，可以提升团队成员的专业素养和实践能力，为机构的长远发展奠定坚实的人才基础。

6. 人才使用

在人才使用方面，需要充分考虑服务对象的特点和需求。由于服务对象大多是戒毒康复人员，具有一定的危险性，因此，在使用禁毒社会工作者时，要特别注重性别、语言、性格和技能的搭配。通过合理的搭配，确保团队成员能够充分发挥各自的优势，为服务对象提供更为专业、贴心的服务，同时确保工作的安全和有效。

（二）任务分配

在进行任务分配时，需要遵循一套明确的原则和方法，以确保工作的顺利进行和团队的高效协作。

1. 任务分配原则

任务分配应遵循三个核心原则。第一，酌量分配原则，意味着每个员工所承担的任务量应适中，既不过于繁重，也不应过于轻松。这样可以确保员工能够高效地完成工作，同时避免工作负荷的不均衡。第二，任务明晰原则，特别是在面对多项工作时，我们需要明确区分各项任务的优先级和紧急程度，确保每个任务都能得到及时且有效的处理。第三，明确时限原则，包括为每项任务设定明确的开始时间、阶段性时间节点以及结束时间，以便员工能够有计划地推进工作，并按时完成任务。

2. 任务分配方法

在任务分配方法上，主要采用两种策略。首先是量力分配，即根据团队成员的个人能力差异来分配任务。对于能力较强的员工，会分配更多的任务，以充分发挥他们的优势，为团队做出更大的贡献。同时，也会根据任务的完成情况，适当调整员工的收入，实现多劳多得、少劳少得的公平原则。其次是量员分配，即按照团队成员的人数平均分配工作任务。这种方法的优点在于任务分配相对均衡，每个员工都能承担一定的责任。然而，它也可能导致人力资源的浪费，因为不同员工的能力和工作效率可能存在差异。因此，在实际操作中，需要根据具体情况灵活选择任务分配方法，以达到最佳的工作效果。

（三）管理情绪的方法与技巧

管理情绪是团队管理者必须掌握的重要技能。以下是几个有效的方法与技巧。

1. 积极关注是情绪管理的基石

作为管理者，需要提高觉察他人情绪的能力，敏锐地捕捉团队成员的情绪变化。这包括关注他们的情感需求以及成员之间的情绪关系，以便及时发现问题并采取适当的措施。当团队情绪氛围发生变化时，管理者应迅速调整管理方式，确保团队情绪的稳定和积极。

2. 相互影响是情绪管理的有力手段

管理者应充分利用情绪相互影响的特性，通过自身的积极情绪状态感染团队成员。可以主动灌输积极情绪，营造和谐的人际关系，从而改善团队的整体情绪氛围。这有助于提升团队的凝聚力和工作热情，使团队成员更加积极主动地投入工作中。

3. 善用鼓励是情绪管理的关键策略

当团队面临消极情绪氛围时，管理者应通过鼓励和奖励来帮助团队成员恢复情绪平衡。这不仅可以激发他们的工作斗志，还能降低消极情绪对团队工作的不利影响。通过及时的鼓励和奖励，可以让团队成员感受到自己的价值，从而更加努力地投入到工作中。

（四）团队建设

团队建设是一个系统性的过程，通过优化结构设计和人才激励，最大限度地激发团队成员的潜能，从而实现团队绩效的提升。社会工作机构的凝聚力和战斗力，直接体现了团队建设的质量与成效。

1. 人才建设

在团队建设的过程中，人才建设是核心。要注重选拔和培养具备专业技能和团队精神的成员，通过合理的岗位配置和人才培养机制，确保团队拥有强大的人才储备。

2. 品牌建设

品牌建设是团队建设的重要组成部分。一个优秀的团队品牌能够提升团队的社会认可度和影响力，为团队的发展赢得更多机会。因此，要注重团队形象的塑造，通过优质的服务和出色的业绩，打造具有独特魅力的团队品牌。

3. 文化建设

文化建设是团队建设的灵魂。要营造积极向上、团结协作的团队氛围，通过共同的价值观和行为规范，增强团队成员的归属感和凝聚力。通过文化建设，可以使团队成员形成共同的目标和追求，推动团队向更高层次发展。

做好团队建设需要关注人才建设、品牌建设和文化建设三个方面。只有在这三个方面都取得突破和进展,才能真正提升团队的凝聚力和战斗力,实现团队绩效的持续提升。

(五)利益相关方关系处理

禁毒社会服务机构作为专注于禁毒领域的非营利组织,在资源获取和服务提供的过程中,不可避免地会涉及多个利益相关方。妥善处理与这些利益相关方的关系,对于机构的长远发展至关重要。

利益相关方主要分为直接利益相关方和间接利益相关方两大类。直接利益相关方通常与机构存在直接的业务往来或合作关系,如政府部门、合作企业、捐赠者等。间接利益相关方则可能对机构产生间接影响,如社会公众、媒体、行业组织等。

在处理与这些利益相关方的关系时,需要明确他们的不同需求和影响,并采取针对性的策略。对于直接利益相关方,我们应积极沟通、建立互信,通过良好的合作实现共赢;对于间接利益相关方,我们应加强宣传、提升形象,以赢得他们的理解和支持。

通过处理好与各利益相关方的关系,可以为机构争取更多有利于发展的资源,提升机构的社会影响力和公信力。因此,应高度重视利益相关方关系处理工作,确保机构在禁毒领域的社会服务项目中取得更好的成果。

【课堂活动 6.4】
禁毒社会工作机构利益相关方主要有哪些?如何处理好这些相关方之间的相互关系?

四、志愿者管理

志愿者队伍在我国禁毒社会工作中发挥着举足轻重的作用,他们是禁毒社会工作服务机构顺利开展服务的重要支撑。因此,社会服务机构对禁毒志愿者队伍进行规范的建设和管理显得尤为重要,这关系到志愿者的长效发展。

(一)禁毒志愿者分类

禁毒志愿者在禁毒工作中扮演着重要角色,根据其工作内容和特点,可大致分为以下几类:

1. 普通禁毒宣传教育志愿者

这类志愿者主要负责面向大众普及禁毒知识。申请条件包括具备社会责任感、遵纪守法、热心禁毒工作，并具备从事相关志愿服务的能力。每年自愿参与 48 小时以上的禁毒志愿服务，且年满 18 岁的公民，均有资格申请。值得一提的是，国家鼓励戒毒成功人员也参与此类工作，他们不仅发放禁毒宣传资料，还负责讲解毒品的危害、防范措施以及禁毒法律法规，特别注重对青少年和学生进行毒品预防教育。

2. 戒毒康复帮扶志愿者

此类志愿者除了满足普通禁毒宣传教育志愿者的条件外，还需掌握一定的戒毒康复及帮扶救助技能，并愿意为戒毒康复人员提供服务。他们的主要职能是协助禁毒社会工作者，为社区戒毒（康复）人员提供个案指导、心理支援、家庭支援、就业支持等服务，帮助他们更好地回归家庭和社会。

3. 同伴教育志愿者

同伴教育志愿者主要从戒毒康复人员中选拔。申请者需有强烈的戒毒意愿，保持操守 3 年以上，并具备良好的沟通和语言表达能力。此外，他们还需认同同伴教育模式并拥有稳定的支持系统。这类志愿者能站在同类人的角度策划和实施活动，包括尿检、家庭探访、座谈会等常规活动，以及热线服务、同伴信箱管理等同伴教育活动。他们的参与使活动更加贴近实际，更具可操作性。

通过分类管理，禁毒志愿者能够更好地发挥自己的优势，为禁毒工作贡献力量。

（二）禁毒志愿者管理

禁毒志愿者管理是一项涉及计划、组织、协调、激励等多方面的现代管理专业技能的工作。其主要目标是合理配置志愿者人力资源，支持他们自愿、无偿地提供服务，从而有效完成社会服务与发展的综合目标，满足服务对象的需求。

1. 人员管理

人员管理作为禁毒志愿者管理的核心，使志愿者通过参与社会服务实现自我价值。这包括制定志愿者计划、招募志愿者、组织培训、管理志愿者队伍以及激励志愿者等多个环节。

（1）志愿者计划

制定完善的志愿者计划是组建禁毒志愿者队伍的首要任务。这包括预算经费需求、确定招募人数、明确服务内容和职责，以及安排志愿者参加相关培训、评估服务情况并给予激励等。

（2）志愿者招募

通过发布招募信息，根据实际需求选拔合适的志愿者，为机构招募到一支具备专业能力和热情的志愿者队伍，为志愿服务活动提供充足的人员储备。

（3）志愿者培训

社会服务机构需针对志愿者队伍进行专业培训，以改善志愿者能力水平参差不齐的状况，提升他们的服务质量和效率。

（4）志愿者组织

经过培训的志愿者队伍开始协助机构开展服务活动。在此过程中，需要合理规划志愿者的工作安排，关注他们的身心健康，确保志愿服务活动的顺利进行。

（5）志愿者管理

随着志愿者队伍的发展和志愿服务类型的多元化，加强志愿者管理变得尤为重要。这包括满足志愿者的合理需求，明确他们的权利和义务，建立分层管理机制，以确保志愿服务的顺利进行。

（6）志愿者激励

尽管志愿者服务的初衷是奉献和爱心，但有效的激励机制对于维持志愿者的服务热情至关重要。管理者应探索并建立适合机构特点的激励机制，让志愿者在服务中感受到快乐和成就感，从而更好地投身于志愿工作。

2. 活动管理

在活动管理中，需要关注活动计划、活动控制和活动总结三个关键环节。

（1）活动计划

在活动计划阶段，活动负责人应精心策划，确保任务的合理分配。首先，要根据活动的规模和性质，确定所需志愿者的数量和具体要求。其次，要将任务明确、适量地分配给每名志愿者，确保责任到人，避免任务过重或遗漏。最后，提前向志愿者详细告知活动流程、时间安排等关键信息，以便他们做好充分的准备工作。

（2）活动控制

在活动控制阶段，需要关注人、事、物三个核心要素。在人员方面，要确保志愿者各尽其责，同时也关注活动参与人员的秩序和准备情况。在事务方面，活动负责人要密切关注需要协调的事项，保持与各方沟通渠道的畅通，确保活动整体有序推进。在物资方面，要及时调整活动筹备过程中的物料配置，确保所需物品充足，满足活动需求。

（3）活动总结

活动结束后，负责人应立即组织志愿者进行场地清理和影像资料的整理工作。同时，要对本次活动进行全面总结，反思活动中的优点和不足，积累经验教训。对于表现优异的志愿者，应给予适当的奖励和认可，以激励他们继续参与未来的活动。此外，还要鼓励其他志愿者积极参与后续活动，传递爱心和正能量。

3. 资金管理

在资金管理方面，主要遵循公益性原则与合理性原则。

（1）公益性原则

志愿者队伍作为公益组织，其资金的使用始终以满足社会需要为宗旨。这意味着每一项资金支出都应服务于公共目的，为公众奉献。无论是用于志愿者培训、活动组织还是其他服务支出，都将坚守公益性原则，确保每一分钱都花在刀刃上，实现社会价值的最大化。

（2）合理性原则

在资金使用过程中，强调合理性原则。合理性意味着客观、适度、合乎情理。资金主要来源于政府财政支持、社会捐赠资助以及其他合法途径。因此，在使用这些资金时，必须确保每一笔支出都贴合实际，适度合理，绝不允许随意浪费或滥用。通过严格的预算制定和审批流程，确保资金使用的合理性和有效性，为社会公益事业贡献我们的力量。

（三）同伴教育志愿者管理

1. 同伴教育志愿者的特殊性

同伴教育志愿者在选拔和培养方面均展现出其独特的严谨性。

（1）严格的筛选机制

同伴教育志愿者的来源多样，主要通过禁毒社会工作者的发掘、同伴间的相互推荐以及个人的自荐。为确保志愿者队伍的质量，禁毒社会工作者（包括所内和所外）与经验丰富的老同伴教育志愿者共同对候选人进行严格的评估。这一评估涵盖了候选人的行为品行、个人意愿、能力特长等多个方面。只有通过这一严格的筛选标准，候选人才能进入后续的培养环节。

（2）严谨的培养过程

同伴教育志愿者的培养是一个分阶段、多环节的过程，分为同伴候选人、准同伴教育志愿者、同伴教育志愿者三个阶段。在每个阶段，候选人都需要接受不同培训活动的培育，这些培训活动旨在提升他们的专业能力和素质。完成每个阶段的培训后，候选人还需通过评估考核，以检验其学习成果及是否具备进入下一阶段的能力。对于评估考核未通过的候选人，他们需要重复学习培训过程，直至掌握必备技能并通过考核。这种严谨的培养过程确保了同伴教育志愿者具备高标准的专业素养和能力，从而更好地服务于禁毒工作。

2. 同伴教育志愿者管理过程

同伴教育志愿者管理过程是一个系统化、层次化的工作，旨在确保志愿者队伍的高效运作和提供优质的服务。

在同伴教育系列活动的基础上，通过多方推荐、评估筛选等手段，选出符合条件的志愿者，组建形成同伴教育志愿者团队。根据每个人不同的康复年限、服务资质、培训程度等，我们精心安排其参加相应类型的志愿服务工作，确保人尽其才。

同伴教育志愿者的管理与禁毒志愿者有所不同，具体体现在以下几个方面：

（1）招募条件严格

招募的同伴教育志愿者需满足一系列条件：他们必须是戒毒意愿强烈的康复人员，且操守保持3年以上；他们应具备利他主义的核心价值观，有强烈的助人意愿；此外，良好的沟通和语言、文字表述等综合素养及活动能力也是必不可少的；认同同伴教育模式且有比较完善的支持系统，与禁毒社会工作者有良好专业关系的人员，可以申请成为同伴教育志愿者。

（2）选拔过程严谨

选拔过程中，有申请意愿的戒毒成功人员需填写志愿者申请书，经禁毒社会工作者初步筛选后，再进行实际见面沟通，对他们的言谈举止作进一步观察。同时，选拔依据还需纳入禁毒社会工作者、同伴辅导员、民警的评估意见。最终，与通过选拔的人员签订志愿服务协议或承诺书，并定期进行培训和评估。

（3）培养体系完善

同伴教育志愿者的培养涵盖多个方面：他们在准同伴辅导员或同伴辅导员的指导下学习防复吸技巧，参加有计划的培训活动和小组辅导，提升辅导同伴的能力和助人的价值理念。此外，他们还参加成长小组活动和其他综合活动，进行自我探索和成长。

（4）积极参与服务活动

同伴教育志愿者在服务活动中发挥着重要作用。他们通过尿检、家庭探访、座谈会等形式，与同伴分享康复经验和积极心理体验，传递戒毒康复信念。同时，他们还参与巡讲、热线、同伴信箱等教育活动，发挥榜样示范作用，灌输助己助人的理念。

（5）策划与实施能力突出

经过系列培育，具备能力的同伴教育志愿者可参与策划与实施同伴教育类活动，使活动更具可操作性。这既激发了他们的潜能，也提升了他们的综合能力。

（6）激励机制健全

为激励同伴教育志愿者，我们建立了完善的激励机制。服务时间、内容等被详细记录，并量化为分值，作为表彰依据。优秀志愿者将获得证书、星级评定等荣誉，并有机会参与更多社会活动和学习培训。同时，根据其能力，还可承担活动策划和管理工作，不断肯定其服务成效。

3.同伴教育志愿者管理注意事项

在同伴教育志愿者的管理过程中，需要注意以下几个方面：

（1）防范志愿者暴露风险

同伴教育志愿者作为戒毒成功的吸毒人员，在从事禁毒志愿工作时可能会再次暴露于吸毒群体间，这增加了他们复吸的风险。因此，禁毒社会工作者应密切关注并了解同伴教育志愿者的思想动态，定期进行情绪督导，以帮助他们坚定戒毒信念，有效防止复吸现象的发生。

（2）确保志愿者动机纯正

在选拔同伴教育志愿者时，必须严格把关，防止目的不纯的人员混入志愿者队伍。管理者应深入了解申请者成为志愿者的真实动机，以防范可能出现的盗取戒毒人员档案、收集情报等违法犯罪行为，确保志愿者队伍的纯洁性和安全性。

（3）加强专业培训

成为一名正式的同伴教育志愿者需要经过严格的专业培训。这包括掌握禁毒知识、心理疏导、日常辅导、社会实践、经验分享及其他服务技能。戒毒成功人员只有在通过各项考核后，才能正式参与志愿者工作。这样的培训机制有助于提升志愿者的专业素养和服务质量。

（4）定期督导与支持

在同伴教育志愿者参与志愿服务活动的过程中，禁毒社会工作者应为每个志愿者配备专业督导，定期对其进行培训和指导。在发生突发事件时，督导应给予及时的支持和协助，以促进同伴教育志愿者的成长和进步。此外，搭建志愿服务平台，让同伴教育志愿者成为禁毒宣传及社会帮教的重要力量，不仅有助于戒毒康复人员体现自身价值并保持良好的操守，也向社会传递了积极的改变观念，提高了禁毒工作的整体成效。

本章小结

本章阐述了禁毒社会工作方法作为社会工作专业理论体系在禁毒这一特定实践领域中的深入探索与应用。禁毒社会工作不仅仅是一种服务形式，更是一项系统性、综合性的社会干预策略，通过科学、专业且充满人文关怀的手段，帮助吸毒人员逐步摆脱毒品的束缚，实现身心的全面康复与社会的重新融入。

本章重点介绍了禁毒社会工作的三种直接服务方法：禁毒个案工作、禁毒小组工作和禁毒社区工作。禁毒个案工作强调一对一的深入辅导，通过个性化的评估与干预计划，帮助吸毒人员逐步克服毒瘾，重建自我价值与生活目标。禁毒小组工作则利用团体动力，促进成员间的相互支持与鼓励，共同面对挑战，学习新的生活技能与应对策略。而禁毒社区工作则着眼于构建无毒社区环境，通过组织各类社区活动、加强公众教育与宣传，提高社区居民对禁毒工作的认识与参与度，为吸毒人员回归社会创造有利条件。

在这三种方法中，禁毒社会工作者扮演着至关重要的角色。他们运用自身扎实的专业知识与丰富的实践经验，巧妙地整合来自政府、社区、家庭、医疗机构以及非政府组织等多方面的资源，形成一股强大的合力，为吸毒人员量身定制个性化的服务方案。这些方案涵盖了从生理脱毒到心理康复，从技能培训到就业指导，从家庭关系修复到社会关系重建等多个层面，确保每位服务对象都能得到全方位、多层次的支持与帮助。

此外，本章还学习了禁毒社会工作的间接服务方法——禁毒社会工作行政。这一领域的工作涉及政策倡导、服务规划、资源配置、项目管理与质量监控等多个方面，是确保禁毒社会工作高效、有序运行的重要保障。通过学习禁毒社会工作行政，能够更好地理解政策导向，把握服务方向，优化资源配置，提升服务质量，从而推动禁毒社会工作的持续发展与创新。

综上所述，本章内容不仅深化了学习者对禁毒社会工作方法的理解与认识，还为学习者掌握并熟练运用这些方法提供了理论基础与实践指导；旨在通过系统学习与实践探索，培养出一批既具备专业素养又富有人文关怀的禁毒社会工作者，为构建更加和谐、健康、无毒的社会环境贡献力量。

推荐阅读

1. 隋玉杰主编：《个案工作（第二版）》，中国人民大学出版社2019年版。

2. 郑轶主编：《个案工作实务（第二版）》，中国轻工业出版社2021年版。

3. 刘静林主编：《禁毒社会工作理论与方法》，中国社会出版社2016年版。

4. 王高喜主编：《禁毒社会工作者知识技能手册》，中国社会出版社2021年版。

5. 芮洋、杨启秀主编：《小组工作》，北京大学出版社出版2014年版。

6. 万江红主编：《小组工作（第二版）》，中国人民大学出版社2022年版。

7. 夏建中主编：《社区工作（第三版）》，中国人民大学出版社2015年版。

8. 哈曼主编：《社区工作实务》，北京师范大学出版社2017年版。

9. 时立荣主编：《社会工作行政（第二版）》，中国人民大学出版社2020年版。

10. 时立荣主编：《社会工作行政实验教程》，中国人民大学出版社2019年版。

第七章

禁毒社会工作督导

【概览】

督导是由机构资深工作者通过一种定期且持续的督导程序,将专业的服务知识和技术,传授给机构新入职员工、一线初级员工、实习学生和志愿者,进而促进其成长、保证服务质量的一种专业培训方法。督导是社会工作的重要内容,现阶段我们迫切需要探索具有中国特色的禁毒社会工作专业化、职业化发展的督导体制。

【目标】

1. 知识目标

   （1）了解禁毒社会工作督导的重要性。

   （2）掌握禁毒社会工作督导的含义。

   （3）了解禁毒社会工作督导的对象。

   （4）掌握禁毒社会工作督导的内容和方法。

2. 能力目标

   （1）能够在禁毒社会工作中正确实施督导工作。

   （2）能运用督导技术，解决禁毒社会工作中遇到的问题。

3. 价值目标：利用专业技能和方法开展禁毒社会工作及其督导工作，坚持以人为本，做有学识、有技术、有情怀的督导，疏导被督导人员的压力，提升被督导人员的专业技能和素养，预防和减轻毒品危害，促进吸毒人员戒毒康复，保护公民的身心健康。

第一节 禁毒社会工作督导含义与对象

一、督导工作在禁毒社会工作中的重要意义

社会工作督导是社会工作实践中的一个重要方面，社会工作发展是否成熟的标志之一就是是否已建立完善的督导制度，这对于促进社会工作学科的进步和加强社会工作人才的培养意义重大。社会工作督导对于禁毒社会工作来说不可或缺，要充分发挥督导在禁毒社会工作中的积极作用，以专业的社会工作知识、服务理念和丰富的社会工作实践经验，协助社会工作者拓宽视野，提升社会工作者的工作士气、工作质量和服务对象的满意度，使他们能够较好地完成自己的专业使命，让服务对象满意。[1]

（一）有利于实现服务机构的目标

不管是督导者还是被督导者，在禁毒社会工作体系中都是社会服务机构的雇员，都要为社会服务机构的目标而努力。社会服务机构的目标中对社会服务发展和服务成效提出了要求，该目标也是机构使命和愿景的具体表现。对于禁毒社会工作者来说，认同和实现服务机构的目标是督导过程的主要任务。禁毒社会工作督导的工作目标是为服务对象提供有效、优质的服务，因此，在工作过程中，禁毒社会工作督导要协助被督导者开展工作，要通过教育、支持被

---

[1] 张洪英：《中国社会工作督导研究的回顾与展望——以 1998—2015 年 CNKI 期刊论文为样本》，《社会工作与管理》2017 年第 4 期。

督导者等方法，使他们在工作中更加有效地开展工作，更圆满出色地完成工作任务。

（二）支持与持续反思

虽然督导者和被督导者都是经过社会工作专业培训的，都是以提高服务对象在禁毒工作中的能力和效率为最终目的的，但双方的职责和任务不同。一方面，督导者要帮助被督导者增强专业的禁毒知识和技能，协助他们对个人价值和职业价值进行持续的反思；另一方面，督导者对被督导者要进行情感上的支持，以提高禁毒社会工作者的工作动力和士气。

（三）促进自我完善

禁毒社会工作督导者与被督导者之间的交往是一个高度投入、进行不同层次沟通交流的过程，两者在机构的特定环境下，对工作内容进行持续深度交流。社会工作督导过程中包含着复杂的人际交往过程。从社会工作专业价值观和个人价值观的角度看，社会工作督导者最基本的原则就是要做一个真实的人，而不是高高在上的权威人士、督察者和指导者。虽然督导者与被督导者之间可能存在一种上下级的权力关系，但督导者应该尽可能成为一个积极学习、自我增值、能够恰当运用权力、以理解和学习的心态提出不同意见并做出取舍的专业人士。督导者和被督导者不应该只停留在专业关系上，感情上的投入也是很重要的，合作一段时间后大部分的督导者和被督导者也会成为生活中的好伙伴。

二、禁毒社会工作督导的含义

"督导"是一个名词，也是一个动词。作为名词时，督导指的是人员、职位；作为动词时，是指社会工作中的一种活动，是间接工作的一种重要方法。为了区分，本书将名词的督导统称为督导者。禁毒社会工作机构一般都会设置督导岗位，由资历较深、学历较高、业务能力较强的工作人员担任，以达到机构或项目设定的禁毒社会工作的目标，确保社会工作者有效地开展各项禁毒工作。因此，禁毒社会工作督导是专业训练的一种方法，它是由禁毒社会工作服务机构内资深的工作者，对机构内新进入的工作人员、一线初级工作人员、实习学生及志愿者，通过一种定期和持续的监督、指导，传授专业服务的知识和技术，以增进其专业技巧，促进他们成长并确保服务质量的活动。督导的主要任务是：一是指导禁毒社会工作的开展；二是不定期对禁毒社会工作者进行培训；三是为禁毒社会工作者提供情感支持；四是下情上达，及时向上级领导反馈一线禁毒社会工作的情况，不断调整工作思路。

三、禁毒社会工作督导的对象

禁毒社会工作督导的对象主要有四类：一是新进入社会服务机构的禁毒社会工作者，他们对禁毒相关的专业知识还不够了解；二是从业年限较短，与吸毒人员相处经验不足的初级禁毒社会工作者；三是有一定禁毒理论知识基础并到社会服务机构实习的学生；四是社会服务机构的非正规人员，以禁毒志愿者为主。这些督导对象一般也被称为被督导者。

而督导者虽然与领导同属于管理活动的范畴，但他们两者的区别在于：在社会工作服务机构中，禁毒社会工作督导者具有一定的行政领导的功能，他们不仅要承担管理方面的工作，还要承担员工专业技能的培训和辅导，具有技术教育和心理、情感支持的功能。督导者对待被督导者，要抱着真诚、温暖、接受的支持和教育态度。所以两者的关系应该是相对丰富的关系，而不是单纯的领导者与被领导者的关系。专业的督导者应具备的素质是丰富的专业知识与实务技巧，为人坦诚，赏识被督导者并能够提供建议[①]。

---

① 王思斌主编：《社会行政（第二版）》，高等教育出版社2013年版，第44—45页。

第二节 禁毒社会工作督导的功能与内容

一、禁毒社会工作督导的功能

禁毒社会工作督导者不仅在禁毒社会工作中发挥着机构管理者、禁毒社会工作队伍建设者、禁毒社会服务引领者等重要作用，而且发挥着教育性、行政性、支持性职能，为社会工作人员开展禁毒社会服务提供了支持和帮助。正确发挥督导者在禁毒社会工作中的作用，摆正社会工作者在禁毒服务中的位置，有利于禁毒社会工作向专业化、职业化道路发展。[①]

（一）教育性督导

禁毒社会工作督导的教育性职能，是指协助社会工作者增加禁毒基础知识，提高禁毒社会工作者技能，使禁毒社会工作者更有效地完成服务。如禁毒社会工作督导者为履行教育职能，发挥"禁毒社会服务引领者"作用，与社会工作者共同探索戒毒康复模式，反思总结服务内容和服务经验，对戒毒康复工作开展情况进行认真细致的分析和指导。

禁毒社会工作督导者需要完成的教育工作包括：对有关"服务对象群体"进行禁毒基本知识的讲授，对"社会服务机构""社会问题""工作过程""工作人员本身"进行知识的讲授，提供专业意见和咨询。

（二）行政性督导

禁毒社会工作督导的行政督导职能，是指督导者为了协助社会

---

① 周淑贤：《社工督导在禁毒社会工作中的功能探析》，《法制与经济》2016年第8期。

工作者完成工作，维持社会服务机构的运作，在禁毒社会工作中实施有关计划、工作分配与授权、监督与考核等行政工作，担当"机构管理员"的角色，以维持机构正常运作，保证机构政策的贯彻落实。督导者的工作任务需要具体落实到禁毒社会工作者的招募、选拔，对新进禁毒社会工作者的指导和安置，指导禁毒社会工作服务方案的制定和实施，禁毒社会工作中的工作授权、监督检查和考核，禁毒社会工作的协调与沟通等多个方面。在界定社会工作职责方面，督导者有责任引导新入职的社会工作者了解其工作内容、职责及被赋予的权利，并确保社会工作者对其工作范围、职责等做到心中有数。更为重要的是，督导者必须将禁毒社会工作者的工作任务安排得公平合理，并在社会工作者可承受的范围内，合理设置工作任务的负荷量。

（三）支持性督导

禁毒社会工作督导的支持性督导职能，是指督导者在禁毒社会工作中，协助被督导者减轻内心压力，对所面临的困扰提供有效的处理方法，使社会工作者在禁毒社会服务工作中发挥职能作用，达到理想的工作状态。禁毒社会工作督导者面对社会工作者的压力，要做的两件事就是建立或提供平台、体恤和理解社会工作者。督导者要努力营造积极向上的工作氛围，提升社会工作者的工作热情，提升服务对象对于社会工作的满意度。例如，当社会工作者面临重压时，督导者就需要协助社会工作者处理和应对所面临的压力，并对社会工作者给予关心，提供适当的机会，使其情绪得到宣泄，工作压力得到缓解，帮助社会工作者肯定自己，增强工作信心和对工作的认同感。

一般情况下，支持性督导与行政性督导、教育性督导是密不可分的。在实施教育性督导和行政性督导时，如果督导者抱着支持的态度，合理运用支持的技巧，就能与被督导者建立良好的关系，使被督导者感到督导者具有亲近感，并能在任何时候都与其坦诚地探讨问题。支持性督导有没有效果，与督导者和被督导者之间如何相处有很大的关系。但支持性督导只是辅助手段，教育性督导和行政性督导是达到督导目的的主要途径。如果把支持性督导当成目标之一，就会把被督导者的情绪看得太重；教育性督导和行政性监督导若没有支持性督导配合，则会影响督导工作的开展和效果。因此，教育性督导、行政性督导和支持性督导三者都应该重视。

二、禁毒社会工作督导的内容

（一）教育性督导内容

禁毒社会工作的教育性督导内容总体上与其他领域的教育性督导有一定的相似性。在禁毒社会工作督导中，教育性督导的目的除了传授工作所需的专业知识外，更重要的是运用不同的督导方法协助被督导者运用所学知识，在实际工作中巩固并真正掌握所学的专业知识和实际技能。下面从传授专业知识、实践方法和综合技能三个方面，介绍如何灵活运用督导技能，将一线禁毒社会工作者需要的专业知识、实践方法和综合技能传授给他们，并在实践工作中引导他们将所学理论知识转化为自己的专业技能。

1. 传授专业知识

首先，帮助禁毒社会工作者熟悉工作环境，了解机构相关管理制度、服务理念和服务宗旨。其次，帮助禁毒社会工作者从社会工作学、禁毒学、戒毒学、心理学、社会学等多学科的角度，全面了解服务对象的有关知识，包括生理、心理、行为等基本特征；帮助禁毒社会工作者从政策、社会环境等方面理解政府部门制定的有关毒品问题的政策和法律法规，为禁毒社会工作者排忧解难。最后，在实际操作过程中，将禁毒社会工作者如何与服务对象进行有效沟通、如何进行入户走访、如何正确分析服务对象存在的问题和需求、如何制定切实可行的服务方案、如何帮助服务对象找到切入点等方面的知识传授给禁毒社会工作者，让他们在实施方案的过程中，更好地解决问题，为服务对象提供就业咨询、帮扶、链接资源等专业化服务。此外，还应及时提供专业咨询服务，帮助禁毒社会工作者在工作中形成自己的职业价值观，学习更多的禁毒专业理论知识和禁毒实务技能，在遇到问题和困难的时候，能够独当一面，不断提高综合素质和业务能力。

2. 学习实务技能

在开展禁毒社会工作实务督导过程中，督导者协助禁毒社会工作者从更高的角度看待社会问题，了解社会问题的性质、形成原因，以及对个体、家庭、社会造成的影响；为禁毒社会工作者开展社区走访、个案访谈、个案管理、家庭治疗模式、动机访谈模式、认知行为治疗模式、行动研究、艺术治疗、小组工作、个案工作、社区工作、戒毒动机挖掘与强化、心理辅导、同伴教育、仪式治疗等实践技能的培训，通过这些培训对禁毒社会工作者的业务知识进行补充和巩固，提高他们的实际技能水平，增强他们开展专业禁毒社会工作服务的各种实际能力，从而使机构的服务质量和服务水平有新的提高。

3. 提升综合能力

地方政府禁毒职能部门或社会服务机构需要定期聘请专业人士，为禁毒社会工作者开展戒毒康复人员家庭关系处理、戒毒康复人员心理疏导、治疗模式选取、戒毒康复人员回归社会途径以及公文写作、办公软件操作、新闻通稿撰写、实战技能讲解、典型案例撰写、工作人员关系处理、目标与绩效管理、高绩效团队建设、招标项目提升等实务工作培训，以及其中涉及的行政管理、项目管理、人力资源管理、志愿者管理、日常防护、沟通技巧、医学、心理学、社会学、社会工作等相关专业知识培训。使禁毒社会工作者都能了解和掌握禁毒社会工作的基本实务技能和自我保护技能，以及在工作过程中需要了解的注意事项。

【延伸阅读】禁毒社工遇到各种棘手问题，督导如此支招

扫描二维码阅读

（二）行政性督导内容

行政性督导的主要目的是保障服务的完成，内容包括对组织架构、人员配置、标准建设、职责分工和工作规范的督导。

1. 组织架构

禁毒社会工作服务的组织架构包括两套：一套是行政管理架构；一套是业务管理架构。

在社会服务机构承接政府购买服务中，行政管理架构又分为政府管理架构和机构管理架构，政府管理架构的督导工作由政府禁毒职能部门安排督导者或聘请第三方督导者。业务管理架构中需按照业务能力安排组织架构，业务能力强的工作人员安排在管理和督导的岗位。

在行政性督导工作中，对组织架构的督导主要考核机构完成服务的运行情况。合理的组织架构运行顺畅，欠合理的组织架构往往容易出现各种各样的问题，当问题的出现可能与组织架构设置有关时，就需要考虑进行架构的调整。

2. 人员配置

合理的人员配置是完成服务最重要的保障。行政性督导对人员配置的考量需要从岗位设置、人员配置、任务分配、工作运行、成本核算等维度进行。人员配置的督导主要由人力资源部内部督导，各项目部门、财务部门、质量监督部门和政府职能部门应从各自的专业角度出发，配合督导，提出合理的人员配备意见。例如，2022年7月，广州市176个镇街社会工作站，配备36名专职社会工作督导人员。"广州兜底民生服务社会工作双百工程"是由广州市民政局实施政府购买服务、由广州市社会工作协会承接运营的项目，旨在建立健全"广州兜底民生服务社会工作双百工程"（简称广州"双百工程"）督导工作机制，实现督导工作规范化、专业化和制度化发展。督导中心通过组建专职督导人员队伍、建立健全工作机制、提升督导人员能力，推动督导人员立足镇街、深入村居开展实地协同督导，在陪伴社会工作者开展服务过程中传授专业知识和技巧，不断增强社会工作行业服务能力，健全和完善具有广州特色的兜底民生服务体系，充分发挥社会工作在基本民生保障、基层社会治理、基本社会服务等方面的积极作用。

3. 标准建设与工作规范

地方标准一般由政府禁毒职能部门牵头，联合地方质量监督部门和行业协会、服务机构来制定，经过认证后由相应地方质量监督部门向社会发布，在本地区执行，简称"地标"。禁毒社会工作地方标准一般由禁毒职能部门督导执行，质量监督部门、地方人大、地方政协也可督导执行。

行业标准一般由社会工作行业协会发起研制，其特点是得到行业广泛认可，在行业内执行，可以不需要质量监督部门的认证，由行业协会进行发布和督导执行。

大型的机构也会制定自己机构内部的"企业标准"。一般是邀请第三方质量标准研制服务机构与机构内服务管理监督部门一同进行标准制定。标准只在机构内部发布，由机构内部质量管理部门督导执行。如上海市自强社会服务总社、广东省联众戒毒社会工作服务中心等，都在各自的组织中制定了ISO 90000禁毒社会工作服务质量标准体系。①

工作规范是对工作人员的一种规范化、标准化的工作要求。工作规范的制定和督导执行一方面是为了完成服务，另一方面是为了防范风险。无论是政府主导的项目还是机构开展的项目，都要制定工作规范，并由相应的政府禁毒职能部门和提供禁毒社会工作服务的机构去督导执行，因为禁毒社会工作服务领域特殊、服务对象特殊，没有工作规范或者工作规范执行不到位、督导不到位都容易引发风险。

【延伸阅读】禁毒社会工作督导在开展服务工作时，如何开展行政性督导？

扫描二维码阅读

（三）支持性督导内容

支持性督导既包括帮助禁毒社会工作者处理消极情绪、修复自我调适功能、增强自信心，也包括帮助禁毒社会工作者树立积极向上的工作态度、解决其工作和家庭问题、减轻工作和家庭的双重压力、增强工作成就感和职业价值等。

1. 给予支持

督导者要经常关心禁毒社会工作者的工作情况，及时给予禁毒社会工作者支持和帮助，为他们排忧解难。对于表现突出的禁毒社会工作者，机构可以通过宣传优秀事迹的方式给予鼓励，也

---

① 范志海、吕伟：《上海禁毒社会工作经验及其反思》，《中国药物依赖性杂志》2005年第5期。

可以通过表彰奖励的方式给予相应的奖励和报酬，以此来激励禁毒社会工作者的工作热情，使他们在工作中感受到机构对他们的关心和爱护，增强他们对机构的职业认同度和归属感，激发他们的工作热情，使他们以一种积极向上的精神状态投入禁毒社会工作的服务之中。

2. 疏导情绪

社会工作者在开展服务工作时，经常面对来自服务对象、工作、服务机构和社会期望等不同方面的压力。特别是禁毒社会工作者，面对的服务对象主要是非自愿接受服务的戒毒康复人员，这些服务对象大多长期有一些负面情绪，而且通常对禁毒社会工作者的服务工作极不愿意配合。禁毒本是一项社会服务工作，却因服务对象的不配合和不接受，禁毒社会工作者时常因感觉自己无法帮助到服务对象而陷入自我反思，从而难以获得工作成就感和满足感，情绪也会因此发生改变。与此同时，禁毒社会工作者需要长期面对和帮助服务对象处理负面情绪，久而久之不免也会产生一些负面情绪和消极心理，从而影响工作积极性和工作态度。督导者需要定期或不定期通过个别督导、小组督导的形式对禁毒社会工作者进行情绪疏导。针对禁毒社会工作者遇到的不同压力提出改进意见，在活动中帮助禁毒社会工作者疏导消极情绪、减轻工作压力，协助禁毒社会工作者强化自身调节功能，提高自我管理能力。

3. 增强自信

禁毒社会工作者在开展服务工作时，由于自身业务能力等因素，当服务对象不愿配合工作，甚至工作任务难以完成时，就可能对自身能力产生怀疑，出现不自信、自卑、焦虑等不良、消极心理，甚至出现抑郁等心理症状，从而对禁毒社会工作者的心理健康造成影响。

因此，督导者要针对禁毒社会工作者在工作中出现的负面心理进行辅导，从而增强其自信心。在辅导过程中，可以通过开展个体辅导和小组团体辅导的形式，帮助禁毒社会工作者消除自卑心理，增强自信心；还可以通过肯定工作绩效和表扬工作表现的方式增强其自豪感和自信心,从而激发其自身内在的潜质。督导者要协助禁毒社会工作者形成自我反思、自我欣赏的心理机制,完善自我修养,提高自身素质。

4. 给予关怀

禁毒社会工作者除了是工作人员之外,还是家庭的一分子,同时需要承担部分家庭责任,甚至有些禁毒社会工作者是家庭的主要经济支柱,其来自家庭方面的压力就会很大。因此,督导者需要时刻关注禁毒社会工作者的身体健康状况、工作情况和家庭情况,通过走访慰问、给予物质支持和精神支持等方式,对家庭困难的禁毒社会工作者及时给予关心和帮助。

5. 寻求满足

禁毒社会工作者在开展服务工作的同时,也需要在工作过程中获得专业满足感和成就感。督导者可以通过慰问、实地观摩、发放节假日小礼品等方式鼓励禁毒社会工作者,肯定他们在工作中的辛苦努力和取得的服务成效,时刻关注他们的内心感受。督导者应该让禁毒社会工作者在工作过程中感受到所从事职业的满足感和自身的价值,让禁毒社会工作者对自身专业定位的认识更加清晰,更愿意在禁毒社会工作中继续全身心投入。

【延伸阅读】面对"负能量",禁毒社会工作如何体现督导不同的功能?

扫描二维码阅读

第三节 禁毒社会工作督导的形式、类型

一、禁毒社会工作督导的形式

(一)个别督导

个别督导是指一名督导者与一名被督导者以面对面的方式定期进行讨论。这种形式是社会服务机构一贯采用的监督方式,其好处是解决某一问题不受干扰。采用这种方式,禁毒社会工作督导者能

有充足的时间与社会工作者就个案进行讨论，对禁毒社会工作者的工作进度、遇到的一些疑难问题能提供有效的工作方法。此外，由于禁毒社会工作服务对象为社区戒毒康复人员，有较强的特殊性，对工作过程的保密程度要求较高，因此个别督导在禁毒社会工作中使用频率较高。该督导形式的不足之处是，个别督导中其他社会工作者与督导者没有交流的机会，不利于工作的开展。

（二）一对二督导

一对二督导的形式包括：一是一名禁毒社会工作督导者，对两名工作经验、背景相近或经验不足的禁毒社会工作者进行同步指导；二是两名经验相同或相似的社会工作者互相观摩学习，督导者在旁边观察；三是由经验丰富的社会工作者对经验不足的社会工作者进行辅导，并将相关的禁毒知识传授给经验不足的社会工作者，再由督导者对经验丰富的员工进行督导。一对二督导的好处就在于具有同伴教育的督导效果。

（三）小组督导

小组督导包括：一是由督导者直接督导一批背景相似的禁毒社会工作者；二是由一组比较成熟、经验丰富的禁毒社会工作者进行督导，督导者在旁边观察指导；三是由督导者带领一组背景各不相同的禁毒社会工作者。这种方式的优势在于：节约时间，节省人力，节省经费，有同伴支持的氛围，可以在专业知识、工作视野等方面提供更广阔的空间。不足之处在于：不能按禁毒社会工作者的需求解决问题，对每个被督导者的重视程度被分散，在他们的工作细节上也不能与每个禁毒社会工作者商量，所以督导工作效果有时会打折扣。

（四）禁毒志愿者督导

大部分禁毒志愿者充满爱心，真心想要帮助吸毒人员成功戒毒或者预防涉毒，因此对志愿者的督导是至关重要的，这可以减少或防止他们在助人过程中由于缺乏充分的禁毒相关知识或技能而可能引发的问题。对禁毒志愿者督导的两种方式是指在机构内和机构外与他们一起工作。在机构内，可指定专门成员与禁毒志愿者们建立督导者-被督导者关系，传授禁毒知识，开发与吸毒人员沟通的技巧，协助其培养专业态度。在机构之外，各种各样的戒毒研讨会和工作坊，对禁毒志愿者来说也有着非常重要的学习借鉴意义。①

（五）同伴督导

同伴督导是指个人和一群社会工作者之间，以相同的需求、相同的观点或相同的技术水平，通过个人互惠或小组讨论的方式进行互动的过程。同伴督导的优势在于：专家权威降低；参与者可在最方便的时间安排或组织督导会议；督导不用付费；对于没有经验的社会工作者，选择同伴督导更容易有所收获。

（六）其他分类形式

随着禁毒社会工作专业知识和服务水平的提高，禁毒社会工作督导形式也在不断推陈出新，走动式督导、任务督导、现场督导、督导教育咨询等新型督导模式不断发展，使督导成为社会工作教育、社会工作实务和机构管理的独特过程。②

另外，督导有外部督导和机构内部督导之分，外部督导一般是机构外聘的督导，内部督导一般是指机构内部的督导。由于互联网的发展，督导形式也有线上、线下之分。

外部督导一般采用线上、线下两种督导方式开展。线上主要有为禁毒社会工作者（通过微信、QQ 或其他聊天工具）提供电话访问、网络咨询、指导意见等远程咨询服务，就禁毒社会工作者日常实际工作中遇到的疑难问题进行在线咨询。线下督导一般是现场观摩，现场督导实操工作并给予评价和建议，一对一进行个别督导或团体督导，针对有困难和问题的社会工作者开展各类实操技能学习。团体活动可采用角色扮演、示范等模拟练习方式，帮助一线禁毒社会工作者深刻认识到问题的核心所在，协助其找到解决问题的办法。督导者还可以向一线禁毒社会工作者分享自己的实战经验，通过采用案例讨论和经验分享交流会等方式进行交流。

机构内部督导通常通过工作批阅或项目管理等方式帮助禁毒社

---

① 彭华民：《论志愿服务的社会工作督导模式》，《中国青年研究》2010 年第 4 期。
② 杨慧、杨森：《制度化与非制度化：我国社会工作督导模式的比较研究》，《中央民族大学学报（哲学社会科学版）》2019 年第 3 期。

会工作者规范实际操作技能、提升服务质量，对实际工作中的新社会工作者进行手把手的教学，并与一线禁毒社会工作者联合开展工作；还可组织专业研习组开展案例研讨和经验分享交流会，总结有效的实践经验、方法技巧和实践模式，针对一线禁毒社会工作者在实际工作中遇到的疑难问题和经典案例进行研讨。有时也可开展线上督导工作，安排一线禁毒社会工作者观看网上教学视频，学习专业知识和实务技巧；进行远程会议线上案例讨论、线上协同批阅和指导工作等。

除此之外，督导还可以通过参与禁毒社会工作实务、共同分析讨论服务对象的问题和需求、制定工作方案、实施服务方案、共同考核服务成效、总结实践经验等方式，与禁毒社会工作者以相同的角色开展实际工作。督导者在实际工作中运用的理论知识和方法技巧，可以让禁毒社会工作者在参与过程中更加直接地观摩学习。

二、禁毒社会工作督导的类型

（一）师徒式督导

督导者充当师傅，进行教育培训。师徒式督导强调的是学习过程，工作重点是被督导者拿不定主意的问题。督导者从专业角度出发帮助被督导者解惑。在该过程中，被督导者是提出问题的主体，本身承担更多的责任。

（二）训练式督导

在训练式督导过程中，被督导者被认为是学生或受教育者，在具体的实际服务中，督导者也参与和负责一部分具体的禁毒社会工作。训练式督导与师徒式督导比较一致的是，同样强调学习过程，但训练式督导重点放在共同工作中的一般问题上，督导者对被督导者进行禁毒知识、专业技能的输出，督导者要承担更多的责任。

（三）管理式督导

督导者是被督导者的上司或领导，关系为"上级与下级"。管理式督导强调的是实际工作的完成情况及其服务质量，工作重点是针对专项问题，从专业角度出发，更多的责任是由督导者承担。

（四）咨询式督导

督导者与被督导者及其所从事的工作既无直接关系，又无直接职责，是一种纯粹的顾问型关系。咨询式督导同管理式督导较为一致的是，强调实务工作的完成及其服务质量，焦点集中在特殊议题上。但从专业的角度看，被督导者自己承担更多的责任，也就是说，被督导者根据实际工作的要求，主动寻求帮助和支持更为重要。

三、禁毒社会工作督导的技巧

（一）禁毒社会工作督导的方法

督导可以采取以下几种方法进行：一是讨论，最常用的讨论方式是自由发表观点和以个案方式进行；二是计划，经过员工的思考和讨论，制定工作计划，包括在特定时间内达到的目标，以及需要采取的方法和程度等内容，作为实施和考核的依据和标准；三是问题解决法，员工集思广益后，对问题进行有效的解决或提出解决方案；四是模拟法，即用模拟的方法来探求问题的所在，它的主要方式是模拟练习和发挥作用；五是直接督导，用来提高员工的实际技能，帮助员工实现专业发展，主要方式有示范和模仿。①

（二）禁毒社会工作督导过程中的技巧

1. 相互契合技巧

在督导前期，最重要的技巧就是督导的相互契合。相互契合是指督导者在每一次督导中，都要花费一定时间对被督导者的情况进行了解和关心，并表达关切之情。相互契合的重点是共同寻找问题并解决问题，而不是用感情淡化困难，甚至拒绝面对困难。

2. 订立协议

这里的协议是指每次督导时所订立的协议。虽然督导者与被督

---

① 李蓓：《论云南省禁毒社会工作本土化路径建构——基于发达地区禁毒社会工作的实践》，《云南警官学院学报》2018年第4期。

导者之间就督导的总体、过程、目标、彼此的角色等都已有协议，但每一次督导都应针对这次督导任务再作协议，不断更新督导双方的要求和期望，并根据督导的阶段和需要，对上次协议进行回顾和适当修正。

3. 开展话题的技巧

督导者可采取五大类技巧鼓励被督导者提出问题和讨论问题：一是由易到难；二是包容性强；三是认真聆听；四是提出问题；五是保持沉默。

4. 同感与分享感受的技巧

感同身受是最基本的本领，也是社会工作的头等大事。不要刻意拉开与社会工作者的距离，而应把注意力集中到对他们的关爱上来。被督导者讲感受的时候，督导者要勇于面对，对于被督导者的情况，能够做出自然的反应。督导者要能总结被督导者面对的问题，这样才能让被督导者知道督导者已经了解了他的处境和感受。

5. 要求被督导者认真工作，共享信息

为了让被督导者顺利完成工作，督导者应收集相关资料，向被督导者提供和与其共享资料，并允许被督导者对资料提出疑问。这对交流也是有好处的。

6. 督导会谈的结束技巧

每次督导结束后，督导者都要对本次会谈所讨论的事项进行总结，作为日后工作的指引。

（三）社区戒毒康复中社会工作督导机制的搭建

目前，社区戒毒康复工作实践中，依然存在社会工作者专业能力缺乏支持、服务管理质量不稳定以及工作成效转化不明显等问题。在常规的社区戒毒康复工作制度下，社会工作督导机制重点就是检查基层社区戒毒康复中心是否按照现有的标准和规范运行。督导机制的搭建就是要发现问题、解决问题，以结果为导向，提出改进意见，并能在短时间内规范相关行为。结合相关理论和实践工作经验，社会工作督导机制建设可重点关注以下介入方向。

一是助力基层禁毒社会工作者队伍建立标准化的工作流程和服务管理台账档案，以及细化禁毒社会工作者工作职责与内容，并在日常督导过程中提供支持与引导，有效提升禁毒社会工作者队伍服务管理水平，避免因人员流动给基层禁毒工作运行带来不良影响。

二是结合基层禁毒社会工作者在能力提升层面的需求及实际情况，设计构建针对性的业务服务能力提升体系，以"常规督导＋专题培训"的形式，为禁毒社会工作者的能力成长提供专业系统支持，保障社区戒毒康复中心能提供高质量服务。

三是结合基层社区戒毒康复中心的规范和要求，设计基层禁毒社会工作队伍建设考核标准，通过阶段性的考核评价，促进禁毒社会工作者队伍服务质量和管理质量提升。

四是从基层禁毒社会工作者队伍的教案及案例成效化能力提升层面，为禁毒社会工作者梳理打造专业服务介入模型、案例（教案）撰写框架等成效具象化工具，并以具象化工具为指引，提升禁毒社会工作者工作总结、工作梳理、成效撰写以及路演能力，有效展示社区戒毒康复中心的专业服务成效。

本章小结

面对毒品问题日益严峻的形势，开展好社会禁毒工作服务任重而道远。社会工作督导在禁毒社会工作中扮演着多种角色，同时也具有多种职能，本章从支持性禁毒社会工作督导、教育性禁毒社会工作督导、行政性禁毒社会工作督导三个方面论述了禁毒社会工作督导的功能、内容及方法，对如何在禁毒社会工作中正确实施督导工作进行分析。本章对禁毒社会工作督导技术也进行了深入分析，对解决社会工作中遇到的问题给出相应建议。督导应促使社会工作者做好禁毒服务，将项目中产生的良好做法形成经验；对督导过程中的问题及解决方法进行反思、完善、总结并逐步形成独特的禁毒社会工作督导模式，促进禁毒社会工作发展，以消除毒品问题给社会产生的不良影响。

推荐阅读

1. 王思斌主编：《社会行政（第二版）》，高等教育出版社2013年版。

2. 顾东辉主编：《社会工作概论（第二版）》，复旦大学出版社2020年版。

3. 香港·社会服务发展研究中心：《禁毒社会工作实务手册》，中山大学出版社2013年版。

4. 李伟梁、库少雄主编：《社会工作实习与督导（第2版）》，华中科技大学出版社2012年版。

5. 冯恩健、莫关耀：《禁毒社会工作教育的现状、问题及应对策略》，《云南警官学院学报》2023年第2期。

第八章

禁毒社会工作评估

【概览】

本章将介绍和讨论禁毒社会工作评估的概念、目的、作用、类型、方法、工具、指标和流程。禁毒社会工作评估的本质是社会工作者、禁毒工作者和相关人员或第三方观测人员运用社会科学研究方法、工具、指标对禁毒社会工作的方案、性质、任务、主要过程和环节以及效果的一系列定性和定量的测评。禁毒社会工作评估工作能够有效地促进禁毒社会工作的实践效能，完善禁毒社会工作理论体系，促进禁毒社会工作的研究。本章将基于禁毒社会工作评估的方法论，通过介绍禁毒社会工作评估的三角观察法、实验（准实验）研究法、质性研究法、调查研究法、非接触性研究法等研究和评估方式，引导读者建立科学的评价思维和方法体系。

【目标】

1. 知识目标

（1）理解禁毒社会工作评估的概念、目的和作用。

（2）理解禁毒社会工作评估的原则和方法。

（3）了解禁毒社会工作评估的工具、指标和过程。

2. 能力目标

（1）掌握禁毒社会工作评估的调查研究法。

（2）学会应用基线评估的方法对禁毒社会工作成效进行评估。

（3）学会应用三角互证法对禁毒社会工作开展效果评估。

3. 价值目标：在达至知识目标和能力目标的基础上，能够在禁毒社会工作评估中做到科学、公平、合理、有效。

第一节 禁毒社会工作评估概述

一、禁毒社会工作评估的基本概念

(一) 禁毒社会工作评估的含义

禁毒社会工作评估是指社会工作者、禁毒工作者和相关人员或第三方观测人员运用社会科学的研究方法、工具、指标对禁毒社会工作的方案、性质、任务、主要过程和环节以及效果的一系列定性和定量测评的实践和研究活动。禁毒社会工作评估不仅具有社会工作评估的持续性、互动性、逐步深入性、知识指引性等特征,还具有毒情评估的及时性、专业性等特点。

禁毒社会工作评估的本质是一种评价禁毒社会工作的应用性研究和实践。其目的是促成禁毒社会工作者实践技能的提升、服务对象满意度的提升,完善禁毒社会工作的理论体系、实践体系,丰富禁毒学和社会工作学的学科内涵。禁毒社会工作评估方不仅要告诉政府、社会、服务对象,禁毒社会工作做了什么、取得了什么成果、存在什么问题,还要进行相关原因分析,提出下一步要做什么、怎么做。

(二) 禁毒社会工作评估的基本架构

1. 评估主体

禁毒社会工作领域中,评估的主体主要有禁毒社会服务项目购买方、社会服务机构、禁毒社会工作者以及禁毒业务主管部门或第三方。

2. 评估对象

禁毒社会工作的评估对象主要有禁毒社会工作服务项目及各要素,主要包括:服务项目、服务机构、服务内容、禁毒社会工

【课堂活动 8.1】
试举出两个例子,谈一谈我们如何通过调查和访谈了解禁毒社会工作者向吸毒人员提供服务的种类、效果和问题。

者、服务对象等。

3. 评估目标

禁毒社会工作评估的目标，除了包含社会工作的基本目标外，还包含了毒品治理的目标。主要包括：促进社会服务、发展禁毒社会工作专业、减少毒品危害、完善毒情评估体系、为政府部门提供决策参考等。

二、禁毒社会工作评估的目的

禁毒社会工作评估的主要目的有：采集情报信息、排查敏感人群、维护社会安全稳定；考察禁毒社会工作介入效果、服务对象的进步情况及介入目标的实现程度；总结工作经验、提高工作技能、促进服务水平的提高；验证社会工作方法服务禁毒实务的有效性；完善禁毒社会工作理论体系；通过评估过程系统地汇集资料，积累实践的知识和经验，发展本土禁毒社会工作理论和方法；提升群防群治和毒品问题治理效能。

三、禁毒社会工作评估的作用

（一）监督介入工作进度

禁毒社会工作评估是个持续监测禁毒社会工作介入前后的改变以及介入速度和进度的过程。通过这些监测，可检验介入的程序和绩效，提醒禁毒社会工作者关注工作的方向和进展。

（二）发展禁毒社会工作的方法，完善专业理论

禁毒社会工作评估不仅能够帮助禁毒社会工作者反思禁毒社会工作的细节和整体过程，总结介入的得失，提升个人的专业技能，促进个人的成长，禁毒社会工作者还能从评估中获得经验，促进禁毒社会工作方法和理论总结，提升行业服务水平，推动行业的进步。同时，评估还能推动我国对毒品治理体系的完善和治理能力的提升，促进禁毒学与社会工作专业知识的融会贯通，完善禁毒社会工作的专业理论体系。

(三)巩固改变成果

禁毒社会工作评估不仅可以让禁毒社会工作者和服务对象(主要是戒毒康复人员)回顾改变的过程、巩固戒断成果,服务对象还可以从中学习、总结解决问题的方法和策略,进一步增强社会功能和解决问题的能力,巩固戒断成果和改变的决心,增强改变的动力。同时,评估过程能辅助政府禁毒部门开展情报搜集工作,评估的结果也能为政府部门提供决策依据,进一步巩固戒毒康复成果。

(四)交代与问责

1. 向服务对象交代

科学的评估不仅能够让禁毒社会工作的服务对象知道总体工作取得的进展,还能让服务对象参与检查,并评价问题是否已经解决,需求是否得到了满足,介入策略、相关标准和双方协议规定的措施是否已经得到落实,目标是否实现。

2. 对社会交代

禁毒社会工作评估的过程在客观上间接要求禁毒社会工作者接受社会公众的监督,并向社会交代其专业目标和社会功能的实现程度,说明其社会资源的使用情况和效益。

3. 进行专业问责

禁毒社会工作的评估资料和信息能够被用于后续的专业实践,进一步提升服务的专业性。评估过程也能考评禁毒社会工作的介入是否恰当、有实效,并考量禁毒社会工作对服务对象的影响,提出需要改进的地方。

第二节 禁毒社会工作评估的类型和原则

一、禁毒社会工作评估的类型

禁毒社会工作评估按不同阶段可分为:服务前评估、服务过程评估和服务后评估。服务前评估包括需求评估、方案评估；服务过程评估包括过程评估、效率评估；服务后评估包括结果评估、影响评估（如图 8-1 所示）。

图 8-1　从不同服务阶段划分禁毒社会工作评估类型

（一）需求评估

需求评估是指对服务对象的潜在或者现实需求进行的评估。需求评估是禁毒社会工作的出发点，也是禁毒社会工作方案开发、计划执行和总结评估的基础。

（二）方案评估

方案评估是根据科学性、可行性、有效性等原则，对禁毒社会工作者和服务机构提供的能满足服务对象需求的预先设计方案进行评价，并从中选择最佳方案的过程。

（三）过程评估

过程评估是指通过了解和描述介入活动的内容，实现对各个介入阶段的监测，进而解释各步骤和程序如何促成最终的介入结果。

（四）效率评估

效率评估是指对产出与资源投入之间的关系进行的评价分析。在禁毒社会工作中，效率评估指分析投入、运作与产出、成效之间的定量比例关系。具体而言，资源投入包括时间、经济、其他物质资料的投入和软件资源的投入。

（五）结果评估

结果评估是指在工作过程的最终阶段对介入行动最终完成的形态进行的评估。结果包括目标结果和实际结果两个部分。目标结果是对介入预期结果的主观设想，是一种主观意识；实际结果则是指介入的直接和最终效果，是一种客观存在。目标结果是比较概括的，而实际结果则是具体并可以度量的。

（六）影响评估

影响评估是指对禁毒社会工作的某项服务所产生的直接效果和后续影响的评估。禁毒社会服务产生的直接效果通常是禁毒社会服务的目标。同时，一项禁毒社会服务也可能产生更进一步的效果，即达成服务目标后产生的后续影响。对这些直接效果和后续影响的评估即是影响评估。

二、禁毒社会工作评估的原则

（一）客观性和诚实性

评估者在评估时必须具备保证客观性和诚实性的能力，并在评估全程加以落实。由于科学性与接受性在时间、经费和其他资源上可能存在矛盾和冲突，因而评估的客观性和诚实性允许禁毒社会工作评估在科学性和接受性之间达到平衡。

【课堂活动 8.2】
试讨论禁毒社会工作评估原则及其与其他社会工作评价原则的差异。

（二）必要强制与知情同意相结合

禁毒社会工作的主要服务对象既是病人和受害者，又是违法者。就服务对象的"违法者"属性而言，其违法行为的社区戒治效果评估，需要国家强制力保障实施。例如，服务对象社区戒毒社区康复期间的政治、法律、思想学习的内容、效果等模块的评估，需要强制服务对象全员参与。

就服务对象的"受害者"和"病人"属性而言，评估需遵循自愿参与和知情同意原则。自愿参与是指在服务对象完成法定义务的前提下，在没有威胁和利诱的条件下自由选择。由于禁毒社会工作的强制性会不可避免地影响到评估对象的正常活动，因而将评估工作对评估对象的影响最小化，才能尽可能客观地反映评估对象的真实状态。因此，需保证评估对象能充分知晓评估目的及其可能风险，在知情同意的前提下参与评估。在禁毒社会工作中，由于服务对象具有病人、受害者和违法者的三重属性，因而评估过程应考虑强制性与知情同意之间的矛盾，评估前需站在服务对象的角度做好知情、争取同意、建立信任等工作。

（三）参与者无伤害

禁毒社会工作的服务对象是评估过程的重要参与者和评估对象。由于禁毒社会工作的服务对象具有病人、受害者和违法者的三重属性，因而制定评估计划时，应该把保护评估对象作为重要设计原则。委托方必须把该评估主体和评估计划能否保护评估对象作为选用评估方案的重要指标。同时，执行过程中，评估主体要按照计划书对评估对象保护的设计细则进行评估。此外，还应做好相关预案，为可能受到伤害的参与者准备好备用的专业服务。

（四）匿名和保密

匿名是指非法规规定的必要情况下，评估者不去了解评估对象的隐私。保密就是让评估对象在提供资料的全过程没有旁观者或其他人，未经被评估者同意，其资料不向第三方开放。匿名和保密是为了使评估对象不陷入"心理安全"的担忧，愿意向评估者反映客观、真实情况。例如，某学者在评估某区（县）社区戒毒社区康复人员的就业情况时，通过服务对象都信得过的社区戒毒社区康复工作人员向服务对象发放匿名问卷，避免学者本人与社区戒毒社区康复人员直接接触，保证了评估过程的匿名性。

（五）价值中立

价值中立主要体现在：评估前洞悉委托方或赞助者的真正目的；评估过程与参与者之间只发生业务关系；评估过程严格恪守中立原则。

（六）评估信息公开

评估者向评估对象说明身份不但有益而且必要，不能向评估对象故意隐瞒与评估相关的信息。针对评估者提供真实身份可能无法获得可靠资料的情况，需要采取相应预案和对策。

（七）评估结果的公开和分享

评估者在公开评估结果时，不可有任何欺骗，要介绍评估的背景、意义、过程、方法、结果和局限性等信息，说明评估结果的适用范围等。

（八）其他伦理事项

其他伦理事项主要包括三个方面：一是给予相关参与者必要的经济、人身安全保障；二是向所有参与者表示感谢；三是必须关注参与人员受伤害的情况，采取相应补救措施。

第三节 禁毒社会工作评估体系

一、禁毒社会工作评估的方法

（一）观察法评估

观察一般是指有目的、有计划地感知和"描述"客观事物的一种感性认知活动。观察既包括视觉的观察，也包括听觉、嗅觉、痛觉等其他感官的综合感知，还包括仪器的测量结果感知。

1. 观察分类

根据认知类型和定量程度要求，观察可分为定性观察和定量观察；根据认知工具和层次，观察可分为直接观察和间接观察。

例如，某社区对接受戒毒康复治疗的人员进行日常行为、生活习惯、精神状态、行踪轨迹的观察，属于直接观察。某区（县）公安机关合法借助手机定位、辖区摄像头等观测工具对接受戒毒康复治疗的人员进行日常行为、行踪轨迹的观察，属于间接观察。

2. 观察的原则

观察的原则包括：客观性原则、系统性原则、典型性原则、综合性原则。客观性原则要求观察过程和观察结果的记录不带个人主观臆断，全程实事求是地记录信息；系统性原则要求观察的过程要全面、不偏颇，切忌盲人摸象，不能只见树木不见森林，不论时间上还是空间上都要全面系统；典型性原则要求观察要能举一反三，能用分析演绎的思维模式来"解剖麻雀"；综合性原则要求能从众多个例和典型中综合归纳。

【课堂活动 8.3】

试以某社区禁毒社会工作服务对象和禁毒社会工作者为评估对象，分别设计问卷和结构访谈提纲，评价禁毒社会工作的成效。

3. 三角观察法

"三角观察",顾名思义,就是站在服务对象、服务主体、监管主体等多个角度对禁毒社会工作进行观察评估。

由于禁毒社会工作服务对象具有违法者、受害者、病人的三重属性,因此,服务对象、服务主体和监管主体的工作人员心理认知差异很大,借助单一角度的观察,往往不能客观、系统地对禁毒社会工作进行评估。评估过程需要站在服务对象、服务主体、监管主体等不同角度进行观察。禁毒社会工作评估常采用三角评估法,基于不同对象视角对同一工作进行评估。

(二)实验与准实验评估

实验是指在特定情况下,对影响因素进行修正或干预,然后将干预或修正后的结果与未作任何干预或修正的结果进行对比。经典实验设计如图8-2所示。本书对实验研究的分类、优缺点、基本要素进行了简要概括,如图8-3所示。

图8-2 经典实验设计

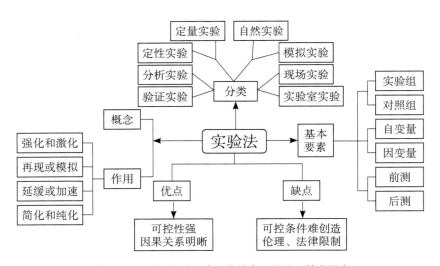

图8-3 实验研究的分类、优缺点、作用、基本要素

由于现实社会问题往往较为复杂，且社会问题的研究中真实实验往往会涉及伦理争议，因而，现实社会问题研究中，往往会采取准实验研究，即运用真实验设计的原则和要求研究现实社会问题。虽然准实验研究不能完全控制研究的条件，但准实验研究只是在某些方面降低了控制水平，并最大限度地控制了影响因素。因此，这种将真实验的方法用于解决实际问题的思路，在绝大多时候能够对实际问题进行定性、半定量研究。

【延伸阅读】基线评估

扫描二维码阅读

（三）调查法评估

调查法评估根据调查对象的样本规模可分为抽样调查和普遍调查（普查）。由于普查需要高度集中的组织和高度统一的安排，操作费时、费力、费钱，因而，样本较多的情况下，人们往往通过科学的抽样设计来开展调查（即抽样调查）。

问卷调查和结构访谈是抽样调查常用的两种形式。结构访谈是指将问题事先罗列，然后对访谈对象进行访问、收集资料的一种调查方式。问卷调查则是指事先设置好问题，并以书面形式发放至样本人群，通过样本人群对问题的回答情况来统计、搜集资料的评估方法。1882年，英国科学家高尔顿（Francis Galton）首次把所要调查的问题印在纸上，向调查对象发放，并回收、统计调查结果，不料取得重大成效。19世纪至今，随着统计学的进步，这种问卷调查+统计的方法被广泛应用于社会现象的研究中。调查法评估的相关知识脉络如图8-4所示。

（四）质性评估

质性评估是指基于自然情景和多元标准，在与评估对象互动的基础上，通过描述性手段对禁毒社会工作参与者和各要素进行定性解释。质性评估本质上是一种定性、非定量的评估。

（五）非接触性评估

非接触性评估包括：内容分析评估、现存统计资料分析评估、历史资料比较评估、文献资料搜集评估等。相对于接触性评估，非接触性评估能提供最为客观的资料，评估者不易受禁毒社会工作服务对象和其他评估对象的主观影响，具有省时、省力、

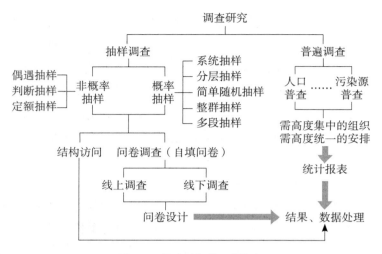

图 8-4 调查法评估逻辑框架

省钱的优点。其缺点是难以获得一手资料，评估的持续性和实时性较差。

二、禁毒社会工作评估的工具

禁毒社会工作评估工具包括：数据报表、自填问卷、结构和非结构访谈、量表等。

（一）数据报表

数据报表作为普查的重要结果之一，能够反映禁毒社会工作的某一模块（领域）的全面情况。其缺点是获得数据的过程需要专门的机构和集中统一的组织。

（二）自填问卷与结构和非结构访谈

相对于数据报表，自填问卷通过概率或非概率抽样调查方式进行问卷发放和回收，并通过统计学方法对调查结果（数据）进行分析处理，以获得评估结果。自填问卷具有省时、高效、匿名等优点，其缺点是问卷回收率相对较低。

结构访谈是通过预先设置好的开放式问题对评估者、第三方或者评估对象进行访问、收集信息的方式。相对于自填问卷，结构访谈能获得更多开放性回答，但匿名性较差。非结构访谈则是根据资料搜集需要对未预先设置好的问题进行自由化、深度化的访谈。其特点是粗略，未预先设置具体的问题或题目。非结构访谈主要用于对现场所发现问题的深度追问或者对现场访谈情况的灵活应对。

（三）量表

量表又称测量尺度，它是将抽象概念具体化、指标化，变为可测量指标的一种测量工具。在禁毒社会工作评估中，参与者的态度、意见、看法、情绪、感受等主观性较强的内容不仅具有潜在性的特征，其构成也往往比较复杂，需要将多个单一指标组合，形成一系列指标的集合对其进行度量。这种指标的集合形成一个完整列表，如同一把度量某概念某一方面程度的"尺子"，即称为量表。例如，测量某评估对象悲伤程度的李克特量表可设计如下几个量度：A. 非常悲伤；B. 悲伤；C. 有点悲伤；D. 不怎么悲伤；E. 一点也不悲伤。禁毒社会工作评估中，常用于反映通常意见和态度的量表包括总加量表、李克特量表、语义差异量表等。量表作为重要的定量测量工具，常用于自填问卷的设计。

三、禁毒社会工作成效评估的指标

目前，国内禁毒社会工作成效评估指标尚无国家标准可循。本书此部分关于指标的讨论主要关注归纳、整理前人研究成果和部分地方规范（标准）。

地方标准方面，深圳《禁毒社会工作服务指南》（DB4403/T 209-2021）从早期干预、戒毒支持、防复吸服务、社会融入等方面提出建立戒毒康复服务成效指标体系的要求；从生活救助、就业支持、生涯规划、社会支持网络构建等方面提出建立帮扶救助服务成效指标体系的要求；从禁毒宣传教育、禁毒志愿者队伍建设、社会倡导等方面提出建立禁毒宣传教育成效指标体系；同时，提出协助开展禁毒管理服务方面的成效指标体系建设。广东省《社区戒毒社区康复社会工作服务规范》（DB44/T 2296-2021）则从场地、人员、戒毒康复服务、帮扶救助服务、行为干预服务、宣传教育工作、协助禁毒管理事务等方面提出相关成效指标体系建立的要求。上海市《禁毒社会工作服务指南》（DB31/T 1261-2020）则从戒毒康复服务、帮扶救助服务、禁毒宣传教育等方面提出相关成效指标体系建立的要求。

学术研究方面，不同学者也从不同角度提出成效指标体系建立的要求。例如，卢擎东等[①]基于德尔菲法构建社区戒毒社区康复成效的综合评价指标体系，包括：基础配置指标、社戒社康人员管理指标、社区戒毒/社区康复工作指标、队伍建设及经费保障指标、产出指标、社区戒毒社区康复人员反馈指标等。

四、禁毒社会工作评估的过程

（一）接受委托和明确评估目的

1. 接受委托

接受委托是指评估者接受评估委托者提出的书面申请。评估委托者可以是禁毒社会工作或服务项目的资助者、购买者、监管者或者执行者，如基金会、政府部门和社会工作机构。

2. 明确评估目的

禁毒社会工作评估的目的包括改进和总结判断。以改进服务或项目为目的的评估称为形成性评估。形成性评估是为了及时发现过程性问题，实时提出改进措施。以总结判断服务或项目为目的的评估称为总结性评估。总结性评估是为了在过程结束后进行总结和展望。

（二）明确评估焦点和问题

1. 明确评估焦点

评估焦点包括：服务对象需求、项目的理论与设计、项目过

---

① 秦炳杰、陈沃聪、钟剑华：《社会工作实践：基础理论》，香港理工大学应用社会科学系 2002 年版。

程、项目结果、项目的效率等。

2. 提出评估问题

常见评估问题包括：服务或项目是否能满足服务对象的需求；服务或项目的目标是否能实现；服务或项目的实施是否按计划进行；服务或项目的结果、效果或投入产出比；服务或项目是否需要延续或者改善等。

3. 制定评估计划

（1）提出评估策略

评估策略确定评估方法、思路和原则。评估方法包括定量评估、质性评估或者混合设计评估等。提出评估策略要考虑的因素包括：专业领域研究的方法基础或范式、评估目的、焦点和问题，现实约束条件等。

（2）进行评估设计

评估设计包括方案、过程、成效等环节的评估。相关要求可参照《社会工作服务项目绩效评估指南》（MZ/T 059-2014）。

（3）确定时间进度和经费预算等问题

一是制定合理有序的评估时间进度表，将任务清单化；二是制定合理的经费预算；三是合理分配人力资源；四是签订评估协议。

（三）实施

1. 进入现场

（1）建立信任关系

主要体现在遵守禁毒社会工作伦理原则，同时还要与不同角色建立信任关系。例如，在某社区禁毒社会工作评估中，为了赢得服务对象的信任，评估者可能需要深入服务对象进行调研。然而，禁毒社会工作的服务对象明显不同于普通民众，其特点在于：禁毒社会工作服务对象具有违法者、受害者、病人的三重属性，深入禁毒社会工作的服务对象可能意味着"与曾经的违法人员做朋友""裁判员与运动员打成一片"的伦理困境。合理的办法之一是：在评估初期就以合理且易于接受的方式向服务对象表达"不与服务对象做朋友"这个原则。虽然个别服务对象在这个过程中不会那么释怀，但在后续评估开展过程中可以避免很多误会。①

（2）再审视评估计划和文献回顾

评估者在进入现场后要进一步了解项目信息，再审视自己在准备阶段中确立的评估计划，同时进行文献回顾，以进一步完善评估设计。

2.搜集和分析资料

（1）抽样

抽样根据每个个体被抽中的概率均等与否，可分为概率抽样和非概率抽样，相关分类如图8-5所示。

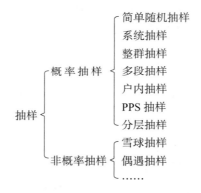

图8-5 概率抽样与非概率抽样

简单随机抽样：从样本总数为N的有限个体中逐一抽取数量为n（n≤N）的一个样本，若每个独立个体都无相互关联和排斥，被抽到的概率均等（均为n/N），则该种抽样可称为简单随机抽样。

系统抽样：将总体的所有单元按顺序排列，再按顺序依次等距离抽取各个单元的抽样方法。系统抽样又称等距抽样。例如，对某市所有社区戒毒人员按姓氏拼音首字母排列后，以3人为一个样本单元，每隔一个样本单元抽取一个样本单元，对抽取的样本单元采集毛发，进行毛发毒品检测。

---

① 刘继同：《中国特色社会工作实务"基本问题清单"与"通用型"社会工作实务模式（上）》，《社会福利（理论版）》2014年第1期。

整群抽样：将总体平均分成 N 个同质的子群，从 N 个子群中随机抽取 n（n≤N）个子群，对 n 个子群的所有个体或单元进行调查。例如，在某车流量较大的边境关口设卡进行流动查缉时，每隔 30 分钟抽 2 分钟的车流量进行查缉。

多段抽样：将多种不同的抽样方式分不同阶段用于一个大型样本的抽样中。例如，调查某省社区戒毒人员的感染传染病的状况时，第一阶段先将某市社区戒毒人员按州、市进行划分，第二阶段对各州、市的社区戒毒人员进行性别划分，第三阶段再对每个样本群进行简单随机抽样。

户内抽样：抽取的每户家庭中抽取一个成年人，以构成访谈对象的抽样过程。

PPS 抽样：即概率与元素的规模大小成比例的抽样。其原理是以通过阶段性的不等概率抽样（按元素规模大小抽样）来换取最终的、总体的等概率抽样的方法。例如，某社会组织按每个州、市 10% 的抽取比例对各州、市社区戒毒人员进行简单随机抽样，来调查社区戒毒人员对社区戒毒管理部门服务的满意度。

分层抽样：将不同类型的样本按照不同类型进行归类，再对各类进行简单随机抽样。例如，对某州、市社区戒毒人员按照吸食的毒品种类进行分类，再对各种毒品的吸食人群分别进行简单随机抽样。例如，张教授熟知某省的 3 家强制隔离戒毒所负责人，张教授对该三个负责人进行联络后获得其人际关系网络范围内的强制隔离戒毒所的司法民警样本。

偶遇抽样：即在某一时空范围内随意抽取样本。

（2）明确资料收集方法

常用资料收集方法包括：观察法、实验法、调查法、网络信息收集等。

（3）资料分析

资料分析方法包括定性分析和定量分析。定性分析常采用综合与分析、演绎与归纳、对比分析等方式；定量分析主要借助于已有数学、统计学方法或数学建模的方式进行分析，例如对已有数据进行聚类分析、因子分析、相关分析、对应分析、回归分析、方差分析等。

（四）总结和应用

禁毒社会工作评估报告不仅可以说明禁毒社会工作目标的实现程度、专业服务效果和项目资金使用明细，总结禁毒社会工作的经验和技巧、提升禁毒社会工作服务水平，还可以协助服务对象顺利回归社会、减少复吸风险。同时，禁毒社会工作评估报告可作为社区戒毒社区康复人员戒断成功和回归社会的参考依据，为政府部门制定相关法律政策提供参考，完善毒品问题治理体系、提升毒品治理能力。

评估报告内容至少应包括：评估开展情况、项目及执行基本情况、评估结论及建议，报告结构、格式和评价标准方面，可参照《社会工作服务项目绩效评估指南》(MZ/T 059—2014)。

本章小结

禁毒社会工作评估是指社会工作者、禁毒工作者和相关人员或第三方观测人员运用社会科学的研究方法、工具、指标对禁毒社会工作的方案、性质、任务、主要过程和环节以及效果的一系列定性和定量测评的实践和研究活动。禁毒社会工作评估的本质是一种评价禁毒社会工作的应用性研究和实践。

禁毒社会工作评估的基本架构包括评估主体、评估对象、评估目标。

评估主体：禁毒社会工作者、服务机构、他人、相关上级或第三方；

评估对象：服务机构、服务项目、禁毒社会工作者和服务对象；

评估目标：促进社会服务，发展社会工作专业，减少毒品危害；

评估目的：考察介入效果、情况，总结经验、技巧，提升效能；

评估作用：监督介入工作进度，促进专业成长，巩固改变效果，社会问责；

评估类型：需求评估、方案评估、过程评估、效率评估、结果评估、影响评估；

评估原则：客观性和诚实性、自愿参与和知情同意相结合、参与者无伤害、匿名和保密、价值中立、评估研究者身份、研究结果公开和分享、其他伦理事项；

评估方法：观察法、实验法、调查法、质性评估、非接触性评估；

评估过程：接受委托和明确评估目的，明确评估焦点和问题，实施，总结和应用；

工具与指标：问卷与量表及其配套指标。

推荐阅读

1. 顾东辉主编：《社会工作评估》，高等教育出版社2009年版。
2. 魏礼群主编：《中国社会治理通论》，北京师范大学出版社2019年版。
3. 刘建强：《四川凉山毒品治理特色之路的形成与完善研究》，《云南警官学院学报》2021年第2期。
4. 宋丰雪、邱敏：《四川成都：超大城市的毒品"细胞治理"》，《中国禁毒报》2021年10月29日。

图书在版编目(CIP)数据

禁毒社会工作/李霞,杨黎华主编;王曙文,刘志宏副主编.—上海:复旦大学出版社,2024.7
(博学-社会工作系列/顾东辉总主编)
ISBN 978-7-309-17095-5

Ⅰ.①禁… Ⅱ.①李… ②杨… ③王… ④刘… Ⅲ.①禁毒-社会工作-中国 Ⅳ.①D669.8

中国国家版本馆 CIP 数据核字(2023)第 235616 号

禁毒社会工作
李 霞 杨黎华 主 编
王曙文 刘志宏 副主编
责任编辑/黄 丹

复旦大学出版社有限公司出版发行
上海市国权路 579 号 邮编:200433
网址:fupnet@fudanpress.com http://www.fudanpress.com
门市零售:86-21-65102580 团体订购:86-21-65104505
出版部电话:86-21-65642845
上海四维数字图文有限公司

开本 787 毫米×960 毫米 1/16 印张 21.75 字数 397 千字
2024 年 7 月第 1 版第 1 次印刷

ISBN 978-7-309-17095-5/D·1178
定价:58.00 元

如有印装质量问题,请向复旦大学出版社有限公司出版部调换。
版权所有　侵权必究